U0961125

与信息时代同行　与创新精神共进

——北京信息科技大学信息与通信工程学院2017年大学生创新实践与教学改革论文集

主　编　李学华　杨　玮

编　委　（按姓氏笔画）

朱希安　苏　中　张月霞　李红莲

吴韶波　姚彦鑫　焦瑞莉

北京邮电大学出版社

www.buptpress.com

内 容 简 介

本书收录了北京信息科技大学信息与通信工程学院自2016年以来开展大学生科技创新活动、与企业共同实施“实培计划”项目以及教师进行教学改革和实践方面的最新成果，体现了学院为培养高素质和高水平的信息通信类应用型人才，以项目驱动，以创新激励，与产业协同育人，与时俱进的理念与举措。

本书可供学校各教学单位参考以及其他同类院校交流使用。

图书在版编目（CIP）数据

与信息时代同行，与创新精神共进：北京信息科技大学信息与通信工程学院2017年大学生创新实践与教学改革论文集 / 李学华，杨玮主编．-- 北京：北京邮电大学出版社，2018.11

ISBN 978-7-5635-5619-9

Ⅰ．①与…　Ⅱ．①李…　②杨…　Ⅲ．①信息技术－科技成果－汇编　②通信工程－科技成果－汇编　③信息技术－教学研究－高等学校－文集　④通信工程－教学研究－高等学校－文集　Ⅳ．①G202－4　②TN91－4

中国版本图书馆CIP数据核字（2018）第248256号

书　　名：与信息时代同行　与创新精神共进——北京信息科技大学信息与通信工程学院2017年大学生创新实践与教学改革论文集
著作责任者：李学华　杨　玮　主编
责 任 编 辑：徐振华　廖　娟
出 版 发 行：北京邮电大学出版社
社　　址：北京市海淀区西土城路10号（邮编：100876）
发　行　部：电话：010-62282185　传真：010-62283578
E-mail：publish@bupt.edu.cn
经　　销：各地新华书店
印　　刷：北京九州迅驰传媒文化有限公司
开　　本：787 mm×1 092 mm　1/16
印　　张：13.5
字　　数：336千字
版　　次：2018年11月第1版　2018年11月第1次印刷

ISBN 978-7-5635-5619-9　　定　价：42.00元

· 如有印装质量问题，请与北京邮电大学出版社发行部联系 ·

前　言

北京信息科技大学是北京市重点支持建设的高校，2008年经教育部批准由北京机械工业学院和北京信息工程学院合并设立。学校现有36个本科专业，覆盖工、管、理、经、文5个学科门类。其中，国家级特色专业建设点4个、北京市特色专业建设点9个，自动化、通信工程、网络工程3个专业入选教育部“卓越工程师教育培养计划”。学校拥有国家级实验教学示范中心2个、国家级大学生校外实践教育基地1个、国家级工程实践教育中心建设单位1个；北京市实验教学示范中心4个、校外人才培养基地3个。2014年，学校作为独立完成单位首次获得国家级教育教学成果二等奖。近年来，学校本科毕业生一次就业率保持在95％以上，研究生一次就业率达到100％。

信息与通信工程学院是突出我校信息技术优势的特色学院，设有通信工程、电子信息工程和物联网工程三个本科专业(系)，其中电子信息工程专业是教育部和北京市特色专业，通信工程专业是北京市特色专业并入选教育部“卓越工程师教育培养计划”，物联网工程专业是新一代信息技术特色专业。学院重点培养适应移动互联网、高速宽带通信产业发展以及智慧城市建设需求的，具有扎实的专业基础，良好的学习沟通能力和宽广国际视野的高素质专门人才，同时深化“以人为本”的教育理念，努力打造“就业有优势、深造有基础、发展有空间”的个性化成才模式。

近五年来，学院本科教育成果突出，获得国家级教育教学成果二等奖一项，北京市教学成果一等奖一项；获批教育部和北京市级教改研究课题两项；学院全面开展北京市“高水平人才交叉培养计划”，三个本科专业全部入选北京市“双培计划”试点，两个专业入选“贯通计划”试点，大创深化、科研型及创业型毕业设计等三类“实培计划”稳步推进；学院与中兴通讯、大唐移动、中国普天、悦成移动互联网孵化基地等多家信息通信领域的知名企业建立了长期、稳定、深入的合作关系，拥有国家级工程实践教育中心1个，北京市级校外人才培养基地1个；连续七年获华北五省及港澳台地区大学生计算机应用大赛优秀组织奖；在学生中大范围组织开展职业工程师认证，核心就业率全校第一，考研率稳居全校前列。据第三方调查机构麦可思的调查结果，学院毕业生的专业吻合度、职业稳定度和薪资水平居同类高校前列。

为了系统总结学生实践创新和工程应用方面的成果，促进成果应用推广，学院组织出版本论文集，论文集分为“教学实践类”“科技创新类”“实培计划类”，共收录2016年以来的20余篇以学生为主要作者的论文以及部分教师教学改革实践类论文，体现了我院学生在创新创业、工程实践方面的成果和教师开展教学改革探索的最新进展。本书可作为同类院校大学生创新创业能力培养的借鉴与参考。

本书的出版受到了北京市财政专项“促进高校内涵发展——大学生活科研训练项目、教学改革项目、实培计划——大学生科研训练计划深化项目、人才培养质量建设——实培计划——毕业设计（创业类）”的资助。

由于时间和水平有限，书中难免出现错误和纰漏，恳请批评指正。

编　者

2018年1月

目　　录

教学实践类

科技创新类

实培计划类

教学实践类

研究生“高等工程电磁场”课程案例教学的初步实践及思考①

缪 旻 李振松 赵 凯
（北京信息科技大学信息微系统研究所，北京，100101）

摘 要：“高等工程电磁场”课程是信息与通信工程、电子科学与技术等学科的硕士研究生核心基础课，教学方式通常以课堂上单纯的公式推导为主，学生普遍反映枯燥难学，与工程实践和学位研究工作脱节。这门课教学质量难以提升，成为高级创新型人才培养质量提升的瓶颈，而教学法的改革则是关键中的关键。本文提出在该课程中引入案例教学，从根本上提升学生学习兴趣、主动性以及研究创新能力，从而大幅改善教学质量的观点；在对国内外现状调研基础上，结合作者亲身实践，对其可行性进行了初步论证，并探讨了相关实践的启发以及对教学管理和教师本身的挑战和对策。

关键词：案例教学 研究生教学法改革 理论教学 人才培养模式改革 深度学习

Initial Practice of Case Teaching in “Advanced Engineering Electromagnetics” Course for Postgraduates and Teaching Reflection

Min Miao，Zhensong Li，Kai Zhao
（Institute of information Microsystems，Beijing Information Science and Technology University，Beijing，10010）

Abstract：The course of “Advanced Engineering Electromagnetics” has always been a basic core course for postgraduates majoring Information and Telecommunications，Electronic Science and Technology and etc. Usually，the teaching approaches center around pure equation deduction in classroom and the students generally complain about the tediousness in the teaching and hardness in the learning，and its separate from engineering practice and the research jobs for their dissertations. The difficulties in the improvement of the teaching quality have become the bottleneck in the promotion of cultivation quality for high-level innovative talents； however，the reform in teaching approach is the crux. In this paper，case teaching is proposed as the key method in fundamentally promoting the learning interest，initiative and innovation capability in research，so that the teaching quality may be enhanced substantially. Based on the survey on current situations at home and abroad and the authors’ experience，the feasibility is initially demonstrated； the enlightenment in the practice and challenges to the teaching administrators and the teachers themselves are discussed and the

① 项目来源类别：北京信息科技大学 2017 年促进高校内涵发展——研究生教育质量工程类项目“《高等工程电磁场》课程改革”（编号 5121724103）。

countermeasures are explored.

Key words: case teaching　postgraduate education reform　theoretical　course teaching　talent cultivation mode reform　deep learning

研究生教育肩负着培养高级创新型人才的伟大使命，侧重学生自主学习、研究和开发能力的大幅提升，是要“授之以渔”，其能力的养成必须从基础课教学抓起。“高等工程电磁场”作为“电磁场与电磁波”课程的后续课程，在信息与通信工程、电子科学与技术等电类或涉电交叉学科的学术型和专业型硕士基础课体系中居于核心地位，其教学质量关乎创新型人才培养目标能否实现以及培养的总体质量，相应的，其教学必须着眼学生的研究和创新能力培养，而不仅是加强对电动力学层面知识和理论推演方法的讲授。这门课程在北京大学为代表的多所研究型大学和以我校为代表的、面向应用型人才培养的教学—科研型大学都有开设，由于传统上以讲授法为主要教学方式，一直以来学生普遍反映该课程难学、枯燥，与实践教学和学位研究工作脱节，教学法的改革将是突破这门课程普遍面临的教学困境的关键。在此背景下，本文提出在该课程中引入案例教学，以从根本上提升学生学习兴趣、主动性和教学质量，以及用来支撑研究生创新能力培养目标的观点。在对国内外现状调研的基础上，结合作者在本科和研究生课程案例教学的亲身实践，对其可行性进行了初步分析，并探讨了相关实践的启示，以及对教学管理和教师本身的挑战和对策。这一尝试对我校研究生基础课教学和教学管理的改革将具有重大意义，对其他高校的相应课程改革可能也有一定的参考价值。

一、研究生高等工程电磁学类课程的作用与目前存在的不足

电磁场与电磁波理论是信息与通信工程、电子科学与技术乃至电气工程等学科及相关交叉学科的核心，已经在本科和研究生教学体系中成为理论性主干课程。进入21世纪，由于受超宽带/超高频通信、太赫兹理论与技术等高新技术发展前沿的需求牵引，面向工程的电磁场理论与应用在学科和专业发展中的重要性和核心支撑地位仍在不断加强，而且其工程属性和时代性正日益凸显[1-5]。相应的，在本科和研究生阶段构建“大学物理电磁学”“工程电磁场”（或“电磁场与电磁波”）“高等工程电磁场”（或“高等电磁学/电动力学”）教学链条，可保证学生能在顺利入门的基础上，不断深化和提高对相关理论的掌握与理解，更有利于培养运用理论的自觉性和提升能力。

工科教育在专业知识传授之外，必须将科学思想、探索精神、人文精神、团队协作精神教育融入教学中，从而培养大工程观[5-8]，无论本科还是研究生阶段都应贯彻这一先进理念；此外，学生高层次创新和实践能力的培养离不开思想和意志品质方面的培养。目前很多电类学术型、专业型硕士研究生学位授权点都开设了高层次工程电磁场类课程[9-11]，但其教学形式相对陈旧，而且片面强调理论严谨性，其培养目标和实际教学质量尚无法支持上述先进教育理念的落实，相关课程建设的不足具体表现在以下方面。

（1）所采用的公开出版教材，其内容均过于狭窄，对研究前沿与工程应用反映不足；

（2）大部分研究生在入学前没有工程实践经验，由于课程内容缺乏工程实例，学生普遍感到学习内容枯燥，学习目的不明，对理论学习缺乏热情，甚至逃避；

(3)教学手段单一，基本属于口传身授的课堂教学模式，板书和PPT通篇都是生硬的公式推导，师生间缺乏互动交流，不利于学生能力、科学素养乃至意志品质的培养；

(4)课程培养目标仅限于知识的了解、理解、解释和解答习题等简单应用，不涉及综合、创造、评估等高层次能力培养以及情感和意志品质的养成。

目前教育界也从各种途径对上述不足采取了一些有针对性的改进措施，包括以下内容。

1. 教材建设

国内外很多教材在介绍电磁场与电磁波基本内容以外，在书中每章后增加了一些新颖的讲授工程实践原理的专题小节，或者将这些内容集中到书的最后1～2章专门讲授，以拓展课程的教学覆盖面，如增加电磁场与电磁波理论和生物学交叉形成的生物电磁学、实用性较强的高速数字电路中的电磁效应等[1-3]。

2. 课程建设

目前，高等电磁学类课程一般被各研究型高校的相关学科列入研究生的学位课，通常是重点建设的核心课程，在师资、资金方面得到优先投入[9-11]，这些学校的教学改革措施可以归纳为以下几个主要方向。

(1)增强课堂互动。力图营造鼓励创新和想象的课堂气氛，以小组讨论和针对性提问等形式，引导学生多思考，营造民主、和谐的课堂氛围，让学生处于轻松愉快的心理状态，能够积极思考，敢于标新立异。

(2)布置适当的作业。加强理论联系实际，提高来源于工程实践的作业的比例，布置类似于工程项目的大作业等。据学位工作的要求，保证理论教学为实践教学和学位工作打好坚实的理论基础。

(3)引入多媒体演示手段，将抽象的电磁场理论和难以被人的感官直接感受的电磁波可视化，方便学生地理解。

(4)邀请校外专家讲授。

不难看出，部分高校的改革尝试已经或多或少体现了基于实际案例开展教学的思想，不过，真正意义上的案例教学在高等工程电磁场类课程中的实践尚未见公开报道，本项目团队针对上述问题，从2010年开始，首先积极开展了调研以及在本科生教学中的试验。其结果表明，借鉴法学、经济学、医学等领域案例教学法[12-13]的成功经验，设计建成科学的案例教学体系，从根本上改变这一研究生核心基础课教学中以单纯理论推导和口头灌输为主的固有模式，推动学生自主学习和高层次能力训练的实现与深化，形成以讨论式、启发式、师生双向交流为根本特征的案例教学模式，实现向以学生、学习为中心的教学模式迁移，可望成为提升教学水平和改善学习效果最直接而有效的途径。

二、关于案例教学在工学研究生理论性核心学位课中的可行性及其意义的思考

当代工学教育理论的先进成果，是从系统论角度提出的大工程观的教育观念，研究生阶段尤其要着重从大工程观角度结合实践需求来培育学生，就是要树立工程系统性和整体性

的认知方式和观念，培养学生从事工程活动的高层次创新能力与意识，养成责任意识、实践能力、综合知识、系统思维、协作品质。但在现有教学体系下，这一先进理念的实现无从谈起。此外，研究生高层次创新和实践能力的培养离不开思想和意志品质方面的培养，考虑到许多研究生都是应届生，缺乏工作和社会经验，积极向上的思想和坚强的意志品质对学位工作的开展和成果的取得尤为重要。上述问题构成了影响电类乃至整个工学学科研究生培养目标有效实现的瓶颈。

以案例为载体的教学方法可追溯到古希腊和中国春秋时期；近现代案例教学法则由美国哈佛法学院院长 C. C. Langdell 于 1870 年首创，后经 W. B. Doham 推广并初步上升到方法论高度。由于具备开放式、互动式的特点，而且有利于高层次能力的养成，已被广泛用于法学、医学、经济学、管理学、社会学乃至理工科类教学领域，深受学生的欢迎[12]。当代教学实践中的案例教学注重以学生自主、研究性学习为主，教师的“教”为辅，教师的作用主要体现为引导、调度；实施案例教学时，以精心选择的案例为基本教学材料，将学习者引入接近实践的情境中，通过师生互动、平等对话和讨论，促使学习者激活对所学知识的理解，提高学习者面对复杂教育情境的决策能力和执行能力，实现深度学习；而在考核方面，摒弃简单的、以习题为主的量化考试模式，以对能力和实践效果的综合评估考察为主。

从对国内外案例教学调研[14-17]和前期亲身实践经验的分析总结出发，我们认为，案例教学是克服当前工学研究生教育弊端的有效手段之一，它有利于大工程观教育理念的贯彻乃至优秀思想、意志品质的养成，可以有效提升核心学位课的教与学的水平，并支撑研究生培养目标的达成，其理由如下。

(1)案例教学强调探究式、主动式学习，教师引导学生进行积极思考来找出多种答案，突破本科时常见的以教师和教材为中心、学生被动听课、从概念到概念的传统教学方式弊端，避免死板、表浅地理解原理、原则，真正建立跨越理论和学位工作的桥梁，并激发学生将本科养成的被动式学习习惯转变为主动式学习，并在未来职业生涯中保持积极学习的心态；

(2)案例教学通过在接近工程实践的复杂情境中进行问题的分析与解决来提高学生分析和解决实际问题的能力，着眼于学生综合、创造和设计等高层次能力的发展，促进学生的思维不断深化和升华；

(3)案例教学有利于促进学生学会沟通与合作；

(4)案例教学大大缩短理论教学与生产实际乃至学位研究工作的距离，使学生在理论课、主干课中有机会“浸透”工程的思想，学会从工程技术人员的角度思考问题、解决问题，这往往是传统课程教学法所不能涵盖的；

(5)案例教学营造的是自由讨论、自由交流的课堂教学氛围，允许学生答错问题、异想天开、挑战权威(如书本、老师等)，有利于学生积极向上的人生态度和敢于探索的精神的养成，形成胜不骄、败不馁，敢于面对问题和不断进取的意志品质。

不难看出，案例教学在教学目标、内容、过程与实施方式、评价考核方面都具有鲜明特色，是一种真正贯彻以学生和学习为中心的先进的教学理念；案例教学鼓励创新、探索精神，提倡理论与实践紧密结合，对贯彻研究生阶段大工程观教育这一先进理念乃至潜移默化的思想教育与意志品质养成等具有深远意义。

然而在工程教育界，虽然包括我校在内的很多工科院校都已经高度重视实践教学，但一般的教育实践是把理论性强的主干课和工程实践、实训教学环节分离开，前者单纯讲述理论，而后者强调动手能力，案例教学都集中于后者，总体而言，这种培养模式便于安排课程学时，但在很大程度上割裂了理论与实践环节的有机联系。事实上，近年来，在本科机械原理、工程基础力学等以理论传授为重点的工科专业基础课方面已偶见案例教学的尝试，但在电类专业的电磁场与电磁波类课程方面尚未见案例教学的试验，即使引入了来自工程和科研的教学素材，其组织也等同于课程附属的实验教学或者“另类的”习题课，这样一来，理论性课程的教学只能实现了解、理解相关知识和在习题上的简单应用，在通向学位工作的学习道路上存在鸿沟。这对学生的理论素养和以“创新性地解决问题”为特征的工程素养的形成都极为不利，而且影响学生的学习激情和学习目的性。因此，在电磁场与电磁波等以讲授理论和原理为主的工学专业主干课中引入案例教学具有重要的理论价值和实践创新意义。

三、亲身实践概况与启发

2005 年至今，作者组建的“电磁场与电磁波”课程教学团队成员建设电磁场与电磁波、微波技术、天线与电波传播等课程，从课堂教学到课程实验都有了质的提升，针对通信工程、电子信息工程、物联网等本科专业学生授课 25 轮次以上，形成了成熟的教学团队，建成了紧密结合工程实际要求的教学案例库、习题库等支撑条件和培养与考核体系。在课程建设同时，对大学生科技创新和研究型学习进行了深入探索及方法论研究。

另一方面，本课程团队也是信息与通信工程学科下“三维集成与高速互连”学科方向的主体，获得 863 计划、国家自然科学基金、国家科技重大专项子课题、国家重大基础研究发展计划(973 计划)、北京市科技新星计划等多项国家级和项目资助，在信号完整性、射频微纳机电系统方面的多项成果获得工程应用乃至科学技术奖励。学科建设的成果也成为案例库和教学实践环节建设的重要素材来源，团队成员将主持的项目研究所形成的最新成果，结合工程前沿发展需求，凝练为大量教学案例，并在课堂上进行讲授、演示，并作为课后作业布置给学生，取得了良好反响。

在上述工作基础上，项目组以案例教学为突破方向，进行了持续三年的本科课程专项建设，并在研究生“高等工程电磁场”课程中进行了尝试，分为两个阶段，循序推进。

第一阶段，即第一年，在数理实验班(“电磁场与电磁波”)、研究生班(“高等工程电磁场”)等小班教学中开展了案例分析教学环节方面的试验，加强了讨论式教学的比重，鼓励学生积极发言和讲解相关知识，实现主动学习，取得了积极效果。本教学团队论证了在以讲授理论和原理为主的工学专业主干课中引入案例教学的可行性，同时锻炼了团队成员的理论素养和工程素养，为案例教学这一对教师有着极高要求的教学形式的真正实施，打下了坚实的基础。

第二阶段，以项目负责人、“电磁场与电磁波”主讲教师缪旻教授带领全团队在 2013 和 2014 级本科生和 2016 级研究生教学中连续实施了案例教学，覆盖了通信 1302～1305 班全体学生 115 人(1301 为卓越班，采用传统方式单独授课，作为对比样本)。案例教学占用课堂时间的 20%。在完成实验定律与麦克斯韦定理教学后即布置相关任务，并通过讲授典型工程案例，向学生展示案例教学的实质、任务、关键流程和思路方法等，并后续与团队成员以指导小组形式每周定期为学生提供答疑和指导，并记录了常见的各类问题。在 15 周组织 2 个小组进行了预答辩，检查了准备情况，提前发现了课堂辩论可能出现的问题。在 16 周组织了课堂辩论和成绩测评。

此轮教学试验，对本科生而言以3人小组为主要形式，也有2人小组，甚至个人完成的；学生自主选题，以PPT的报告和答辩为主要检验方式，要求学生事先提交Word版说明书、现场演示PPT并接受教师和同学的质询等，其中报告者为1人，但要求所有成员接受质询。小组每位成员成绩相同。考虑到研究生选课人数和基础，安排两人一组为案例学习形式，题目则由学生和各自指导教师商定，考核方式与本科生考核方式相同。

总体来看，案例教学基本达到预期成果。学生参与积极性很高，一半以上小组在期中时便完成选题和背景调研。本科小组为40个，选题中涉及工程主流应用者达80%，其余则覆盖了非主流应用或者科学研究前沿(如有的小组甚至覆盖了量子电子学)；研究生小组为4个，选题是各自学位工作相关前沿。从答辩的表现来看，出乎意料的是，无论原来的学习基础如何，学生们均进行了认真准备，积极主动报告和踊跃回答，在案例教学相关的课时当天，到课率保持在100%。未出现不及格现象。成绩在70～79之间的小组占15%，成绩在80～89之间的小组占80%，成绩在90分及以上者占5%。

在教学实践之外，项目组还围绕核心建设与研究目标开展了支撑体系的建设工作，其内容和成效包括以下几方面。

(1)开发面向启发式、交互式教学，建设反映学科前沿和工程技术最新进展、成果的课堂教学案例库，并在课堂教学中进行了实践验证和完善，实践表明这些案例库有效地引导了学生进入自学情境中，并帮助他们快速适应了案例分析与创新能力培养的要求。

(2)从方法论高度研究电磁场与电磁波课程的案例教学法，并通过教学实践进行优化，在此基础上进行了提炼和升华，将成果固化为文档。

(3)研究评价案例教学的评价方法与体系，并对案例教学效果进行评价和优化。

(4)修订了现有的教学大纲和授课计划、教案。

(5)从理论高度，对工学专业主干课案例教学的规律、方法论等进行了研究。

(6)安排青年教师担任案例教学的主讲和答疑、指导工作，探索如何培训青年教师把握好案例化教学这一对理论素养和工程素养、课堂组织能力都提出高要求的教学方式，在实践中提升了他们的教学水平与能力。

四、挑战与对策

在工学教育中，案例教学能很好地落实大工程观这一先进的工学教育理念。目前研究生教育通常把专业理论课教学和工程实践教学环节分离开，造成两者间有机联系被人为割裂，这无论对于学生的理论素养培养，还是以“创新性的解决问题”为特征的工程素养的形成都极为不利。而案例化教学是克服上述弊端直接而有效的途径。项目组成员案例教学的试验取得了积极效果，证明了这一论断的正确性。但是，在电磁场与电磁波类理论课教学中实施真正意义上的案例教学，也面临挑战，而且国内外可供借鉴的经验很少，具体如下。

1. 如何兼顾理论性和实践性

我院的研究生在本科阶段的工程电磁场类课程教学目标设定往往较低，有的甚至没有上过这类课程，对理论的理解和运用能力有待提升，因此研究生阶段的“高等工程电磁场”课程必须帮助其夯实基础,并提升其运用能力,为学位工作做好准备。基于前期实践,我们认为应该确立"理工渗透"的教学理念,以分组讨论式教学为主,激发学生参与及自主学习的积极性;在考核方式上,注重过程考核,着重以口试或答辩方式考查其态度和实施过程的方法的正确性,对其给出的最终答案正确性则不过分要求。

2. 对教师的要求更高

案例教学中,想要真正激发起学生学习激情,并使其从这一改革中真正受益,教师就必须具有极高的理论素养、工程实践经验和课堂讨论的驾驭能力。这对于目前熟悉讲授式教学,而对讨论式、启发式教学较为生疏的团队年轻成员来说,是极大的挑战。因此,我们应当以大工程观为导向,在扎实开展科研工作基础上,通过积极参加国内外经验交流会、教学法培训、企业工程师认证培训等,切实提升对课程的理论理解和增加相关科研与工程实践经验,加强教师的课堂和实验教学水平,真正达到案例教学对教师综合素质提出的极高的标准要求,通过这些方法为案例教学的实施提供有力的人才保障。

3. 案例的经典性和前沿性如何取舍或兼顾有待实践检验

目前,我们认为教学案例选择应坚持前沿性,并与研究生所在课题组的研究方向尽可能紧密结合,从而为课程的终极目标服务;但是否会因此影响理论教学的质量,甚至能不能从根本上解决研究生理论基础普遍薄弱问题,还有待检验。初步的对策设想是,着力建立研究式、自主式的学习机制,鼓励学生通过自学加强理论基础、增强运用理论的信心和自觉性,在此基础上将课外科技活动或所在课题组的研究工作作为案例教学的一部分,相应的考核甚至可以替代期末考试,减小其实践部分的负担,最终让学生既学好理论又提升了实践能力,做到"磨刀不误砍柴工"。

参考文献

[1] J. Lee, et al. Analysis of the Passenger Pick-Up Pattern for Taxi Location Recommendation[C]. 2008: 199-204.

[2] Ge Y, XIONG H, TUZHILIN A, et al. An energy-efficient mobile recommender system[A]//Proceeding of the 16th ACM SIGKDD international conference on Knowledge discovery and data mining[C]. 2010: 899-908.

[3] 孔蕙心. 城市客流分布与出租车出行路线推荐算法的研究[D]. 北京:北京邮电大学,2015.

[4] 蔡春丽,孙朝印,彭波,等. 行车速度与碳排放关系研究[J]. 公路与汽运,2015(3):61-64.

[5] Goodfellow I J, Wardefarley D, Mirza M, et al. Maxout Networks[J]. Computer Science, 2013:1319-1327.

[6] William Hart Hayt, Engineering Electromagnetics[M]. McGraw-Hill, 2001.

[7] Fawwaz T. Ulaby, Umberto Ravaioli. Fundamentals of applied electromagnetics (7th Edition)[M]. Prentice Hall, 2014.

[8] Kenneth Robert Demarest. Engineering electromagnetics[M]. 北京:科学出版社,2003.

[9] 高远,朱昌平. 电磁场与波实验教学的探索与实践[J]. 实验室研究与探索, 2006,25(6):595-597.

[10] 杜国宏,曹俊友. 基于 CDIO 的电磁场与微波技术类课程教学改革探讨[J]. 电子电子教学学报, 2009(9):52-60.

[11] 李万成. 浅谈教学与科研的关系[M]. 北京：中国社会出版社，1999.

[12] 郭雨梅，金喜平. 教学与科研相结合培养学生的创新精神与能力[J]. 辽宁教育研究，2002(3)：36-37.

[13] http://125.71.228.222/wlxt/ncourse/DCCYDCB/web/intro/kcts.aspx.

[14] 叶卫民，朱志宏，刘肯，等.《光电子学中电磁场理论》研究生课程教学的思考[J]. 高等教育研究学报，2010，33(1)：117-119.

[15] 尹家贤，卢中昊，刘继斌，等. "高等电磁场理论"课程教学改革与实践[J]. 电气电子教学学报，2015，37(4)：24-26，41.

[16] 邹玉华. 研究生课程"高等电磁场理论"的教学改革探索与实践[J]. 中国校外教育(下旬刊)，2011(3)：120.

[17] 王青梅，赵革. 国内外案例教学法研究综述[J]. 宁波大学学报(教育科学版)，2009(3)：7-11.

[18] 杨德广. 树立新的教育理念迎接加入WTO的挑战[J]. 教育研究，2002(11)：32- 34.

[19] 李丹美，仇润鹤. "电磁场与电磁波"课程教学改革探索[J]. 实验室研究与探索，2005，24(S1)：157-159.

[20] 曹斌照，许福永，梅中磊. 关于"电磁场理论"课程题库建设的研究[J]. 高等理科教育，2006(4)：112-114.

[21] 张爱清，叶新荣，丁绪星. 实例教学法在"电磁场与电磁波"教学中的应用[J]. 中国电力教育，2010(34)：63-64.

[22] 高明亮. "电磁场与电磁波"教学中的创新理念[J]. 江苏科技信息，2013(5)：24-25.

作者简介

缪旻，男，教授，研究生导师，学科带头人，北京信息科技大学信息微系统研究所所长，北京"长城学者"计划等多项人才计划入选者。

李振松，男，讲师，北京信息科技大学信息与通信工程学院通信工程系教师。

赵凯，男，副教授，研究生导师，北京信息科技大学信息与通信工程学院通信工程系教师。

基于智能硬件模块的电子信息工程专业新生创新实践教学设计①

厉夫兵　沈冰夏　宋沛然　李红莲　潘建军
（北京信息科技大学信息与通信工程学院，北京，100101）

摘　要：学生创新实践能力的培养是高校人才培养的重要指标之一，创客教育是培养大学新生创新实践能力的重要手段。电子信息工程专业新生不具备本专业的学科基础知识和专业知识，因此需要在软硬件工程实践方面进行引导、启蒙式教育。利用典型案例进行课堂教学，基于智能硬件模块进行软硬件工程设计，使学生快速获取实践动手能力；利用课外学习资源完成基于小组的项目设计，培养学生自我学习和团队协作的能力。基于智能硬件模块的大学新生课堂实践教学能够增强学生从事创新实践活动的信心，是培养学生创新实践能力的有效方法。

关键词：创客教育　创新实践　大学新生　智能硬件

Innovative practice in classroom teaching using intelligent hardware modules for fresh students majored in electronics and information engineering

Li Fubing, Shen Bingxia, Song Peiran, Li Honglian, Pan Jianjun
(School of Information and Communication Engineering, Beijing Information Science and Technology University, Beijing, 100101)

Abstract: Students' innovative ability and practical skill cultivation is one of the college's focus on talent development. Maker education has become an important way to improve the innovative ability and practical skill. As fresh students majored in electronics and information engineering do not have the fundamental and professional knowledge of the discipline, enlightened education is needed to cultivate students' engineering practice ability in both hardware and software. To improve students' practical ability, several ways are introduced into classroom teaching, such as case studies, hardware and software engineering design based on the intelligent hardware module, et al. Self-learning and teamwork skills are gradually cultivated by using extracurricular design-based learning activities which should be finished with other companies. Classroom practice teaching for fresh college students using intelligent hardware modules can help them with their own self-confidence, and proves to be an effective way to cultivate students' innovative ability and practical skill.

Key words: maker education　innovative practice　fresh students　intelligent hardware

---

①　项目来源类别：2017 年校级教改项目（2017JGYB30，2017JGYB27），促进高校内涵发展—教学改革—2017 年度教育教学改革研究专项招标课题（2017JGZB07）。

一、引言

教育部《2016年全国教育事业发展统计公报》显示，中国高等教育毛入学率已达42.7%，即将迈入普及化教育阶段。但与世界高等教育强国相比，我国创新人才的培养水平处于较低层次，学生的创新和实践能力亟待提高。近年来，“创客教育”作为一种新的教育方式受到了世界许多国家越来越多地重视。它利用不断发展的智能硬件、众多的开源代码与软件等资源，为培养学生的创新与创造能力提供了一种方便、高性价比的手段[1-4]。

当前网络中关于创客教学实践的内容很多，如何有效地利用这些资源，激发学生的学习兴趣，而非让学生知难而退，是将看似在空中的“创客教育”进行落地的重要问题。对于信息与通信工程学院电子信息工程专业的学生而言，一方面，他们需要学习电子信息理论知识；另一方面，还需要在理解这些理论知识基础上，利用一定的软硬件平台将其付诸实践应用。智能硬件的兴起为学生提供了一个合适的平台。然而，大一新生对本专业的培养目标、专业课程设置等内容未有深入了解，没有掌握本专业的学科基础知识和专业知识，仅具备高中时期掌握的物理科学基础，因此，应对其进行工程实践的“启蒙”教育。通过基于智能硬件模块的课堂教学实践设计，一方面为大学新生降低软硬件实践入门的难度，激发学生对本专业知识的学习兴趣；另一方面锻炼学生的工程实践能力，使其掌握一般的自我学习方法，并培养其团队协作的能力。

二、实践教学设计

1. 实践教学载体

电子信息工程专业非常注重锻炼学生的动手实践能力。然而在学习本专业基础课之前，学生对各种昂贵而专业的开发工具的运行原理知之甚少，很难让大学新生在较短时间内独立学习掌握，还容易降低学生的学习积极性，不利于学生的后续专业学习。学生在高中时代的物理实验中接触的有限电子电路元器件又相对简单，功能单一，不具备基本的开发功能，不能满足电子信息工程专业对学生工程实践能力的培养要求。因此，选择一种合适的实践教学载体，既具备简单清晰的结构和友好的开发环境，容易被大学新生快速地学习掌握，又具备专业开发工具的基本功能，满足电子信息工具专业的工程实践能力培养要求，是对大学新生进行创客教育的基础。

Arduino开发板不仅能够支持大量的传感器等周边设备，更重要的是它还具备简单易用的软件开发环境和大量的第三方代码资源，可以支撑学生未来的开发需要。与Arduino将单片机、电源接口、晶体振荡器、数字模拟接口、USB接口等统一集成在一块电路板上不同，mCookie每个硬件模块具有相对单一的功能，各模块之间通过友好的磁吸方式连接，更容易激发学生动手实践的兴趣。更重要的是，它使用与Arduino完全相同的软件开发环境，可以利用第三方代码资源。因此，拟采用mCookie硬件模块作为大学新生创客课堂实践教学的入门平台，培养学生的软硬件开发能力。等学生具备一定的工程实践水平的自学能力后，再无缝过渡到Arduino平台以开发更为强大、灵活的智能硬件设备。

2. 实践教学内容设计

课堂实践教学环节共有4次课8学时。为了使绝大部分大学新生掌握基本的智能硬件开发设计能力和相应的自我学习能力，除了开发平台，最重要的就是设计合适的实践教学内容。本次授课遵循由浅入深、先基础后综合的原则，将实践教学内容分为相互关联的四部分，后一部分的内容会利用前一部分的相关知识。并且，在第一次课堂学习之前，学生需要阅读智能硬件说明和自行熟悉软件开发界面，并允许自带电脑学习。

实践教学第一部分是基础内容，教师首先介绍硬件套件的主要构成，模块的分类以及各种模块的主要作用。然后，简要介绍软件开发环境的安装，开发环境与硬件平台的连接与基本参数设置。接着，便可以开始第一个基础实验，LED灯及灯阵的控制。从点亮一盏灯开始，逐渐增加实验的复杂度，使学生循序渐进地进行学习。

第二部分在上次课的基础上，引导学生尝试增加不同的传感器，如温度传感器、声音传感器、触碰传感器、人体感应传感器等，使这些传感器与灯进行联合控制，产生相对有趣的效果。同时，学习这些传感器的操作方法和软件开发环境中常规控制命令的使用。

第三部分课程将重点讲解一些相对酷炫的内容，比如如何合成一段简单的音乐并用喇叭播放，如何播放芯片中的歌曲，以及如何显示文字和图像画面。在这部分内容中，单纯靠学生手动编写程序已经无法满足课程的进度，教师需要事先编写好相应的部分代码提供给学生，利用现有的程序略做修改，达到相应的效果。

第四部分课程将以一个比较综合的例子，比如音乐盒的设计实现，重点培养复杂工程问题的分析和处理方法，并向学生介绍第三方代码库的内容，引导学生充分利用现有资源为自己的智能硬件开发提供帮助。

3. 课堂实践效果保障

在进行课堂实践教学时，最初考虑是在阶梯教室中进行。考虑到电子信息工程专业新生有100名左右，在阶梯教室对全体新生进行集中讲解，虽然能够同时容纳很多的学生，但存在着电源供给无法保证、师生交流不方便、实践环境过于喧闹等一系列问题。因此，最终决定将学生分成三个组，在三个实验室中同时进行，每个实验室由一名教师负责。这样，既可以解决阶梯教室的电源问题，而且师生在实验室中也可以方便地交流，为实践教学的顺利进行提供了客观保障。

对于实践教学而言，最重要的不是让小部分动手能力强的学生用较快的速度做出期望的效果，而是要保障绝大部分同学都能得到动手实践的机会，并且能够独立复现出基础实验，这样才符合实践教学的初衷。然而，在实际教学中，老师不可能兼顾到所有学生，也没有充足的时间考查学生是否真正理解和掌握了实践教学内容。因此，总有部分学生不能完整复现出基本实验，影响课堂实践教学的效果。

为了提高课堂教学效果，采取了分组与组长负责制的方法进行培训。前三次课都对学生按座次就近分组，每组有1名小组长，由动手能力相对较强的学生担任或内部推选产生。对于基础性的题目，实践操作时，在学生听取教师讲解的基础上，小组长负责本小组成员均能独立地完成所有的基础实验，汇总小组成员遇到的问题，并在小组内部商讨解决。对于遇到的无法解决的问题，由小组长汇总后向老师集中反馈。

对于具有一定挑战性质的题目，特别是需要团队成员合作的题目，实践操作时，小组长需要合理分配各位同学的任务，避免存在无所事事或不明所以的组员，并对小组成员的参与和贡献程度进行评估，同时注意搜集该题目中学生遇到的主要问题，在组内讨论无法解决的情况下，向教师反馈。教师审核并记录各个小组的进度与状态，有针对性地进行辅导，并回答小组长反馈的问题。在每次课后，教师总结本次实验教学的经验和问题，为下次课的顺利进行做好准备。

4. 课外资源利用

由于课堂实践教学时间有限，教师只能讲授基本的软硬件知识，无法满足学生更高层次的创新要求，因此，应该教会学生充分利用课外资源，基于网上现有的成果进行简单改进或提升，实现有限程度的"微创新"，这也是培养学生自我学习能力的一种方式。

由于课外资源存在着良莠不齐的情况，而大学新生在该方面的知识储备较少，因此需要遴选那些过程详细、代码相对完整、对外设资源要求相对较低的案例。在此优先推荐 Arduino 软件开发环境提供的案例资源、mCookie 的 Wiki 资源以及北京邮电大学学生自建的火花空间网站。Arduino 软件开发环境提供的案例资源主要是代码为主，mCookie 的 Wiki 资源比较偏重单个案例的实现，北邮火花空间多以学生作品具体的制作过程、代码数据和影像资料为主，并可以通过论坛的形式进行讨论。利用这些资源，学生可以有选择性地进行相关案例的学习，进而激发更好的创作灵感。

5. 作品评价设计

本次创客实践课程的考核形式为小组项目考核制。具体题目由教师随机指定，每道题目都由基本功能要求和扩展功能要求组成，根据实现的各种功能的效果和难易程度确定小组的成绩。此外，如果小组对现有题目不满意，可以向教师提出自拟题目的要求。教师对学生的题目进行评估后，确定学生是否可以从事该题目，并确定题目需要实现的基本功能要求和扩展功能要求。

学生以小组为单位提交一个项目的完整报告和视频。报告包括组员构成、组员各自的工作内容、项目的基本原理介绍、具体实现步骤、所用代码、整体布局以及效果图示，并且在视频中对每种效果进行详细展示和说明。此外，在取得全体成员的一致认可的情况下，组长需要在报告中对每名成员在该项目中的贡献程度进行评分。教师将根据项目难度和完成效果、小组报告视频、组长评分等项目作为组员各自的评分依据。

在评价完成后，教师将选择一些优秀项目，包括学生自拟项目，编入优秀案例库予以保留，作为下一届新生学习参考。

三、结束语

创客教育的核心是培养学生自我学习的能力，让学生在主动学习的过程中培养发现问题、分析问题、解决问题的能力。相对于大学新生，先于其具备自我学习能力之前，通过设计课堂实践教学方法，使其获取基础的软硬件设计知识和技能，引导其对创新实践产生兴趣，是教师需要重视的基本问题，也是学生创新能力培养的先决条件。通过对创客实践教学过程进行认真设计，能够快速提高学生获取智能硬件类知识的效率，增强学生从事创新实践活动的信心，为提高学生的创新实践能力提供了助力。

参考文献

[1] 郑燕林. 美国高校实施创客教育的路径分析[J]. 开放教育研究，2015，21(3)：21-29.

[2] 王怀宇，李景丽，闫鹏展. 高校创客型师资培养策略初探[J]. 中国电化教育，2016，(3)：126-130.

[3] 刘伟善. 基于项目学习的高中创客教育课程教学实践研究—以"智能生活创客入门"课程为例[J]. 无线互联科技，2017，(1)：76-77.

[4] 李茗妍，张晓胜. 基层中小学开展创客教育实践研究[J]. 中国教育信息化. 2016，22：16-18.

作者简介

历夫兵，男，讲师，主要从事电子信息工程专业的教学与科研。

沈冰夏，女，实验师，主要从事电子信息工程专业的实践创新教学与研究。

宋沛然，女，讲师，主要从事电子信息工程专业的教学与科研。

李红莲，男，副教授，北京信息科技大学信息与通信工程学院电子信息工程专业教研室主任，主要从事电子信息工程专业的教学与科研。

潘建军，女，副教授，主要从事电子信息工程专业的教学与科研。

科技创新类

基于 BLE 技术的智能寻物防丢器的设计与实现[①]

刘俊峰　李振松　李格菲　吕飞洋　刘嘉佩　杨　萌
（北京信息科技大学信息与通信工程学院，北京，100101）

摘　要：随着电子技术的发展，人们的生活节奏越来越快，不慎丢失物品的现象不时地发生。为避免丢失物品造成不必要的损失，防丢失工具应运而生。随着技术的持续发展和不断完善，防丢失工具有了更加强大的抗干扰性能和更好的稳定性，离实际使用的要求越来越接近。本文采用传统的发射抑制原理，基于蓝牙低功耗技术（BLE），结合蓝牙 4.0 技术，设计并实现了一款智能防丢器。通过防丢器硬件和软件的精心设计，实现了防丢器无线蓝牙连接、信号检测、智能报警等基本功能，并进行了相应的系统功能测试，结果表明该设计方案结构简单、功能完善，具有较强的可行性和一定的实用价值。

关键词：蓝牙低功耗技术　防丢器　蓝牙 4.0　报警

Design and Implementation of Smart Anti-lost Device Based on Bluetooth Low Energy

Liu Junfeng，Li Zhensong，Li Gefei，Lv Feiyang，Liu Jiapei，Yang Meng
（School of Information and Communication Engineering，Beijing Information Science and Technology University，Beijing，100101）

Abstract：As the development of electronics technology，the pace of life becomes faster than ever before. Thereby people tend to lost something now and then. In order to reduce loss，the anti-lost device was created. As technology continues to improve and perfect，the anti-lost device becomes stronger anti-interference and better stability，and is ready for the consumer. An anti-lost device system has been designed in this paper by using the previous emission suppression principle，including the Bluetooth low energy technology. The anti-lost alarm uses the new Bluetooth technology 4.0，which plays an primary role in energy saving of this application. The system design of hardware and software are all completed and the main functions，including Bluetooth connection，signal detection and smart-alarm are exploited. Function test confirms that the given anti-lost device has strong feasibility and practical value.

Key words：Bluetooth Low Energy (BLE)　anti-lost device　Bluetooth technology 4.0　alarm

一、引言

在信息高速发展的今天，随着生活节奏的加快，人们常常会因为丢失随身物件而带来一

① 项目来源类别：北京市大学生科技创新计划项目。

系列的麻烦。一些小的随身物件，如钥匙、手机、银行卡之类的东西，非常容易不经意地就找不着了，与此同时，贵重物品的丢失更加让人心急如焚。因此，我们就针对这一问题研发了一个基于BLE的智能寻物防丢系统。该系统由硬件和软件两部分组成。由硬件制成的小型贴片系在这些小的随身物件上，它就会发出2.40 GHz的射频信号，通过手机终端来接收信号，并进行分析。如果这些随身物件超出了设定的范围便会产生蜂鸣报警；如果在用户找不到这些物件时，也可以通过手机终端发出信号，此时贴片会产生蜂鸣报警，以此来找到物件的位置。

二、防丢器的整体框架设计

对于防丢器的硬件系统主要由接收机(贴片)构成(假设有5台接收机)和终端(手机)，如图1所示。接收机主要功能是完成与终端的匹配，在终端发出信号时能够接收到信号，并进行蜂鸣器报警；而终端主要功能是监测到接收机的状态，并与接收机进行广播通信。

图1 防丢器硬件整体系统框架图

三、防丢器无线通信方式的选择

1. 无线通信技术

市面上通用的无线通信技术包括了红外技术、Wi-Fi技术、蓝牙技术等。随着时代的发展，无线技术也进行了适当地改变。基于对实际工程问题的考虑，人们会对无线通信技术进行适当地选择和比较。

红外技术是现在通信和遥感的一种手段。红外线发射器发出多束红外光，接收器对该红外光束进行接收，然后再将其转化为电信号，最后传给报警控制器。这种技术主要用在家庭监控报警系统当中，切割红外信号时，就会产生报警。但是红外信号不能穿过障碍物，对寻找物件存在一定的局限性。

Wi-Fi技术是现在广为使用的一种技术，正式的名称是IEEE 802.11b，该技术传输距离远，并且可以绕过障碍物，是作为防丢器的不错选择，但是如果使用这一技术，那么接收机的设备体积将无法保证，这样会显得比较笨重，不利于随身携带。

蓝牙技术工作在2.40 GHz的ISM频段，传输距离相对较短，应用在短距离通信、嵌入式产品以及各种便携式通信设备中。

防丢器无线通信方式的选择这个问题主要考虑的是在随身物件的寻找，通常就是针对短距离的通信，而且蓝牙的信号也可以绕过障碍物。此外，蓝牙技术还具备发射功率自适应，低干扰；同时支持异步方式和同步方式；将频带分成若干个跳频信道，可以防止在ISM频段遇到干扰等技术优点。

2. BLE蓝牙技术的特点

(1)省电：BLE蓝牙技术可以让Radio层在工作时并不是一直保持着激活状态。并且在完成应答的过程中只需要发送3个数据包，再加上终端监听的时间远远比标准的蓝牙设备要快。这样，通过提高效率的方式来减少时间，延长了电池的使用寿命。

(2)可靠：它采用了跳频的技术，即设备需要不断地搜索干扰较小的信道，以至于每隔一段时间就从一个频率跳到另一个频率，那么数据传输的可靠性就得到了保证。

(3)多设备连接：标准的蓝牙在同一个时间只能一个主设备与一个从设备进行连接。但是，多个BLE蓝牙却可以同时与主设备连接，只不过通信的只有其中一个BLE蓝牙设备。

四、防丢器硬件模块设计

1. 系统接收机架构设计

系统接收机主要由纽扣式电源供电模块、蓝牙控制模块、报警电路、天线接收模块、天线发射模块等组成。接收机组成的框图如图2所示。接收机使用3 V纽扣电池供电，而不是是使用锂电池供电，目的是为了让接收机尽可能的小，方便携带，而且使用BLE蓝牙模块，具有电池寿命长的优点。终端与接收机匹配后，接收机接收到射频信号，对这个信号进行解调，还原成电信号，用控制电路完成对蜂鸣器的控制，实现报警。

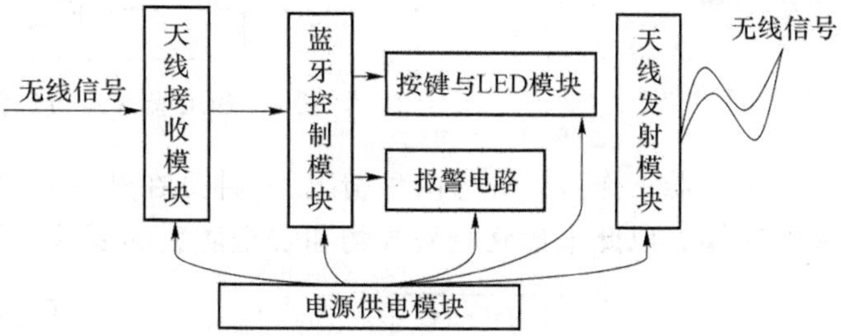

图2　接收机组成的框图

接收机模块在实现功能的同时，更重要的是实现低功耗，以此来让设备能长时间地工作。本项目中使用的是CC2540芯片，当低功耗蓝牙协议栈运行时，芯片需要让定时器2工作，与此同时还需要让睡眠定时器一起工作，且系统进入低功耗模式时，提供计时功能。事实上，芯片大部分时间是在休眠状态，只有少部分的时间是在工作的，只要终端对其在极短的间断时间内，双方进行简单的呼叫和应答即可。

2. BLE蓝牙的工作方式分析和设计

BLE采用拓扑结构的方式，如图3所示　。A是通信的主设备，B、C和D是关于A的从设备。数据以帧的形式在链路层进行交换。

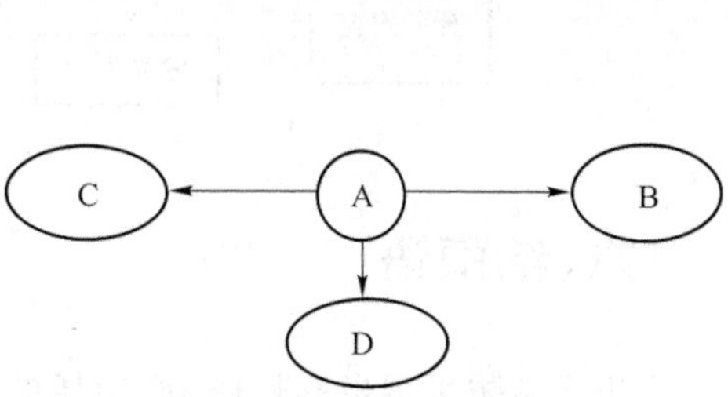

图3　BLE拓扑结构图

一般情况下，BLE工作在5种状态下：待机状态、广播状态、扫描状态、初始化状态和连接状态。在待机状态下，BLE 不会接受和传送任何数据包；在广播状态下，主要有发送广播信号和监听响应两个作用；扫描状态是用来监听信道中的数据包；初始化状态可以向指定的设备发出广播包和发起链接请求等。

五、防丢器软件模块设计

BLE 蓝牙软件由 2 个主要组成部分：操作系统抽象层 OSAL 和硬件抽象层 HAL，多个任务和事件在 OSAL 管理下工作，而每个任务和事件由 BLE 协议栈和应用程序组成。BLE 蓝牙运行的流程图，如图 4 所示。

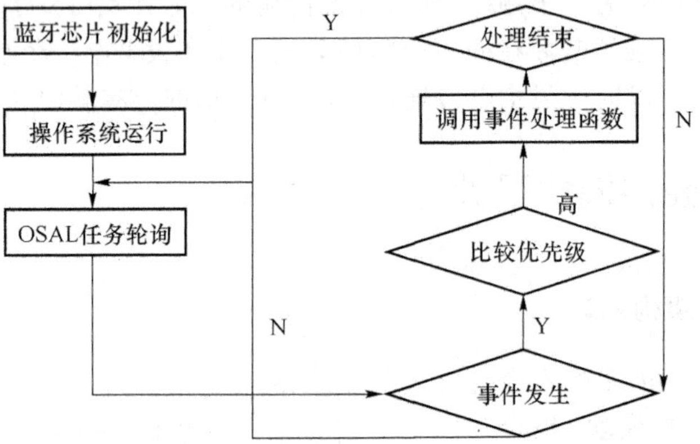

图 4　BLE 蓝牙运行流程图

防丢器工作可以分为两种情况：一种是在贴片超出范围的时候；一种是终端主动寻找贴片的时候。以此来达到轻松寻物和安全防丢的要求。图 5 是系统具体工作流程图。

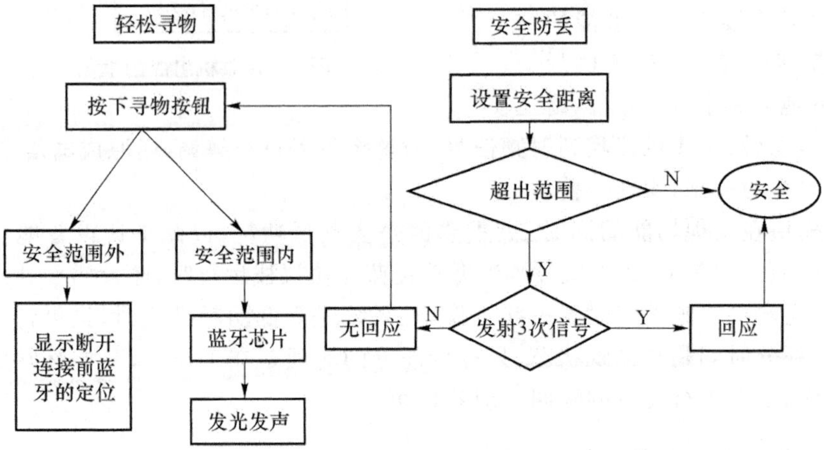

图 5　防丢器工作流程图

六、结束语

此智能防丢器以高性能、低功耗的 CC2540 芯片作为中央管理单元的处理器和低功耗蓝牙 4.0 无线通信协议作为通信技术，设计实现了主从蓝牙设备的连接，并且主从设备之间离开一定的距离后，蜂鸣器就会报警，而且从整体上考虑了稳定性、低功耗等性能。

在整个项目实施过程中，作者查阅了大量的相关资料，但由于时间短、实验条件不足和水平有限，导致该设计仍存在很多的不足之处，有待于改进和完善。具体体现在：报警器可以发出用户指定的声音，以提高用户体验；可适当增加一些传感器，增强防丢器的功能，如加入 GPS 芯片，用户就可以在一定误差内实时了解其物件的大致位置；可提高硬件的制作工艺以及相应软件的优化，以方便用户的使用。

总的来说，作者通过本次项目工作的锻炼，增加了对很多新的知识和一些未知的技术的了解，为以后的工作打下良好的基础。

参考文献

[1] 毛晓波. 单片机原理及接口技术[M]. 北京：机械工业出版社，2015.

[2] 钱宗峰，刘培国，于飞. 单片机原理与项目实践：基于 C 语言[M]. 北京：机械工业出版社，2015.

[3] 柯博文. Android 实战指南：智能电视、智能手表、穿戴设备、蓝牙 4.0 及周边设计[M]. 北京：清华大学出版社，2015.

[4] 毛剑飞，周雪. 物联网技术实践教程：基于蓝牙 4 [M]. 北京：清华大学出版社，2015.

[5] 欧阳骏，陈子龙，黄宁淋. 蓝牙 4.0BLE 开发完全手册：物联网开发技术实战[M]. 北京：化学工业出版社，2013.

[6] 钟元生，高成珍. Android 编程[M]. 北京：清华大学出版社，2015.

[7] 曾宏远，崔荔蒙. 从零开始学 Android 编程[M]. 北京：电子工业出版社，2012.

[8] Erik Hellman. Android 编程实战[M]. 丁志虎，武海峰，译. 北京：人民邮电出版社，2014.

[9] 左军. Android 程序设计实用教程[M]. 北京：清华大学出版社，2015.

作者简介

刘俊峰，男，本科生，就读于北京信息科技大学信息与通信工程学院电信 1302 班。

李振松，男，硕士，实验师，主要研究方向为通信与信息系统。

李格菲，女，本科生，就读于北京信息科技大学信息与通信工程学院通信 1304 班。

吕飞洋，男，本科生，就读于北京信息科技大学信息与通信工程学院通信 1302 班。

刘佳佩，女，本科生，就读于北京信息科技大学信息与通信工程学院通信 1304 班。

杨萌，女，本科生，就读于北京信息科技大学信息与通信工程学院通信 1304 班。

基于 LTE 的无人机遥控航拍系统设计①

张子豪[1]　宁润泽[2]　杜一凡[1]　李学华[1]

（1. 北京信息科技大学 信息与通信工程学院，北京，100101；

2. 北京信息科技大学 计算机学院，北京，100101）

摘　要：针对传统商用小型无人机遥控和实时视频无线传输距离受限的问题，提出了一种基于 LTE 网络的无人机遥控航拍系统。系统由无人机和地面控制台两部分组成，通过对相关硬件和软件的设计，可以实现控制台与无人机的高速通信。实际测试结果表明，在 LTE 网络覆盖良好的地区，本系统可以实现通过 LTE 网络对飞行的实时控制，以及高清视频的实时传输，在未来空中运输、协助搜救、远程监控等领域有重要的参考意义。

关键词：无人机通信　无人机航拍　4G/LTE

Design of Remote Control Aerial Camera System for UAV Based on LTE network

Zhang Zihao[1]，Ning Runze[2]，Du Yifan[1]，Li Xuehua[1]

（1. School of Information and Communication Engineering，Beijing Information Science and Technology University，Beijing，100101

2. School of Computer Science，Beijing Information Science and Technology University，Beijing，100101）

Abstract：In view of the problem that the traditional commercial small UAV remote control and the real-time video wireless transmission distance are limited，this paper proposes a UAV remote control aerial photography system based on LTE network. The system is composed of the UAV and the ground console. Through the design of the related hardware and software，it can realize the high-speed communication between the console and the UAV. The actual test results show that the system can have real-time control of flight and real-time transmission of high-definition video through LTE network in areas with good coverage in LTE networks and have important reference meaning in the fields of air transport，search and rescue assistance and remote monitoring in the future.

Key words：UAV communications　drone aerial photography　4G / LTE

一、引言

随着科技的不断进步、人民生活水平的不断上升，小型民用无人机的市场得到了长

① 项目来源类别：2017 年北京市大学生科技创新计划项目。

足发展。其操作简单、成本低廉，在空中运输、协助搜救、远程监控等领域得到了广泛地应用。但是目前市场上的民用无人机系统多是使用 Wi-Fi(含 2.4 GHz 和 5 GHz 频段)或者 433 MHz 等 ISM 频段进行无人机与控制台间的无线通信，这种点对点的通信方式由于其发送端的功率限制，不能传输很远的距离。并且在 2.4 GHz 和 5 GHz 频段基本是视距传输，虽然 433 MHz 频段的绕射特性较好，但由于其带宽较小，无法传输高清视频数据。

近年来，我国 4G/LTE 通信技术发展迅猛，其网络能够快速传输数据以及高质量的音频、视频和图像等。人们可以以 100 Mbit/s 以上的速度下载[1]。其高速数据通信、高可移动性管理、低时延的特性非常适用于无人机通信系统。因此采用 LTE 网络进行与无人机的通信是完全可行的。

二、系统设计

该系统由无人机端和控制台端两部分组成。无人机端包括四旋翼无人机、STM32 控制器、蓝牙模块和 Android 终端，控制台端为一台 PC，两端通过 LTE 网络通信。本系统结构如图 1 所示。

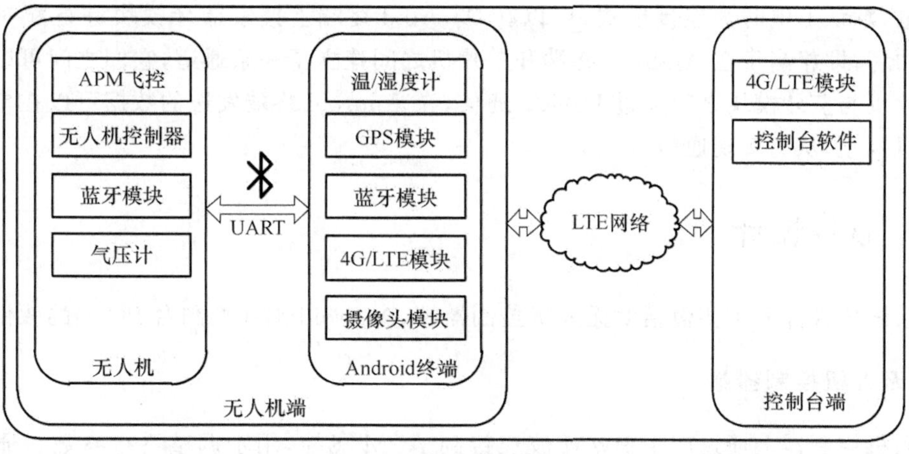

图 1　系统结构框图

1. 无人机端

无人机端采用 APM 飞控进行飞行姿态控制。由于 Android 终端本身没有开放的引脚可供与外部通信，故通过 STM32 单片机作为无人机控制器，通过其与蓝牙模块的连接，实现与 Android 终端的通信，进而控制无人机的飞行。无人机上的气压计和 Android 终端上的摄像头、温度计等可以方便地采集现场的环境信息，同时通过 Android 终端内置的 4G/LTE 模块，可直接接入因特网，实现与控制台之间的通信。

2. 控制台端

控制台端为一台安装了 Windows 系统的 PC，通过安装 LTE 无线数据终端，也可以方便地接入因特网，实现与无人机之间的通信。通过在PC上运行编写的Windows程序，可以实现通过LTE网络远程控制无人机，并能查看视频和温度等实时数据。

三、硬件设计

1. 无人机控制器

为保证无人机反应速度，同时降低成本，本系统选用STM32F103C8T6单片机作为无人机控制器。该芯片最高工作频率可达到72 MHz，具有512 KB的闪存以及64 KB的SRAM，丰富的片上资源大大简化了系统硬件，同时大大降低了系统功耗[2]，所有外设处于工作状态时，系统消耗18 mA，待机时仅有2 μA[3]。同时该单片机拥有5路USART接口[4]（通用同步异步收发机），可以很方便地和外设进行数据传送。在本系统中，将USART配置为UART（通用异步收发）模式，波特率为9 600 Baud，可以方便可靠地与蓝牙模块通信。

2. 蓝牙模块

本系统采用HC-05蓝牙串口模块。该模块通过TTL电平与单片机通信。模块由5 V电压供电，默认上电时为连接模式，可以在Android终端上搜索蓝牙模块进行配对、连接。连接成功后，即相当于在Android终端和单片机之间建立了一条通道，它们之间可以透传数据。单片机与蓝牙模块之间通过UART通信，在Android终端发送的数据可以在单片机上通过串口接收，从而实现通信。

四、软件设计

本系统软件部分主要包括对无人机控制器端、Android端和控制台PC端的软件开发。

1. 无人机控制器端

无人机控制器上通过产生PWM波连接到APM飞控，用于调整飞行参数。通过连接HC-05蓝牙模块，实现和Android端的通信。

无人机控制器上运行自行设计的协议，可将控制台发来的指令转换为对无人机飞行的直接控制。表1至表4为部分设计的协议。

表1 无人机控制器与控制台间数据协议（控制台发）

数据包头	数据类型	飞行方向	飞行速度	数据包尾
固定为0x10	从无人机读数据为0x01，向无人机写数据为0x02	0x01～0x06分别对应前、后、左、右、上、下	0x00～0x0f分别对应16个速度，数值越大速度越大	固定为0x0d 0x0a

表 2 无人机控制器与控制台间数据协议(控制台收)

数据包头	数据类型	数值名称	数值	数据包尾
固定为 0x11	飞行数据为 0x01，监测数据为 0x02	根据数据类型的不同，数值名称也不同。参见表 3 和表 4	为数值名称对应的数值，具体取值受限于文章篇幅不再细表	固定为 0x0d 0x0a

表 3 飞行数据名称表

数值名称	飞行方向	飞行速度	飞行模式	其他
对应值	0x01	0x02	0x03	0x04

表 4 监测数据名称表

数值名称	气压	温度	湿度	速度	磁场	PM2.5	其他
对应值	0x01	0x02	0x03	0x04	0x05	0x06	0x07

2. Android 端

Android 端一方面主要通过蓝牙模块与无人机控制器通信，另一方面通过 LTE 网络与控制端通信，这样实现了将控制台的飞行控制指令发送至无人机控制器。并使用自带的摄像头录制视频，传送至控制台端。同时，Android 终端内置了 GPS 模块，可以将无人机的位置发送至控制台。Android 终端运行流程图如图 2 所示。

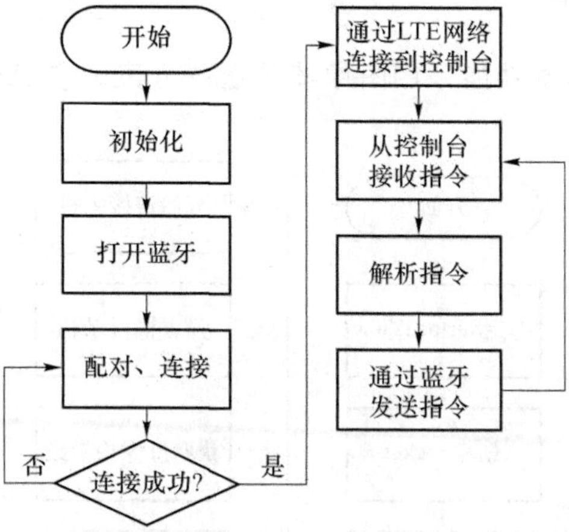

图 2 Android 终端运行流程图

首先 Android 终端开机，对系统应用进行初始化，然后启动本应用程序。系统启动蓝牙，然后新建并启动一个线程，在线程中连接 HC-05 蓝牙模块。对于蓝牙设备，每个服务都有通用、独立、唯一的 UUID 与之对应。本系统使用的是蓝牙串口服务，UUID 为 00001101-0000-1000-8000-00805F9B34FB。蓝牙连接成功后，即可通过读取 InputStream、写入 OutputStream 来与无人机控制器通信。Android 端通过 Java 中的 Socket 类设置好控制台端的域名或 IP 地址、端口号，向控制台发送 TCP 请求，即通过 LTE 网络和控制台端建立了 Socket 通信链路。Android 端通过将从控制台接收到的指令解析为对无人机的指令，再打包成无人机控制器的通信协议，通过蓝牙的线程发送到无人机控制器，反之也可将无人机控制器经蓝牙发来的数据通过 LTE 网络发至控制台端，从而实现控制台与无人机的双向通信。Android 端界面如图 3 所示。

图 3 Android 端界面

3. 视频传送功能设计

为保证视频传输质量，本功能采用图像帧传送的方案。在 Android 端发送的流程图如图 4 所示。

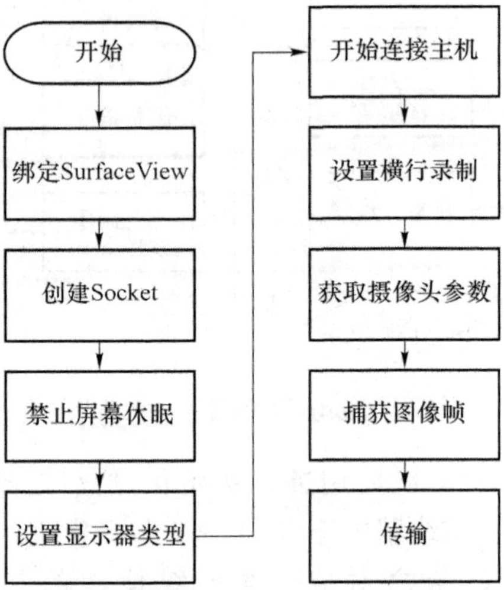

图 4 Android 端视频发送流程图

在 Android 端通过一个全局 Socket 创建连接，然后通过 onPreviewFrame 事件捕获图像帧，再通过 surfaceDestroyed 函数实时获得 camera 数据，压缩之后，处理成 byte[]，然后发送到控制台。测试情况如图 5 所示。

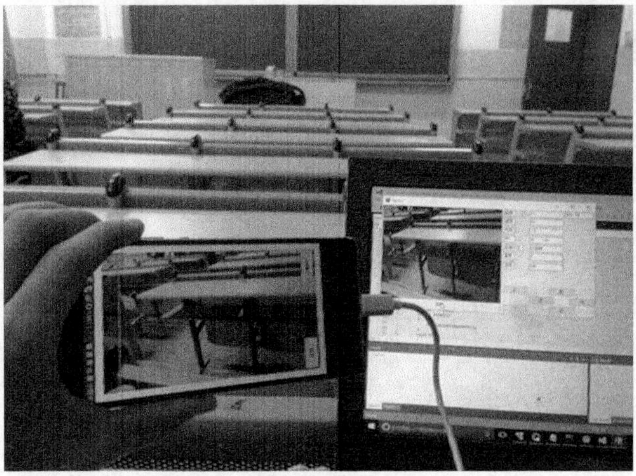

图 5　视频传送功能测试

4. 控制台端

控制台端软件界面如图 6 所示。控制台作服务端，采用 C# 进行编写。首先新建一个 Socket，绑定到端口，然后启用 Listen 监听方法。同时启用了一个 accept 线程，用于实现端口监听。每当 accept 到一个客户端的时候，会触发 OnClientAccepted 事件。accept 方法是会触发阻塞的，因此要在子线程中实现。在使用 C# 处理过程中，使用事件机制实现封装。事件机制可以把逻辑的实现，完全地抛出封装对象。调用 AcceptSocket 方法，使得一旦接收到客户端连接，会创建一个 ClientInfo 对象，保存一些相关属性设置。同时新建一个线程，实现 ReceiveMessage 的监听。IsBackground 表示主线程结束时，把这些线程同时结束掉，这比手动结束方便很多，可以防止应用关闭后，程序还在后台运行的现象。ReceiveMsg 是接收数据的方法，这里简单定义了一个数据协议，数据发送时，分成两部分发送，先发送一个 5 Byte 的 header，然后是实际内容 content。在界面上通过事件机制得到数据，进行 UI 设置，在绑定的 pictureBox 控件上显示传来的图像帧。同时界面上设计了按键，可以控制

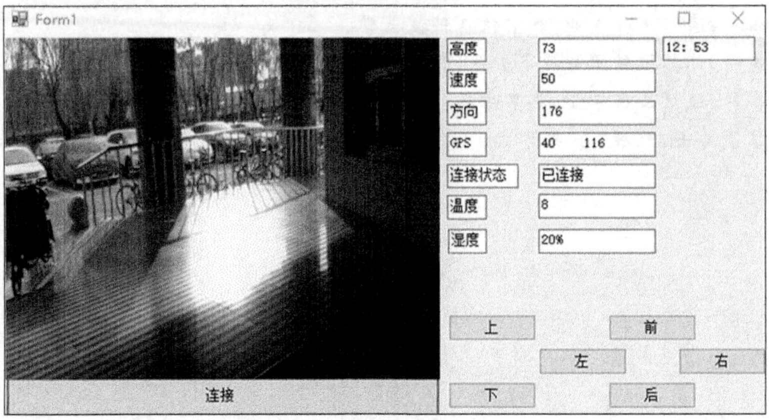

图 6　控制台端软件界面

无人机的飞行。在信息框中可以读取无人机发送的实时环境数据。

五、测试效果

对本系统在实际环境中进行测试。测试时视频传输分辨率为 4160×3120，传输速率为 1 Mbit/s～2 Mbit/s。测试选用中国联通 4G/LTE 网络，测试地 LTE 网络信号强度为 −70 dBm，网络质量良好，符合本实验要求。整体测试效果如图 6 所示。测试过程中，由于每帧图像要经压缩之后再传输，产生了 2 到 3 秒的延时，由于采用的是 TCP 协议，所以偶尔会有轻微卡顿，但在可以接受的范围之内。通过在控制台的按键使无人机起飞，可以控制无人机的方向、高度，并能通过界面读取当前环境的温度、湿度、GPS 等信息，效果良好，满足系统设计要求。

六、结语

本文提出了一种基于 LTE 的无人机遥控航拍系统，本系统解决了传统无人机使用 Wi-Fi 控制无人机的距离限制，大大提高了无人机遥控范围，同时支持传输高清视频数据。经过多次实际测试，本系统运行稳定，性能良好，实现了设计要求，为无人机遥控、航拍方案提供了一种新的手段。

参考文献

[1] 屈璞，阚向楠，张大鹏. 4G 防汛通信专网在沂沭泗河的构建与应用[J]. 中国防汛抗旱. 2018，28(5)：9-10.

[2] 张旭，亓学广，李世光，等. 基于 STM32 电力数据采集系统的设计[J]. 电子测量技术，2010(11)：90-93.

[3] 李俊男，苏杨，薛端，等. 基于 STM32 温度及光敏无线传感器设计[J]. 中国科技信息，2016(09)：83-86+16.

[4] 张从鹏，赵康康. 基于 STM32 的串口服务器系统开发[J]. 仪表技术与传感器，2016(01)：73-75.

作者简介

张子豪，男，本科，通信工程专业，北京信息科技大学。

宁润泽，男，本科，计算机科学与技术专业，北京信息科技大学。

杜一凡，男，本科，通信工程专业，北京信息科技大学。

李学华，女，工学博士，教授，研究方向：无线通信关键技术、高素质应用型人才培养模式改革与创新等。

机器人智能交互系统设计与开发①

靳 泽 郭君玉 马塔娜 姜 珊 摆 芮
（北京信息科技大学信息与通信工程学院，北京，100101）

摘 要：本文研究了机器人的智能交互问题，通过对机器人舵机动作的设计与调试，语音开发的软件设计与编写以及语音对机器人的舵机动作的控制，实现了与机器人语音的交互以及动作的控制。研究了机器人组成架构以及传输体系，明确了机器人的控制框架；编写并调试了舵机动作，完成了机器人的基本动作；设计了语音的交互算法、编写程序和试验。通过实验设计，实现了语音的对话功能，并且能够通过语音来控制结构的动作，完成了语音与动作交互的一体化设计。

关键词：机器人 智能交互 语音控制 舵机调试

Design and development of intelligent robot interactive system

Jin Ze, Guo Junyu, Zhang Tao, Ma Tana, Jiang Shan, Bai Rui
(School of Information and Communication Engineering, Beijing Information Science and Technology University, Beijing, 100101)

Abstract: Based on automatic speech recognition (ASR), this paper designs and completes the robot intelligen tinteractive system. Firstly, hardware electric circuit of the robot control system is designed by modular design thought. Secondly, designing the software programming on the basis of hardware platform, including robot servo control and speech interaction algorithm. Finally, conducting the overall system commissioning, afterwards the related experiments are designed to demonstrate the intelligent interactive function of the robot. It means that we complete the integrated design of speech and action interaction.

Key words: robot intelligent interaction speech control servo commissioning

一、研究背景

近年来，随着机器人相关技术的不断发展，机器人的应用逐渐从工业领域向服务领域扩展，其工作环境地逐渐从结构环境向非结构环境扩展。其中家庭服务机器人因其功能齐全、性能稳定、操作方便、技术更新快、能很好地满足日益增长的市场需求等特点而广受研发者和投资者的喜爱。同时人口老龄化、社会智能化和经济的快速发展促使人们开始趋向于情感的实形陪伴，催化服务机器人的产生与发展。然而，在社会、市场上的推广和普及机器人依然存在着许多问题，其中比较突出的问题是人机交互缺乏人性化。因此，对机器人智能交互系统设计与开发，使其用于家庭服务是很具有实际意义的。

① 项目来源类别：2017 年北京信息科技大学大学生科技创新计划项目。

我们要研究的是机器人与人工的交互性，现在市场上的机器人大多是由类似遥控器控制的，而且语音的交互性能并不是很全面。我们在此基础上通过语音识别系统的开发，形成较大的语音指令库，实现了机器人的智能交互以及动作的同时性。

二、系统硬件的建立

1. 机器人的硬件组成

机器人整体上是由 19 个舵机和 QSC32E 控制器以及各类排线和独立电源组成的。我们将舵机的排线连接到控制器的串口端，在连接排线时可以通过引脚的选择来让不同的串口输出控制不同的舵机运转；再将电源和控制器相连接，即初步完成了硬件的连接。此时，我们就可以通过软件来调整 QSC32E 控制器以此来控制机器人的舵机运转。该机器人的整体稳定性能较为出色，19 个舵机可以前后或左右旋转 180°，较为全面的模仿出了人的大部分动作，而且待机时间较长，可以较长时间地与人进行互动。

2. 语音开发板的硬件构成

语音开发板（图 1）主要模块有电源模块，麦克风接入，立体声输出，耳机音频输出，板载 Flash 和扩展功能接口；它的串口波特率可定制，MP3 的解码能力为 0～80 kbit/s，最大 TF 卡支持 2 GB，识别距离和识别词条正确率都比较高。在进行下载时，需要在开发板和计算机之间连接一个下载器（USB 转 4P 线输出）。

图 1 语音开发板

三、系统软件建立

1. 机器人的动作软件设计

机器人的动作代码通过 QSC32E 控制器的软件（舵机控制器）部分实现。它的实现原理是在软件的界面上模拟出一个个虚拟的舵机，通过对虚拟舵机左右位置和偏差的控制调整来控制机器人舵机的实际偏转。我们找到虚拟舵机和实际舵机的对应关系，即可用软件来进行机器人舵机动作的调控。在综合考虑机器人的稳定性，动作的复杂程度以及实际的连贯性后，我们设计出一些较为简单的问候交流动作以及较为复杂的舞蹈、太极等。

图 2 为机器人的虚拟舵机设计调控，将机器人的舵机动作调好后，将这些虚拟舵机模拟出来的动作逐步生成代码文件（图 2），编译下载到 QSC32E 控制器中，即初步完成了机器人的调控部分。

2. 语音交互部分软件设计

当连接好硬件之后，便可以开始进行软件的编写和调试。

图 3 是语音模块的软件代码，从中可以看出代码主要分为四个模态：初始模态，语音模

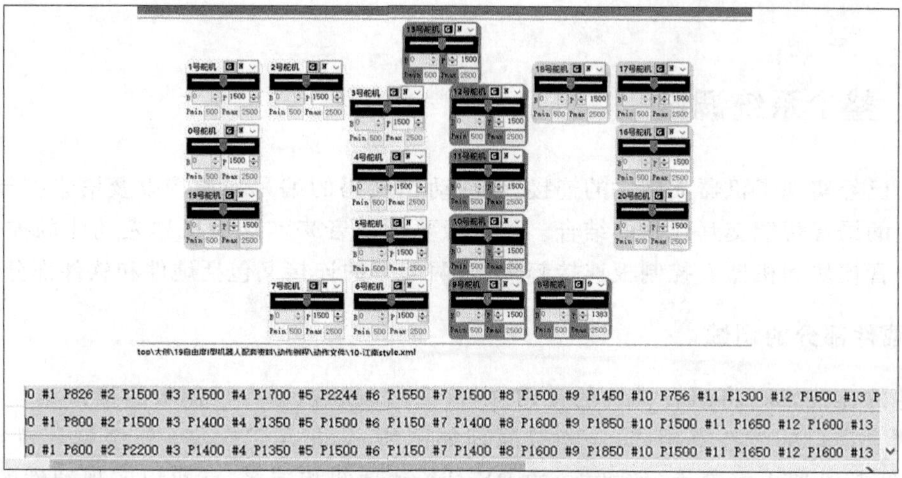

图 2　机器人动作代码图

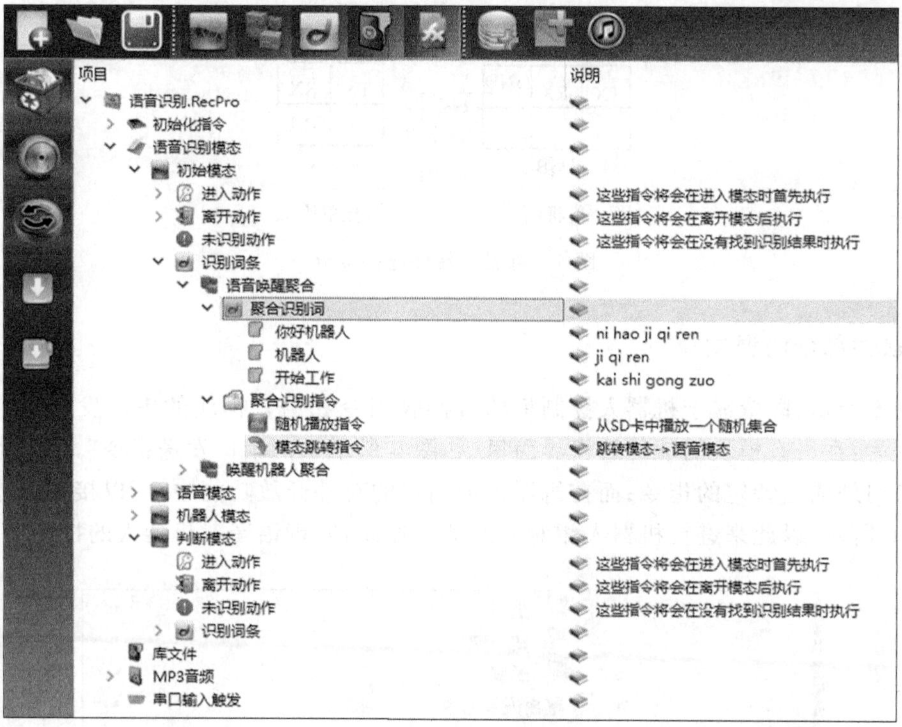

图 3　模态的搭建

态，机器人模态和判断模态。初始模态主要用于唤醒程序，通过对“机器人”“开始工作”等输入词的语音识别，让其随机播放一个语音指令，之后再跳转到其他模态，进行其他的识别操作，其他三个模态的操作方法与第一个相似。在软件中，四个模态可以相互跳转，使得逻辑的结合更加紧密。除此之外，加入定时器指令（用于控制语音识别的时间以及进行该模块的自动循环）来让该模块更加智能化；同时，在语音模块里面加入了许多内容丰富的音频，使得模块的功能更加完善。

经编译和下载后，把软件导入 Flash 的板载里，就可以实现人与语音模块的智能交互功能。

四、整个系统调试

我们已经实现了机器人硬件的连接，软件动作代码的编写和调控以及语音控制模板硬件与相应的语音智能交互代码的结合。如果想要用语音来实现对机器人动作的控制，那么就要将语音模块和机器人控制板连接起来；这两部分的连接又包括硬件和软件部分的连接。

1. 硬件部分的调试

硬件的连接，即：将语音模块的TTL串口输出端和机器人控制板的接口相连接（注意要保持两个串口的波特率相同）。连接原理如图所示，把语音模块（外接单片机）的TX、TR和地线与机器人控制板（舵机板）的RX、TX和地线相连接，就可以实现硬件的连接了（图4）。

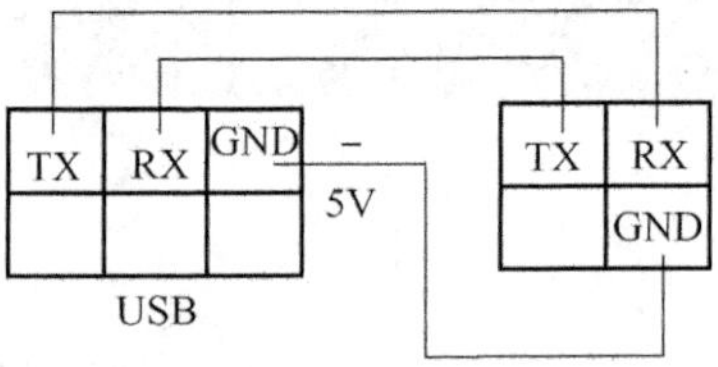

图4 机器人硬件连接部分

2. 软件部分的调试

如图5所示，即依靠于机器人控制板的可接收指令和语音模块的串口发送指令。具体实现过程为：在语音模块的软件编辑界面里（如图5所示）有"串口发送指令"，编写指令可以通过串口向外输出特定的指令；而在机器人控制器的对外开放功能中，可以接收传输来的指令（如图6所示）以此来进行机器人相对应的动作控制，实现语音对机器人的控制。

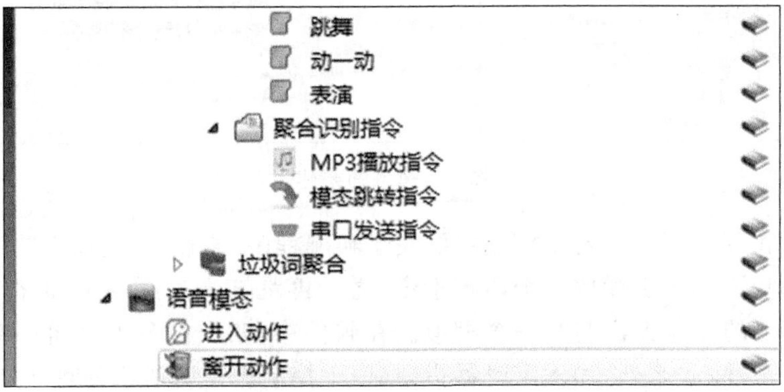

图5 软件连接

PL 0 SQ 5

在动作场景中运行动作组5，100%速度正向运行。

PL 0 SM -50

改变动作场景中的速度，以50%速度反向运行。

PL 0 SM 0

暂停动作场景（设置速度为0）

PL 0 SM 200

改变动作场景的速度为200%正向运行。

图 6　机器人控制器可接收指令

五、操作分析

1. 与机器人进行语音互动

所用模块：语音模块（如图 7 所示）。

语音分析：对一段语音对话进行分析。比如，我们想要和机器人进行对话，对着板子的麦克风说了“你好啊，机器人”，分析该语音的传输构架：首先，麦克风将语音的声音信号变成了电信号，电信号在板载的储存中触发语音信号的软件程序，经过软件的处理，输出一个相应的回答信号，再经过硬件的电与声音信号的转换，即可输出相应的在软件中编写的回答，比如说“你好，很高兴遇到你”。以此类推，这样就实现了与机器人的智能语音交流。

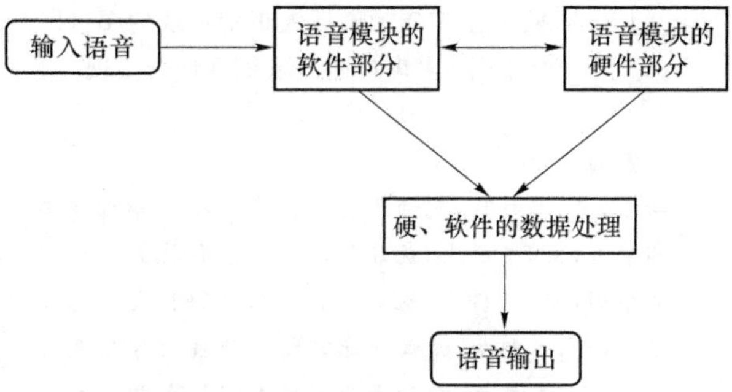

图 7　语音模块处理流程图

2. 与机器人进行动作互动

所用模块：语音模块和机器人控制器模块（如图 8 所示）。

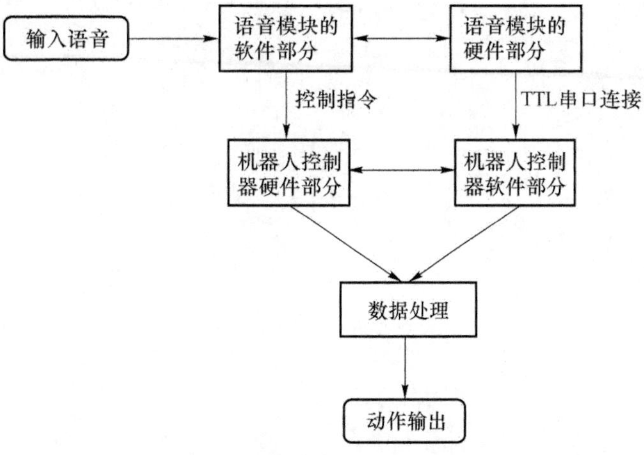

图 8　与机器人进行动作互动的流程图

下面我们对语音控制动作进行分析。比如说，我们想要机器人跳一段舞蹈，那我们可以对着麦克风说“跳舞”，语音模块接收了信号后，在软件部分会向外传输一个控制指令，在硬件部分会通过TTL串口向机器人控制器发送一个信号，机器人控制器接收到信号后便会运行相应的软件代码来驱动机器人舵机的运转，在整体上就表现为机器人的跳舞动作。

六、全文总结

本课题研究的是机器人语音与动作的交互式一体化设计。我们初步实现了和机器人语音的交互以及语音控制动作的交互。对于语音的交互，我们实现了较为全面的语音控制指令，基本上可以进行与机器人的日常交流；对于语音控制机器人的交互，我们实现了语音对机器人的动作控制，这样，基本上我们实现了机器人的智能化研究。不过，我们在有的方面还存在着不足：对于与机器人的语音交互，还是不够强大，我们现在做的只是一个日常的基于控制的基本交流，在以后，我们还可以填充更多的词汇来形成更为强大的语音交互系统。而对于机器人的动作交互，我们现在设计出来的动作也只是基于舵机所能承受的最大翻转，还要考虑到我们机器人的重心问题。在以后，我们可以通过把机器人的重心降低，提高稳定性以实现更为人性化的动作。

参考文献

[1] 董砚秋.智能机器人概述[J].网络与信息.2007(07):68-69.

[2] 王吉林.基于VQ的说话人识别系统的实现[J].天津职业大学学报,2004,13(6):39-41.

[3] 张晓华,陈曦.多串口通信系统设计与实现[J].计算机与数字工程,2005,33(12):147-150.

作者简介

靳泽，男，本科生，就读于北京信息科技大学信息与通信工程学院通信1501班。

郭君玉，女，本科生，就读于北京信息科技大学信息与通信工程学院通信1501班。

马塔那，女，本科生，就读于北京信息科技大学信息与通信工程学院通信1501班。

姜珊，女，本科生，就读于北京信息科技大学信息与通信工程学院通信1501班。

摆芮，女，本科生，就读于北京信息科技大学信息与通信工程学院通信1501班。

便携式多功能医用人体参数监测仪的研究与设计[①]

魏琳慧　李泽中　李　艳　李　红　汪毓铎
（北京信息科技大学信息与通信工程学院，北京，100101；
北京信息科技大学信息与通信工程学院教授，北京，100101）

摘　要：采用 CSN808 模块设计并基于 89C52 单片机的医用人体生理参数监测系统，实现了对心率、血压、血氧饱和度的实时监测。该设计方案具有低成本、操作简单等特点。研究结果表明，该监测仪的准确性和可操作性都达到了预期的要求。该监测仪将会有更广阔的应用前景。

关键词：CSN808 模块　人体参数　监测仪

Research and design of portable and multiple medical human parameters monitor

Wei Linhui，Li Zezhong，Li Yan，Li Hong，Wang Yuduo
（School of Information and Communication Engineering，Beijing Information Science and Technology University，Beijing，100101）

Abstract：Using CSN808 module，a human parameters monitor based on STC89C52 was designed. Real-time human parameters of heart rate，blood pressure and blood oxygen saturation can be monitored by this system. Our research show that the monitoring accuracy and operability of the monitor meet the expected requirements. The monitor will have a broader application prospect.

Key words：CNS808 module　human parameters　monitor

一、引言

随着生活水平的提高，人们对自身的健康状况越来越关注。快节奏的生活，使得人们无法实时掌握自身的身体状况，这存在着很大的隐患。这里介绍一种多功能医用人体参数监测仪的研究与设计方法，其设计理念和应用充分体现了我国医疗设备的基本发展趋势。该监测仪廉价、实用、便携，并且具有测量心率、血压和血氧饱和度等多种功能。

① 项目来源类别：2017 年北京市大学生科技创新计划项目。

二、总体结构与参数测量原理

1. 总体结构

便携式多功能医用人体参数监测仪由两部分组成，一部分是生理参数采集模块，另一部分是完成数据处理和数据分发的主控模块。系统采集模块进行心电信号及血氧信号的电路调理及采集工作，然后通过串口将数据发送至主控模块，主控模块接收后完成对数据的处理及显示[2]。经过分析，选定CSN808作为检测仪的参数采集模块。CSN808集心电、血压、血氧饱和度模块于一体，将所有模块集成在一块电路板上。主控模块采用89C52作为主控芯片，外接LCD1602显示模块。

2. 心率测量原理

测量心率先测量心脏收缩过程中身体各处所产生的电位，记录身体各处电位变化即心电图，而正常的心电图由P波、QRS波及T波组成，如图1所示，其中P波是由心房收缩的去极化所产生的电流造成，QRS波是由心室收缩前去极化所产生，T波是由心室的复极化所产生。以所测得的心电图为基础，在图中辨认出P波、QRS波、T波和P-R期间。测量相邻两个心动周期中P波与P波的间隔时间或R与R的间隔时间若干，取平均值。通过CNS808的导联接触测量心电图，再通过串口将心电图具体信息传送至主控模块进行分析，得到P-P或R-R时间间隔以此计算心率：

$$心率=60/(\text{P-P 或 R-R 时间间隔(秒)})次/分 \tag{1}$$

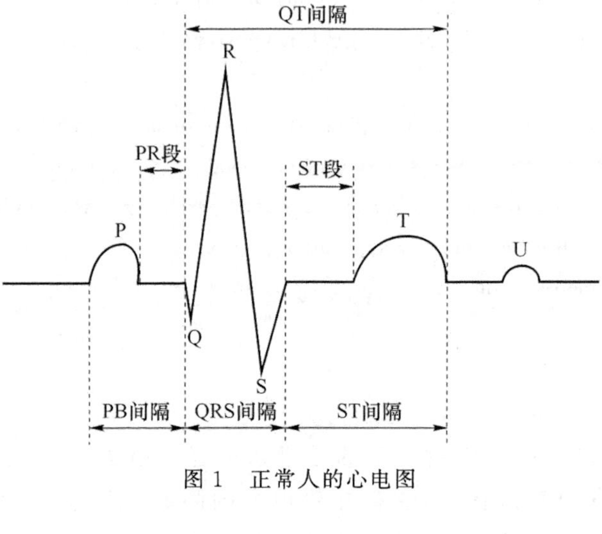

图1　正常人的心电图

3. 血压测量原理

示波法，又称测振法，是通过建立收缩压 p_s、舒张压 p_d、平均压 p_m 与袖套压力波的关系来判别血压的。其原理是由检测装置内的压力传感器感知袖带下的肱动脉最初和最大搏动，将压力信号转换为电信号经过放大、滤波处理，提取静压直流分量和脉动交流分量，并给予相应的采集处理，获取所需的被测量。在气袖放气过程中连续测定振荡波（振荡波一般呈现近似抛物线的包迹），振荡波的包络线所对应的袖带压间接地反映了动脉血压。通过CSN808测量脉搏波，识别波形中的特征点获取血压值：如图2所示，首先寻找脉搏波的钟形包络顶点 O_m，其对应袖带压即为平均压，再通过计算关系找到收缩压和舒张压对应的钟形波形中的点 O_s、O_d：

$$O_s/O_m=0.55 \tag{2}$$

$$O_d/O_m=0.82 \tag{3}$$

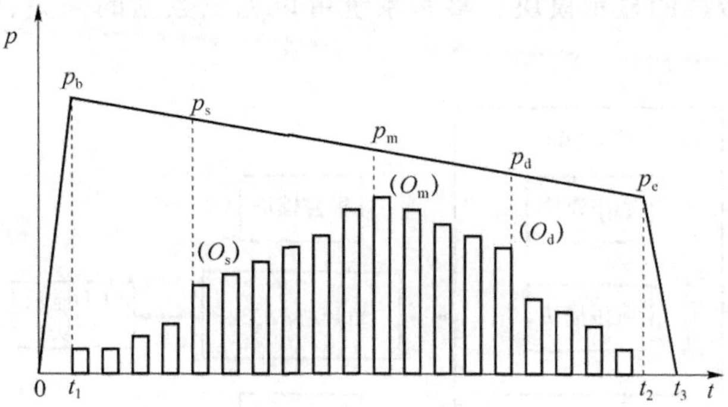

图 2　基于放气过程的示波法测量血压的原理图

4. 血氧饱和度测量原理

如图3所示，血氧饱和度的测定原理是：当LED交替打开或关闭时，光电探测器能够分辨出不同波长的吸收量。血氧饱和度测定原理包括分光光度测定和血液容积描记两部分。分光光度测定是采用波长为660 nm的红光和940 nm的红外光。根据氧合血红蛋白（HbO_2）对660 nm红光吸收量较少，而对940 nm红外光吸收量较多；血红蛋白（Hb）则相反。用分光光度法测定红外光吸收量与红光吸收量之比值，就能确定血红蛋白的氧合程度。但应当注意的是，血氧饱和度的测量必须有血液的搏动，这样才能检测出光强的变化。

血氧饱和度表达式为

$$\text{血氧饱和度}=\text{氧合血红蛋白}/(\text{氧合血红蛋白}+\text{去氧血红蛋白})\times 100\% \tag{4}$$

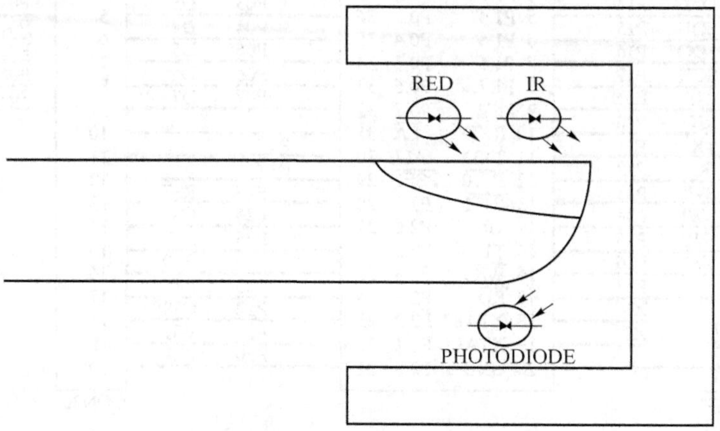

图 3　血氧饱和度的测量原理图

三、硬件结构设计

1. 硬件设计流程

如图4所示，该监测仪选用CSN808作为生理参数采集模块，模块通过串口发送数据到主控模块。主控模块选用STC公司生产的89C52作为系统的核心，同时主控模块会外接LCD1602模块作为数据的显示模块。整套系统可以完成数据的采集、分析、显示以及必要的报警功能。

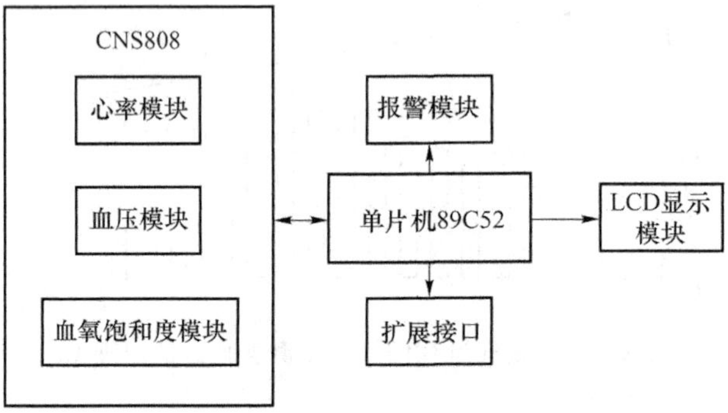

图4 硬件结构设计框图

2. 部分单元硬件原理说明

(1) 89C52单片机模块

系统主控模块。主要负责对CSN808模块发送的数据包做相应地处理，并对CSN808模块进行相应地控制。图5为89C52单片机模块。

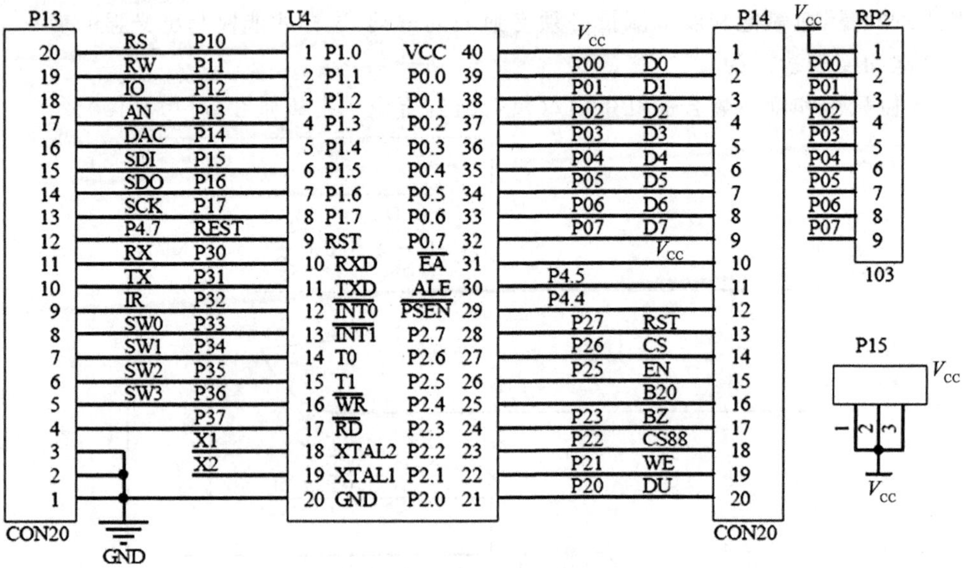

图5 89C52单片机模块

(2) CNS808 参数采集模块

CNS808 是用来监测心率、血压、血氧饱和度、呼吸和体温的参数采集模块，通过合适的心电导联线电缆和电极片来获取患者的心电信号。CSN808 模块记录了心电波、呼吸波和血氧波，计算了心率、无创血压(收缩压、舒张压、平均压)、血氧、呼吸率以及温度等参数。

(3) LCD 显示模块

外接 LCD1602 模块用于测量结果的显示，如图 6 所示。

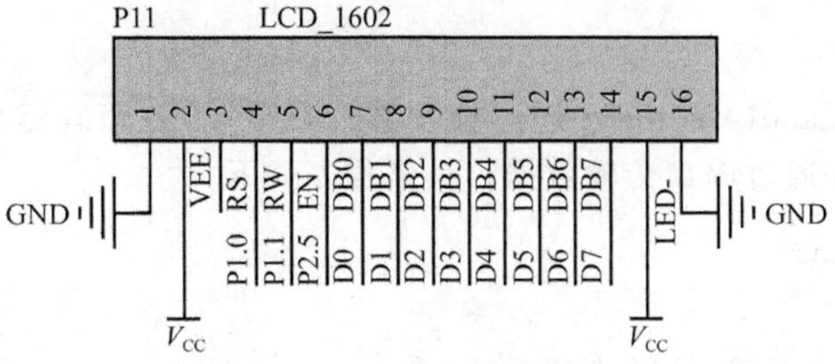

图 6　LCD 显示模块

四、软件结构设计

1. 软件设计流程

系统软件设计是设计的核心部分，同时也是设计的重点和难点部分。在程序设计环节中，CSN808 与主控模块的通信是整个系统设计中最关键的环节。在通信过程中，系统软件包含了主控程序对 CSN808 的控制以及数据的传输。该系统的软件设计主程序流程图如图 7 所示。

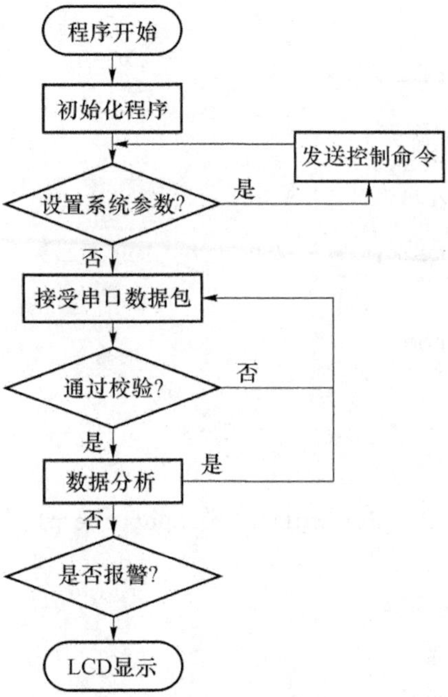

图 7　软件主程序流程图

CSN808的接受协议由6个字节组成，通过主控程序的命令字进行参数的设置和功能端口等选择。CSN808模块的正常应答方式是以50 Hz的频率连续发送包含25字节数据的数据包。其中，数据包的前两个字节是数据头，第20和第25字节为两个校验和值，其余字节是各种生理参数的数据字节。主控模块接到串口数据后，首先对接收到的数据包进行校验，然后对通过校验的数据包进行分析，最后把各种生理参数数值显示到LCD模块上[3]。

2. 部分软件源代码

(1) 发送端

通过form_Command()和form_P1()命令输入函数，检查矩阵键盘，进行命令控制，指引监测仪进行工作，并通过串口传输数据。具体程序如下。

```
void form_Command()
{LCD_ Clear();
LCD_Write_String(0,0,"Input the cmd:");
while(key == 0x00)
{Scan();//输入一个值后才会往后运行}
switch(key)
{case 0x30:cmd = 0x01;break;
//启动血压测量
case 0x31:cmd = 0x02;break;
//取消血压测量
case 0x32:cmd = 0x03;break;
//血压校准
case 0x33:cmd = 0x0A;break;
//血压清零
case 0x34:cmd = 0x08;break;
//心电控制命令
case 0x35:cmd = 0x80;break;
//心率通道计算选择命令
case 0x38:cmd = 0x0F;break;
//血氧模式设置
case 0x43:cmd = 0x11;break;
//工频模式选择
default: break;}
void form_P1()
{LCD_Clear();//LCD_Write_String(0,0,"Input the p1:");
switch(cmd)
{case 0x01: p1 = 0x42;break;
//成人150,开始自动测量
case 0x02: p1 = 0x00;break;
```

```
case 0x03: p1 = 0x00;break;
case 0x0A: p1 = 0x00;break;
case 0x08: p1 = 0x88;break;
//心电控制模式选择弱滤波,诊断模式,增益为 1,主导联为 1
case 0x80: p1 = 0x00;break;
case 0x0F: p1 = 0x02;break;
//模式 B,设置血氧饱和度为 4 次的平均值,脉率为 8 秒的平均值
case 0x11: p1 = 0x00;break;
default: break;}
```

(2) 接收端

通过串口接收数据,接收监测仪返回的各种状态以及数据值,进行判别,分类进行输出。具体程序如下。

```
void data_Process()
{uchar i;
uchar middle_state,middle_data;
if(RXData[0] == 0x55&&RXData[1] == 0xaa )
{for(i = 2;i<19;i ++ )
{sum0 + = RXData[i];}
//计算 sum0 与校验位对比是不是正确,以判断是不是接收此数据
for(i = 19;i<24;i ++ )
{sum1 + = RXData[i];}
//计算 sum1 与校验位对比是不是正确,以判断是不是接收此数据
if((RXData[19] == sum0 % 256)&(RXData[24] == sum1 % 256))
//数据正确即接收
{LCD_Write_Char(0,0,'L');
DelayS(3);
status1 = RXData[3];
//将状态值赋给 status1
middle_state = status1;
data0 = RXData[4];
//与状态相关的数据赋给 data0
middle_data = data0;
//中间变量存收到的数据,用于计算
if(status1&0x80)
flag_ecg = 1;
//心电有脉搏
if(status1&0x40)
flag_oxy = 1;
```

```
//脉搏氧有脉搏
switch(middle_state = 0xe0)
//与 11100000 进行或运算,保留低 5 位的信息,将高 5 位置高。
{//第 3 字节判别
case 0xe0:flag_data = 0;break;//心电状态 ECGS
case 0xe1:
flag_data = 1;
if((data0&0x80 == 0)||(data0&0x40 == 0)||(data0&0x20 == 0)||(data0&0x10 == 0))
{display_flag = 1;//connection error}
else
{oxy_reliable = data0 & 0x0f  + 0x30;//可靠性指示}
break;//脉搏氧状态 SATS
case 0xe2:flag_data = 2;
if(data0&0x80)
{display_flag = 1;//自动测量开始}
else
{display_flag = 0;//自动测量结束}
if(data0&0x01)
{display_flag = 2;//正在测血压}
else
{display_flag = 3;//测量完毕}
break;//无创血压状态 NIBPS
case 0xe3:
flag_data = 3;
heartrate = data0;
break;//心率(0 300)
case 0xe4:flag_data = 4;break;
//脉搏氧脉率(0 300)
case 0xe5:flag_data = 5;break;
//无创血压脉率(0 300)
case 0xe6:flag_data = 6;break;
//ST1(二进制补码表示:-80 +80 表示 -0.8 mV  +0.8 mV)
case 0xe7:
flag_data = 7;
oxy_saturate = data0;//氧饱和度
break;//脉搏氧饱和度(0 100)}
```

五、测试过程与结果分析

让多个被监测者佩戴该便携式多功能监测仪,通过数据测试,得出数据如表 1 所示。

表 1　监测结果测量值

测量人员	心率/(次/分钟)	收缩压/mmHg	舒张压/mmHg	血氧/%
A	68	110	72	96
B	78	124	86	95
C	64	105	68	95
D	75	122	83	96

同时,再让被监测者佩戴合格的医用监护设备进行监控,并于理论数据相对比,可以得出:通过该便携式多功能监测仪所测量出的数据基本满足需求。

这表明:该便携式多功能医用人体参数监测仪的设计方案是完全符合实际需求的,达到了预期的要求。

六、总结与展望

本文设计并研究了便携式多功能医用人体参数监测仪,可以根据使用者的需求进行生理参数测定。经实际测量表明,该便携式多功能具有低成本、低功耗、操作简单等特点。并且测量仪可根据要求改变设定值,适于各年龄段人群的生理参数测量。随着人们对健康的关注,这种便携式多功能医用人体参数监测仪将会有更广阔的应用前景。

致谢

以“便携式多功能医用人体参数监测仪的研究与设计”为课题的 2017 市级大学生科技创新计划即将结束。在这里,特别感谢汪毓铎老师的对该项目的耐心指导。同时,小组成员的积极配合和不断探索,才保证了该项目的顺利进行。

此外,本项目得到了北京信息科技大学科技创新计划的基金支持,在此特致感谢。

参考文献

[1] 李绪勇,毛晓波.便携式人体生理参数监测仪设计[J].电子设计工程,2009,17(10):46-48.

[2] 田志宏,胡亮,邱峰志.基于 Windows CE 的人体生理参数监测系统设计[J].天津科技大学学报,2011,26(04):61-64+69.

[3] 刘继忠,王保磊,黄翔,等.Linux 平台下远程多生理参数监护系统的实现[J].电视技术,2013,37(14):68-71.

[4] 沈健.多功能身体健康监测仪设计[J].长春大学学报,2016,26(02):11-13.

作者简介

魏琳慧,女,本科生,就读于北京信息科技大学信息与通信工程学院通信1401。
李泽中,男,本科生,就读于北京信息科技大学大学信息与通信工程学院通信1401。
李艳,女,本科生,就读于北京信息科技大学信息与通信工程学院通信1401。
李红,男,本科生,就读于北京信息科技大学大学信息与通信工程学院通信1401。
汪毓铎,男,教授,研究生导师,就职于北京信息科技大学信息与通信工程学院。

基于51单片机的防贪睡无声闹钟系统[①]

殷　凡　吴帅校　吴韶波　朱　翠

（北京信息科技大学信息与通信工程学院，北京，100101）

摘　要：本课题设计以单片机AT89C51为控制核心，采用其内部的定时器改变CP脉冲频率从而实现对步进电动机的转速进行控制。本项目实现的机械部分分为齿轮组部分和杠杆部分，杠杆部分放置在枕头下，厚度不会超过1厘米，故不会影响枕头高度从而影响舒适感。本课题所实现的功能可以很好地解决闹钟打扰他人的问题，有较大的应用空间，可行性很大。

关键词：单片机　闹钟　无声系统　防贪睡

Anti snooze silent alarm system based on 51 MCU

Yin Fan, Wu Shuaixiao, Wu Shaobo, Zhu Cui

(School of Information and Communication Engineering, Beijing Information Science and Technology University, Beijing, 100101)

Abstract: This project is designed to take MCU AT89C51 as the core of control, and use its internal timer to change the CP pulse frequency, so as to control the speed of stepping motor. The mechanical part of this project is divided into gear part and lever part. The lever part is placed under the pillow, the thickness will not exceed 1 centimeters, so it will not affect the height of the pillow, thus affecting the comfort. The function realized by this subject can solve the problem of disturbing others by the alarm clock. It has large application space and is more feasible.

Key words: Microcontroller　alarm clock　sound system　anti snooze

一、引言

传统闹钟是通过制造响声来把人吵醒，其实现方式就是在钟表上加上定时系统和声音发生器或振动发生器，通过喇叭发出声音或电动机振动产生声音。这样的闹钟结构简单，易于实现。目前市面上的闹钟大部分都基于此原理。但这样的闹钟有显而易见的缺点就是容易打扰他人。比如在宿舍，个人设置的闹钟容易影响到同宿舍的人员休息，目前并没有合适的方式可以控制声音的传播范围，由此传统闹钟容易打扰他人的短处并没有合适的解决方法，因为这是由传统闹钟的工作方式所决定的。

本课题通过改变闹钟的工作方式来解决传统闹钟容易打扰他人的缺点。我们改变了传

① 项目来源类别：2017年北京信息科技大学大学生科技创新计划项目。

统闹钟的工作方式，通过摇晃人的头部来使人从睡眠中醒来，响声很小或者没有，从而解决了容易打扰他人的缺点。

二、控制系统设计

步进电动机是一种将脉冲电信号直接转换为角位移的机电一体化执行元件。电动机本体、控制器和驱动器是构成步进电动机控制系统的三大重要组成部分。当步进电动机本体确定后，则系统的性能主要取决于驱动器及控制器的优劣。在工业控制中，由于步进电机具有良好的步进特性及较好的控制性能，其启停、正反转等均可在少数脉冲内完成，没有累积误差且可获得较高的控制精度，使其非常适合于单片机控制。以单片机为控制器的步进电机控制系统因其稳定性好、性价比、高使用灵活等优点，在各种自动化控制系统和机电一体化设备，如数控机床、机器人等中得到了广泛的应用，一般利用单片机的可编程 I/O 口 P0～P3 即可实现对步进电机的控制。

1. 系统总体设计

该系统采用单片机 AT89C51 作为主控芯片，利用其产生的驱动脉冲通过驱动芯片放大，从而驱动四相步进电动机。通过相关按键，实现对步进电机的控制，如启停、正转、反转等功能；通过软硬件相结合的控制方法，实现了单片机对步进电机的控制；通过液晶显示屏实时显示步进电机转速及方向。

2. 控制系统硬件设计

本系统的硬件电路主要包括单片机最小系统、步进电动机驱动电路、按键电路及显示电路等部分。

(1) 步进电动机驱动电路设计

步进电动机的驱动方式有很多，集成电路集驱动和保护于一体，作为步进电动机的专用驱动芯片，使用起来非常方便，故本设计中选择 ULN2003A 作为步进电动机的驱动芯片。步进电动机常用控制方式有单双四拍及四相八拍等，可以通过微机控制 L297 生成四相控制信号，实现对步进电动机的控制。本系统采用 L297 和 ULN2003A 构成驱动电路，P0.0 口控制 L297 的方向控制端，P0.1 控制步进时钟输入端，使 L297 输出四相八拍工作所需的正确相序，L297 的四相输出接 ULN2003A 的 1-4B 使其 1-4C 输出放大后的四相驱动信号，从而驱动步进电动机运行。

(2) 液晶显示电路设计

系统采用液晶显示芯片 LM016L 与单片机的连接采用直连的方法，通过 P1 口的 P1.0～P1.7 控制 LM016L 实时显示步进电动机的转速和转动方向。电路连接如图 1 所示。

(3) 按键电路设计

按键主要用来提供人机接口，在本设计中，按键采用独立按键。按键工作方式采用定时扫描方式，利用定时器 T0 定时，通过输出数据，识别按键的工作状态。各功能按键分别与 AT89C51 的 P3.1～P3.5 相连接，实现步进电动机的暂停、加速、减速、正转和反转。

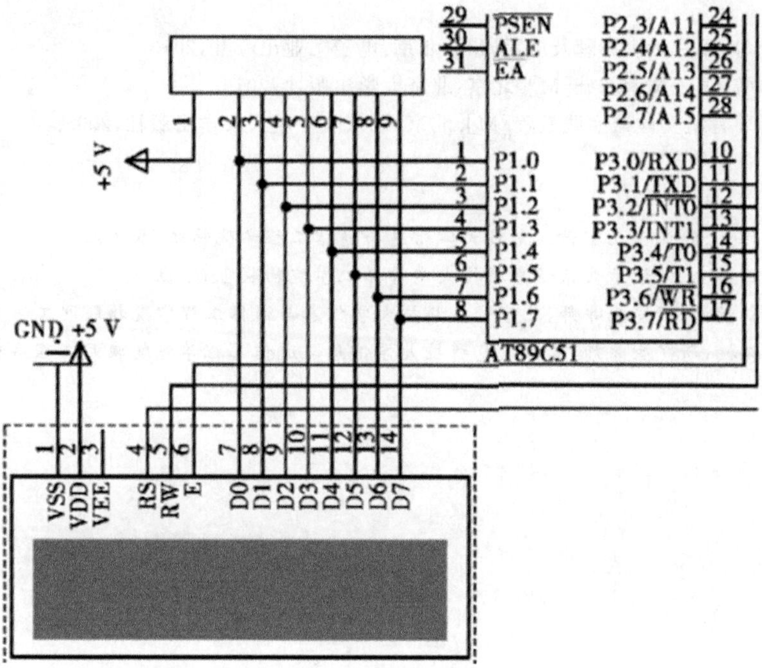

图 1　电路连接设计图

3. 控制系统软件设计

系统软件采用模块化程序设计，系统主程序要完成的工作主要有系统参数初始化、系统初始状态的显示以及各种开关状态的检测判断等。包括初始化定时器及外部中断、对 P1 口、速度值存储区和方向值存储区送初值等内容。若初始化时 P1＝11H，速度和方向初始值均设为 0，则意味着步进电动机按四相单八拍运行，系统上电后在没有操作的情况下，步进电动机不旋转，方向值显示“0”，速度值显示“0”，主程序流程图如图 2 所示。

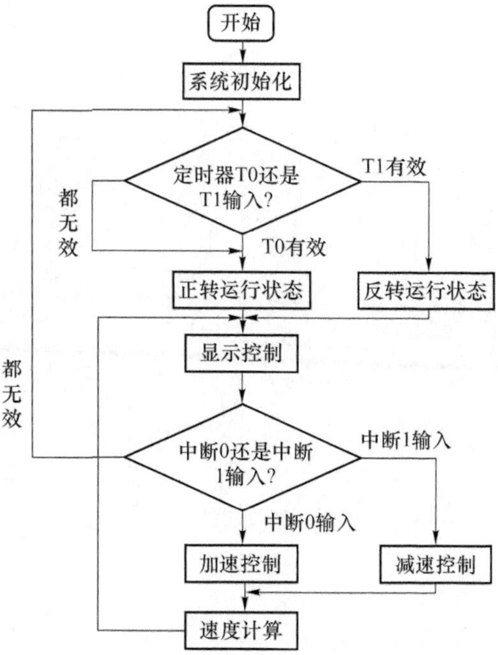

图 2　主程序流程图

三、总结和展望

本课题研究的是计基于单片机 AT89C51 完成了步进电动机控制系统的设计。整个系统采用模块化设计，结构简单，性能稳定，可应用于步进电动机控制的大多数场合。其重点内容主要是在不吵到舍友的情况下有效地叫醒自己，这是基于一个相对人性的出发点，利己利人，有希望能在以后得到大力推广。

参考文献

[1] 徐春辉，等.单片微机原理及应用[M].北京：电子工业出版社，2013.
[2] 王志军，等.电子技术基础[M].北京：北京大学出版社，2013.
[3] 周立功.单片机实验与实践教程[M].北京：北京航空航天大学出版社，2005.

作者简介

殷凡，男，本科生，就读于北京信息科技大学信息与通信工程学院物联1501班。
吴帅校，男，本科生，就读于北京信息科技大学计算机学院物联1501班。
吴韶波，女，副教授，研究生导师，北京信息科技大学信息与通信工程学院物联网工程系系主任。
朱翠，女，副教授，研究生导师，北京信息科技大学信息与通信工程学院物联网工程系教师。

基于 Arduino 的智能健康检测系统①

殷　凡　徐佳伟　吴韶波　宋之卉
（北京信息科技大学信息与通信工程学院，北京，100101）

摘　要：本课题介绍了一种基于 Arduino 的智能健康检测系统，利用 Arduino 作为主控系统，结合传感器技术、Bluetooth 通信技术、三轴加速度计检测摔倒算法等实现对家居环境中的温度、湿度、紫外线强度、心率次数、老人是否摔倒等的智能检测与报警。该系统具有无线通信的功能，操作方便，成本低，适合大量推广使用。

关键词：Arduino　可穿戴设备　智能健康检测　无线通信　摔倒检测算法　物联网

Intelligent health detection system based on Arduino

Yin Fan，Xu Jiawei，Wu Shaobo，Song Zhihui
（School of Information and Communication Engineering，Beijing Information Science and Technology University，Beijing，100101）

Abstract：This paper introduces an intelligent health monitoring system based on Arduino，using Arduino as the main control system，combined with sensor technology，Bluetooth communication technology，three axis accelerometer detection algorithm and intelligent alarm fall detection of temperature and humidity in the environment，Home Furnishing UV intensity，heart rate times，whether the elderly fall and so on. The system has the function of wireless communication ，convenient operation and low cost. It is suitable for a large number of popularization and use.

Key words：Arduino　Wearable devices　intelligent health detection　wireless communication　Fall detection algorithm　internet of things

一、引言

随着 21 世纪城市的快速发展，中国老龄化进程加速。截至 2013 年底，我国 60 周岁及以上人口有 20 243 万人，占总人口的 14.9％，65 周岁及以上人口有 13 161 万人，占总人口的 9.7％。老年人口数量的快速增加，特别是 80 岁以上的高龄老人和失能老人以年均 100 万的速度增长，对老年人的生活照料、康复护理、医疗保健等需求日益突显。《健康白皮书》曾显示，有 76％的白领处于亚健康状态，京沪等一线城市六成白领过劳，甚至其中还有出现猝死的情况。还有生活习惯、食品安全等一系列诱因，使得我们的健康问题不容忽视。针对中国人的健康状况，我们研发了这款健康智能管家，旨在帮助各个年龄阶层的人，使他们都

---

①　项目来源类别：2017 年北京市大学生科技创新计划项目。

能及时了解自身的健康状况。而且这款健康智能管家能够提供一些基本的健康监测数据，实现病例与健康资源的基本共享，起到为现代医疗医学提供基本的辅助作用。它能够促使国民认知健康意识水平的提高，具有极大的经济意义和社会效益。

本课题采用无线传感器的数据收集，结合实施检测、数据分析和资源共享的功能，实现了智能健康的控制系统，应用场景为对老人室内生活中的各种参数监控和防摔倒报警。2011年，刘峰[4]设计了基于ZigBee的人体生理参数采集和传输系统。2012年，雷国亮[5]根据系统主控制器LPC3250的需要，对Linux系统进行裁剪并移植，采用“CPU＋模块”的思想设计了嵌入式Linux人体生理参数采集系统。2016年，禹珍[7]设计一种智慧养老生理参数采集系统，包括各种生理参数的采集和显示，采集信息有体温、心率和心电波形。

本课题在前人研究的基础上，同时考虑到室外紫外线强度对人体健康地影响，并且着重研究设计了基于三轴加速度计的监测老人摔倒的算法。该算法是以物联网传感器为核心的控制技术而进行的设计，利用温度、湿度、紫外线传感器进行数据采集，通过Bluetooth网络传输至手机终端，掌握人体自身基本健康状况；并且考虑到体表温湿度传感器需要实时监测数据，需要一定的防水功能和便携性。智能健康检测系统的设计目的是利用先进的传感器和无线网技术，在附加硬件的基础上，根据需要完成的功能来选择成熟的设计和先进的技术，最终实现预定的功能，提高国民对自身健康意识的重视度，对监测反馈回的信息及时做出预判，尽早做到早发现早治疗，节约社会资源，为我们的生活提供更多的便捷。

二、摔倒检测算法设计

1. 系统原理

要检测人体摔倒行为，首先要了解分析人体运动过程。尽管人体运动具有高度复杂性及不确定性，但是不同的运动过程包括一系列不同的运动状态，具有各自的特点。而人体摔倒过程包括初始安全状态、失去平衡状态、与地面（或其他物体）冲击状态、倒地后平衡状态，因此摔倒过程呈现出与其他运动过程不同的运动学信息可以作为识别摔倒的依据。为了研究人体摔倒过程的运动学参数，首先定义人体的坐标系统，选择以胸腔部位作为特征部位建立笛卡尔坐标系 $Oxyz$，坐标系随人体躯干运动而动，X 轴指向躯干前方，Y 轴指向左方，Z 轴垂直于地面向上，三者成右手直角系，如图1所示。

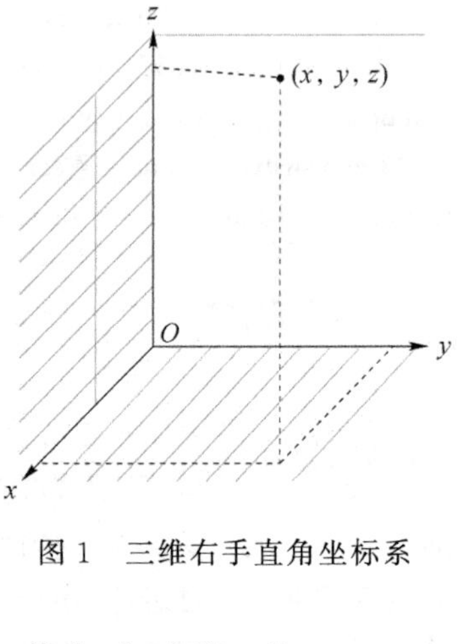

图1　三维右手直角坐标系

在摔倒过程中，人体自身运动状态发生变化会导致人体受力情况的变化，而受力情况的变化可以由加速度变化反应。因此，可以采用判别加速度变化的方法来识别人体姿态的变化。其中，加速度 $\mathbf{a}$ 为

$$\mathbf{a}=x\mathbf{i}+y\mathbf{j}+z\mathbf{k} \tag{1}$$

而实际中，在抖动、坐下等非摔倒情况中，单个轴的加速度也会发生剧烈规律性变化，且与摔倒情况的变化类似，所以仅根据单轴加速度来判断摔倒会发生较多误判的情况。但是，摔倒过程中，人体三轴合成加速度 $\mathbf{a}$ 变化明显区别于人体日常活动。合成加速度 $|\mathbf{a}|$ 为

$$|\mathbf{a}| = \sqrt{x^2 + y^2 + z^2} \tag{2}$$

因此,可以选定日常活动和摔倒过程之间存在的合成加速度最佳临界点 $\mathbf{a}_T$ 作为阈值点区分摔倒行为和日常动作。因此采用加速度阈值点算法来判断是否摔倒,提取最佳加速度阈值点 $\mathbf{a}_T$ 是问题的关键所在。

摔倒检测设备主要佩戴于老年人身上。考虑到老年人行动不便、精神状况欠佳,检测设备必须小巧、轻便;更重要的是要能够长时间地连续工作,供老年人方便无忧地使用。因此低功耗是系统设计的关键要求之一。但是系统功能又必须完善,这两者之间存在着一定的矛盾。为了满足这一要求,选择器件时,在满足功能的前提下,尽可能选择低功耗电子元件,使得系统整体功耗较低。

2. 算法设计

算法设计时,需要获知人体日常各个动作过程和摔倒过程的加速度数据,才能提取最佳阈值点。一般情况下,人体因某种因素而失去平衡时,有可能会发生摔倒的情况,此时身体一般会呈现倾向某一方向倾倒的状态。人体行为是若干连续动作作用的结果,包含的姿势有以下几种可能,如图 2 所示。

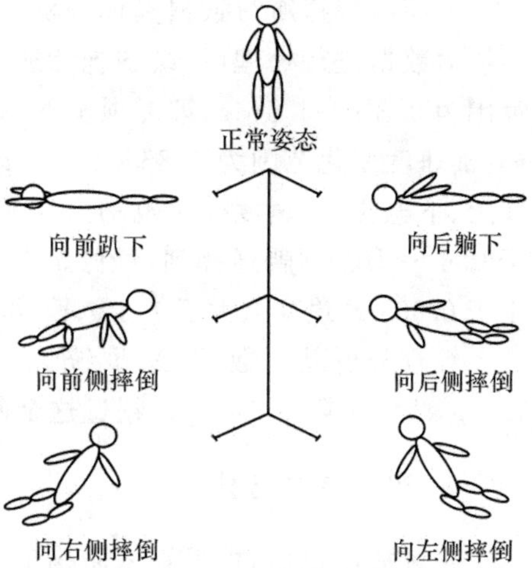

图 2　人体摔倒各种姿势

而人体日常活动时的动作主要有正常行走、快速行走、蹲下起立、坐下起立等。因此,仿真以下 9 项日常行为和摔倒动作采集加速度数据:①下蹲、站起;②坐下、站起;③上、下楼梯;④走路(包括慢走、快走);⑤上、下电梯;⑥两侧摔倒;⑦普通摔倒(动作比较剧烈,后果一般较严重);⑧干扰摔倒(摔倒中有障碍物,使摔倒过程波折,但动作变缓,后果一般较轻微);⑨躺下、站起。其中①、②、⑨项动作,会引起三轴加速度的剧烈变化,是阈值判断算法中干扰最严重的项,因此在这三项测试中应进行较多次模拟,并嵌入若干次相对剧烈的动作,发现加速度变化差异,来尽量降低假阳性的结果发生概率。第③、④两项,不会发生较为剧烈的运动,故只考虑较为缓慢情况。第⑤项,经调查数据显示,电梯的运动平稳,其加速度值变化在 $\pm 0.15g$ 以内。第⑥项两侧摔倒与第⑦项普通摔倒具有类似的较严重后果,需要进行大量重复模拟测试,获得大量数据,观察其变化特点。而第⑧项,摔倒过程不剧烈,预测准确率将比较低。表 1 为各项动作的模拟次数。

表 1　各项动作模拟次数

测量项目	测量次数
下蹲、站起	8
坐下、站起	8
上、下楼梯	6
走路	3

续表

测量项目	测量次数
上、下电梯	4
两侧摔倒	8
普通摔倒	12
干扰摔倒	14
躺下、站起	20

有关数据测量的说明有以下两点。

(1)对于在摔倒检测中权重较小的动作,仿真组数适当减少;对于权重较大的动作,仿真组数适当增加。

(2)由于人体各个动作过程时间不同,因此,每个全程动作模拟所得数据个数将不同。

下面由模拟所得数据具体分析其差别,并基于此确定判断摔倒的阈值算法及其他条件。

对数据进行处理后,绘图统计加速度变化情况,结果为:第①项下蹲、站起,加速度变化范围为0.8 g～1.15 g;第②项坐下、站起,加速度变化范围为0.7 g～1.3 g;第③项上、下楼梯,加速度变化范围为0.85 g～1.1 g;第④项走路,加速度变化范围为0.75 g～1.1 g;第⑤项上、下电梯,加速度变化范围为0.85 g～1.1 g;第⑥项两侧摔倒,最低点处有5组数据小于0.6 g;第⑦项普通摔到,最低点小于0.66 g,最高点大于1.3 g;第⑧项干扰摔倒,最低点均小于0.668 g,最高点大于1.3 g;第⑨项躺下、站起,加速度范围为0.668 g～1.3 g。

综合分析以上数据,根据统计学相关知识,可以取合成加速度阈值点为:阈值上限1.3 g,阈值下限0.668 g。超过这个范围的情况判定为摔倒。

3. 实验结果与分析

系统完成以后,根据算法所确定的阈值点,利用阈值点算法对整个系统和算法进行有效性测试。将实验设备固定于人体胸腔位置处,加速度传感器ADXL335量程范围设置为±4 g,模拟动作仍然为:①下蹲、站起;②坐下、站起;③上、下楼梯;④走路(包括慢走、快走);⑤上、下电梯;⑥两侧摔倒;⑦普通摔倒(动作比较剧烈,后果一般较严重);⑧干扰摔倒(摔倒中有障碍物,使摔倒过程波折,但动作变缓,后果一般较轻微);⑨躺下、站起。实验结果如表2所示。

表2　实验结果

测量项目	准确次数/测量次数
下蹲、站起	89/100
坐下、站起	90/100
上、下楼梯	80/100
走路	100/100
上、下电梯	40/40
两侧摔倒	88/100
普通摔倒	180/200
干扰摔倒	185/200
躺下、站起	170/200

对比理论数据和实验数据，可见误差不大，这说明设计达到了预期效果。通过数据及测试过程可知，非摔倒情况中，躺下、站起最容易引发假阳性的结果；实际摔倒中，假阴性结果误差也很大。由于传感器在不可预测环境下有很多干扰因素，如：衣服对传感器的缓冲效果、摔倒中的难以预测的干扰等，这将影响实验的准确性。

三、基本系统设计

系统设计包括硬件设计和软件设计。

1. 系统硬件设计

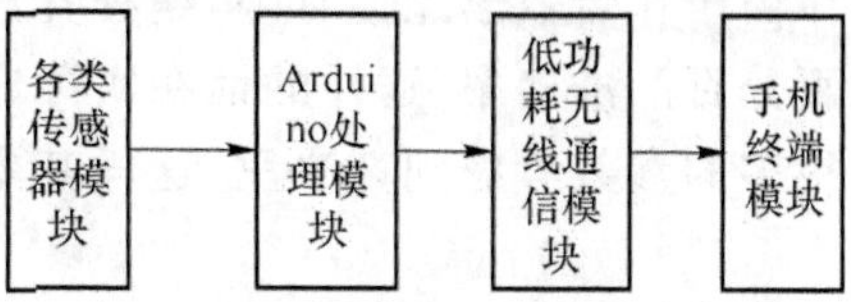

图 3　系统硬件结构图

由于系统装置需要安装在人体身上检验人体特征参数，所以系统采用可穿戴式设计，以便于携带。为了采集和传输人体加速度数据，硬件上设计由 4 大模块组成：各类传感器模块、Arduino 处理模块、低功耗无线通信模块、手机终端模块，各个模块之间的关系如图 3 所示。

(1) 传感器单元的选择与配置

加速度传感器选用 ADXL335 传感器，温湿度传感器选用 DHT11，紫外线传感器选用 SKU：SEN0162，心率传感器选用 PulseSensor，再加一个有源蜂鸣器用于检测到摔倒时报警。以上传感器均可与 Arduino 兼容。

(2) 无线通信模块

因为硬件系统是要与手机终端通信，所以并不需要过长的通信距离，Bluetooth 这种低功耗短距离通信方式恰好非常符合，所以确定选用 Bluetooth 通信技术。

2. 系统软件设计

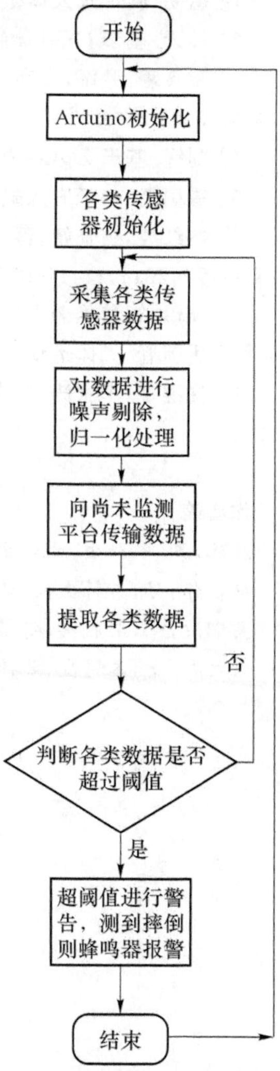

图 4　软件工作流图

系统软件主要包括下位软件模块和上位人机交互监测软件模块。系统软件主要实现以下功能。

(1)监控各个传感器单元的正常工作，在发现异常情况时，及时进行相应处理。

(2)加速度的实时采集。实时采集 x、y、z 轴的加速度矢量，进行数据噪声处理，传输数据至上位监测平台。

(3)实现人机交互功能。上位界面绘制实时三轴加速度数据，并存储数据。

(4)摔倒检测。根据阈值点算法判断是否发生摔倒。

(5)APP 界面实现各类传感器采集信息在手机终端的显示，APP 通过 Bluetooth 与传感器通信。软件的整体工作流程图如图 4 所示。

四、总结和展望

本课题创新在实现了针对老人的摔倒检测系统的硬件和算法。该系统可以实时对人体的活动进行监测，当人体的运动参数发生改变时，通过摔倒检测算法判断是否发生了危险性的摔倒，且在摔倒后通过上位机界面给出摔倒警告，通过 GPRS 模块发送求救短信，老人亲友可以及时获悉老年人状况，采取救助措施。通过实验验证，该系统具有较高的检测准确率。

由于作者数学能力有限，编程算法有一定的缺陷，在多次的摔倒监测试验中我们还做不到百分百的准确率，这样的话在实际应用过程中会有一定的误报和丢报。下一步我们需要将更多的参数考虑到算法里，这样基本可以保证在日常的生活中，尽量做到不会误判。

参考文献

[1] 赵斐. 腕带式人体生理参数采集和无线监护系统的研究[D]. 北京：北京工业大学，2006.

[2] 韩天. 基于 GSM 无线远程通信的人体生理参数采集传输系统[D]. 长春：吉林大学，2011.

[3] 苌飞霸，尹军，张和华，等. 人体生理参数采集系统中无线通信模块设计[J]. 中国医学物理学杂志，2014，06：5305-5309.

[4] 刘锋. 基于 ZigBee 的人体生理参数采集和传输系统的设计与实现[D]. 武汉：华中科技大学，2011.

[5] 雷国亮. 基于嵌入式 Linux 人体生理参数采集系统的设计[D]. 哈尔滨：哈尔滨理工大学，2012.

[6] 秦红波，杨晓婧，蒋志昭. 基于 ZigBee 的人体运动参数采集与分析系统设计[J]. 南京：长江大学学报(自科版)，2014，25：44-46＋4.

[7] 禹珍. 智慧养老人体生理参数采集系统[D]. 南京：南京大学，2016.

[8] 潘新春. 人体运动参数无线采集系统的研究与设计[D]. 杭州：浙江大学，2010.

[9] 许继平，李景涛，彭森，等. 基于三轴加速度传感器的老年人摔倒检测系统[D]. 北京：北京工商大学，2014.

作者简介

殷凡，男，本科生，就读于北京信息科技大学信息与通信工程学院物联 1501 班。

徐佳伟，男，本科生，就读于北京信息科技大学信息与通信工程学院电信 1503 班。

吴韶波，女，副教授，研究生导师，北京信息科技大学信息与通信工程学院物联网工程系系主任。

宋之卉，女，本科生，就读于北京信息科技大学信息与通信工程学院通信 1501 班。

一种降低电器待机功耗的智能插座①

张锦扬　余浩鹏　曹嘉文　张　铭　林　杉

（北京信息科技大学信息与通信工程学院，北京，100101）

摘　要：本项目编写基于 Arduino 开源平台的控制程序，通过传感器检测电器是否处于待机状态，若电器处于待机状态则控制开关断开，以实现待机电器自动断电。本项目在不改变人们原有使用电器的习惯的条件下解决待机能耗问题，并且可以通过红外模块和 Wi-Fi 进行远程控制。

关键词：红外传感器　电流传感器　Wi-Fi 传感器

A smart socket that can reduce standby power consumption

Zhang Jinyang, Yu Haopeng, Cao Jiawen, Zhang Ming, Lin Shan

(School of Information and Communication Engineering, Beijing Information Science and Technology University, Beijing, 100101)

Abstract: In this paper, we write control program based on Arduino open source platform, through the sensor to detect whether the electrical standby state, If the appliance is in standby state, It will be controlled to shut down, in order to make the appliance can closed automatically. Without changing the original habits of people using electrical appliances to solve the problem of standby power consumption, and can control remote control through infrared module and Wi-Fi.

Key words: Infrared sensor　current sensor　Wi-Fi sensor

一、引言

随着人们生活质量的提高，电视、空调、电饭煲等各种各样的家用电器愈发普及。然而，令很多人都意想不到的是，这些电器在停止使用并关闭的时候，仍然存在耗电现象。数据研究表明，每户每月因此而浪费的电量高达 30 千瓦时。

当然，如果在不使用电器时将插头拔掉便可轻松解决这一问题。但是，很多人会嫌拔插头太过麻烦，还会有人忘记这样做，甚至根本没有要这样去做的意识。所以，本项目的设想便是，运用所学的知识构建一个装置，以达到在关闭电器时不用人为操作便可自动停止耗电的目的。

本项目将监测电器用电情况，在电器停止工作后，由控制系统控制开关断开。本项目的意义在于能够在电器停止使用时，即使没有断开电源或拔出插头，仍然可以停止耗电，以达到节能减排的目的。

---

①　项目来源类别：2017 年北京市大学生科技创新计划项目，由北京信息科技大学 2017 年人才培养质量校内专项(5111724101)支持。

二、结构设计及工作方式

1. 结构设计

本设计主要由采集系统、控制系统和通断系统组成。采集系统包括红外传感器、电流传感器和 Wi-Fi 接收器三部分，负责对电流大小和控制信号进行数据采集；控制系统包括远程控制和外部控制两部分，负责对采集到的数据进行处理，通过通断系统实现对电路进行通断控制的功能。控制系统中远程控制包括遥控器等红外传感器控制以及手机 APP 控制；而外部控制则是远程操作，由人为按键控制。结构框图如图 1 所示。

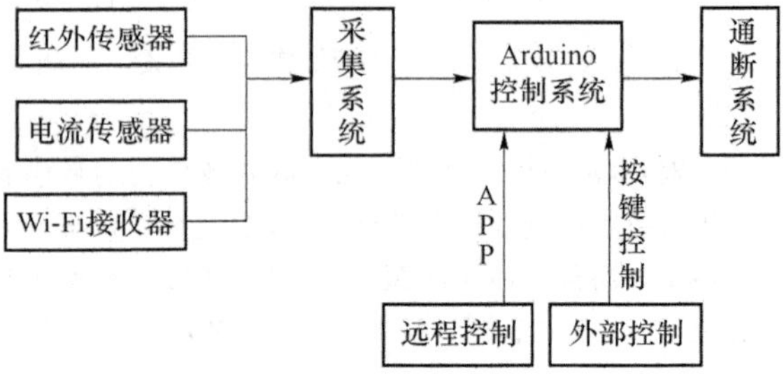

图 1　系统组成框图

2. 工作方法

（1）自动工作部分

检测电路电流，如低于预设值则自动断开开关。

（2）人为控制部分

通过遥控器等红外传感器控制开关的打开或关闭；通过手机 APP 控制开关的打开或关闭；通过人为按动配套的按键控制开关的打开或关闭。

三、机体结构

1. 硬件结构

（1）实物结构

实物结构图如图 2 所示。

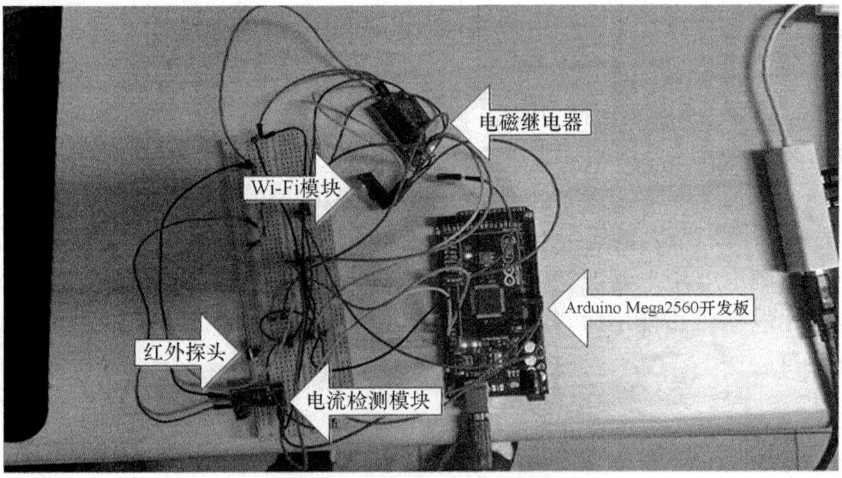

图 2　实物结构图

(2) 控制模块

Arduino Mega 是一块以 ATmega2560 为核心的微控制器开发板,本身具有 54 组数字 I/O 端(其中 14 组可做 PWM 输出),16 组模拟输入端,4 组 UART,使用 16 MHz 晶振。由于具有 Bootloader,因此能够通过 USB 直接下载程序而不需经过其他外部烧写器。电源部分可以选择由 USB 连接到电源,或者使用电源适配器及电池作为外部供电。

(3) 通断系统

使用 Relay Module 继电器模块,提供 1 路输入与输出,最高可以接 277 V/10 A 的交流设备或 28 V/10 A 的直流设备,继电器的输出状态都由一个发光二极管表示,方便实际使用。本项目使用此继电器作为开关电路。

(4) 传感器模块

红外传感器。通过光学原理检测红外发射器的信号,将探测的信号进行放大、滤波,并从这些信号中提取出信息。然后将此类信息转化成为所需要的格式,最后输送到控制系统,实现对系统的远程控制。

电流传感器。电流传感器,是一种检测装置,能检测到被测电流的信息,并能将检测到的信息传送给控制系统,实现对开关的自动化控制。

2. 软件模块

手机 APP,软件简单清晰,易上手,适应本小组目前的应用。此款 APP 可实现以下功能:①可通过 Wi-Fi 模块与控制器进行通信;②通过 APP 可以控制智能插座的开关。

四、工作原理

1. 自动控制部分

电器待机时也会有微弱的电流,本作品中由于未能使用生活用电,故使用两组阻值大小不同的电阻,以此模拟出用电器工作和待机时的电流,参考这两个电流,设定一个电流预设值。当通过采集系统采集到的电流大小低于预设值时,开关自动断开。

2. 红外接收部分

接收电路是一种集成红外线接收和放大一体的一体化红外接收器模块,能够完成从红外线接收到输出与 TTL 电平信号兼容的所有工作,它适用于红外线遥控和红外线数据传输。接收器做成的红外接收模块只有三个引脚,即信号线、VCC、GND,与 Arduino 和其他单片机连接通信非常方便。红外接收电路通常被厂家集成在一个元件中,成为一体化红外接收头。内部电路包括红外监测二极管、放大器、限幅器、带通滤波器、积分电路,比较器等。红外监测二极管监测到红外信号,然后把信号送到放大器和限幅器,限幅器把脉冲幅度控制在一定的水平,而不论红外发射器和接收器的距离远近。交流信号进入带通滤波器,带通滤波器可以通过 30 kHz 到 60 kHz 的负载波,通过解调电路和积分电路进入比较器,比较器输出高低电平,还原出发射端的信号波形。注意:输出的高低电平和发射端是反相的,这样的目的是为了提高接收的灵敏度。

3. Wi-Fi 通信部分

ESP8266 模块和手机在同一个路由器的 Wi-Fi 内，ESP8266 是客户端，手机和路由器是服务端。通过手机配置服务端口（TCP SERVER），路由器提供网络连接平台，这样可以用手机来控制 ESP8266 模块。因此，而 ESP8266 模块是接在 Arduino 上，让 Arduino 成为一个透传模块。因此，手机就可以直接通过 ESP8266 来控制 Arduino 以及 Arduino 上的继电器开关。

五、总结和展望

本小组开展的大创项目是在智能家居快速发展的社会背景下，基于 Arduino 的智能插座的设计与实现，在为人们提供便捷的同时，降低各种家用电器停止使用时的功耗，从而为环保助力。

本次项目采取模块化设计的原则，实现了从设计、软件程序编写到硬件组装。各成员较好地完成了分工合作。本设计实现的功能有电流低于预设值自动断电、红外控制通断、Wi-Fi 控制通断。

但是由于时间有限以及对于 Arduino 开发经验不足，项目还存在一些不完善的地方。硬件方面并未能集成化处理，还处于实验模块状态。软件方面并未成功做出功能完善的相应 APP，只能初步实现控制功能。

这次锻炼让我们了解了产品在研发、设计、生产过程中所需要的步骤，让我们自主学习了很多电子知识，提升了大家的能力，并且对今后的工作、学习有很大的帮助和启发，是一次很好的经历。

参考文献

[1] 杜刚. 电路板设计与制作[M]. 北京：清华大学出版社，2010.
[2] 陈吕洲. Arduino 程序设计基础[M]. 北京：北京航空航天大学出版社，2014.
[3] 余成波，陶红艳. 传感器与现代检测技术[M]. 北京：清华大学出版社，2009.
[4] 肖悦，胡苏，林灯生. 多载波无线通信中的新型多址技术[M]. 北京：国防工业出版社，2015.

作者简介

张锦扬，男，本科生，就读于北京信息科技大学信息与通信工程学院电信 1502 班。
张铭，女，本科生，就读于北京信息科技大学信息与通信工程学院电信 1502 班。
余浩鹏，男，本科生，就读于北京信息科技大学信息与通信工程学院电信 1502 班。
曹嘉文，男，本科生，就读于北京信息科技大学信息与通信工程学院电信 1502 班。
林杉，女，本科生，就读于北京信息科技大学信息与通信工程学院电信 1502 班。

基于单片机的老龄人服务智能机器人[①]

徐云岫　张欢欢　周金和

（北京信息科技大学信息与通信工程学院，北京，100101）

摘　要：本课题研究了使用激光雷达配合滤波算法对室内进行建图用于路径规划，使用蓝牙信标定位获得小车在室内的相对坐标，并且配合图传系统实现随时的场景监控保证安全。未来的研究希望小车在能够正常行进的基础上增加智能家居元素和传感器等。

关键词：室内定位　OpenCV　激光雷达　室内建图

SCM-based intelligent service robot for the elderly

Xu Yunxiu, Zhang Huanhuan, Zhou Jinhe

(School of Information and Communication Engineering, Beijing Information Science and Technology University, Beijing, 100101)

Abstract: Lidar construction is used for path planning using lidar with filtering algorithm. Use Bluetooth beacon positioning to obtain the relative coordinates of the car in the room. With the map transmission system to achieve anytime scene monitoring to ensure safety. On the basis of normal progress to increase the smart home elements and sensors.

Key words: indoor positioning　OpenCV　Lidar　interior drawing

一、引言

伴随着中国计划生育政策的实施，传统的核心家庭结构发生变化，以老人为主的家庭结构成为主流。家庭规模日趋小型化，打破了传统上的三代人甚至四代人同居的家庭模式。同时现代社会中老人和子女都要求有自己的"自由空间"，因此纯老人家庭和独居老人的社会现象成为社会各界关注的焦点。家庭养老的功能日益削弱，原来由家庭承担的老人赡养功能转向社会养老服务，独居老人的室内安全问题成为一类社会问题而倍受关注。

本课题所研究的场景是城市里的普通住宅。在只有独居老人的房间内，小车使用图像识别技术来随时跟随老人，了解老人的状况，通过室内定位室内建图技术和路径规划技术能够在室内进行特定位置的目标追踪，可以实现自动充电和目标物体搜寻。该算法考虑到了室内低高度部分物体复杂的特点以及普通家庭的应用环境，能够给老人生活极大的保障。

①　项目来源类别：2017 年北京市大学生科技创新计划项目。

二、基于图像识别的自动识别和跟随系统设计

1. 基于 OV7670 和 STM32 的形状识别系统设计

(1) 图像的二值化和滤波

图像二值化和滤波效果如图 1 所示。

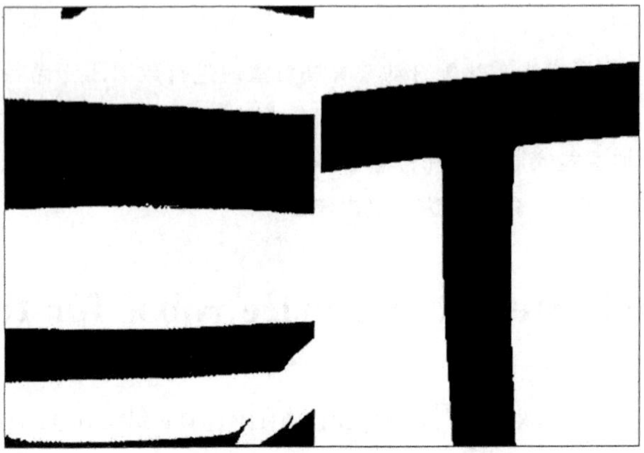

图 1 图像二值化和滤波效果

图像信息使用 OV7670 摄像头配合 STM32F103C8T6 采集，直接获得的颜色数据为 RGB565，将其进行灰度处理后，使用基于直方图谷底最小值的阈值计算法获取二阈值。由于场地是黑白分明的，直方图有较明显的亮部峰与暗部峰。将原有直方图进行平滑，获得谷底最低值即为阈值。如图 2 所示，上方为处理前直方图，下方为算法处理后的效果。采用中值滤波技术进行噪点的去除，把每个像素点由邻域的颜色加权比对进行调整。

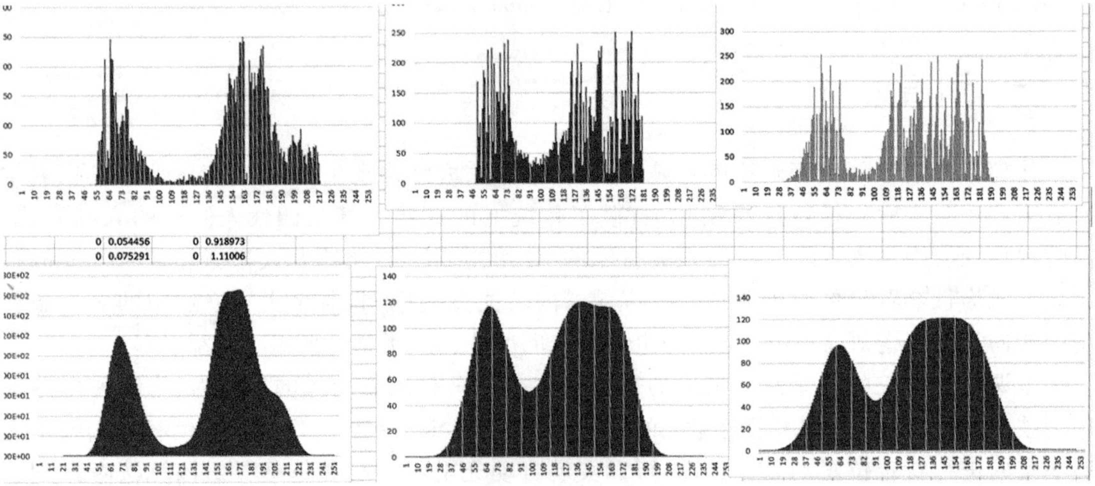

图 2 将直方图平滑化处理效果

将二值图像进行压缩，得到 80×60 的二值数据表。对该表逐行逐列进行扫描，获取强

度变化,较大的点为边缘点。

(2) 图像的边缘提取和圆心检测

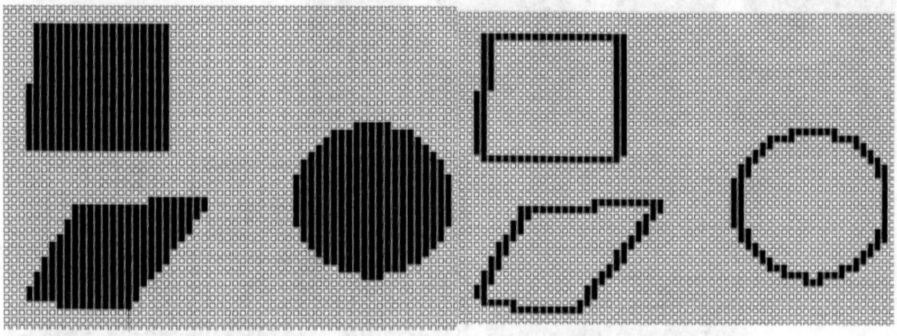

图 3　摄像头采集的简单图形边缘检测

圆形具有中心对称及圆上各个点到圆心距离相同等的特征,故使用逐行逐列方向进行扫描,获取圆形的边缘点坐标进行差值运算,滤除无用数据后计算出圆心坐标。圆心检测算法效果如图 4 所示。带屏幕的图像处理模块工作图如图 5 所示。

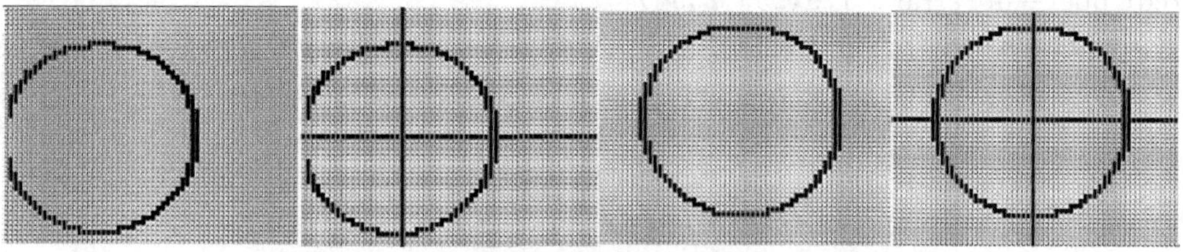

图 4　圆心检测算法效果

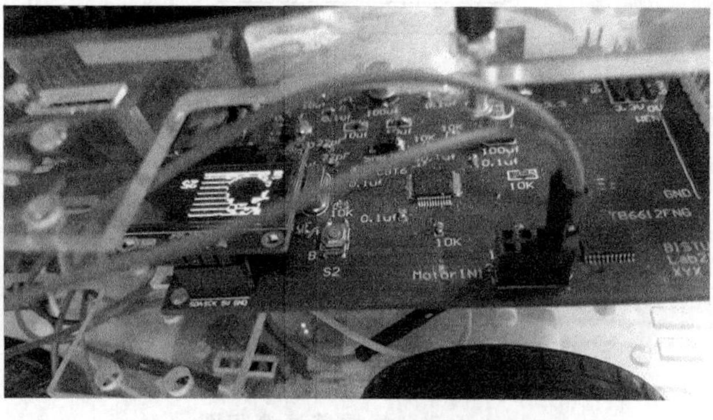

图 5　带屏幕的图像处理模块工作图

2. 基于 Python 和 OpenCV 的颜色识别系统设计[2]

OpenCV 的颜色提取如图 6 所示。

颜色提取算法流程图如图 7 所示。图像使用 PiCamera 进行采集,将采集所得帧进行转换,使其成为可用于 OpenCV 处理的 Mat 类型。将图像数据转化到 HSV 空间并与程序预先设置的 HSV 空间颜色值进行比对,获得相似度最高且连续面积最大的像素区域。设置格式如下:

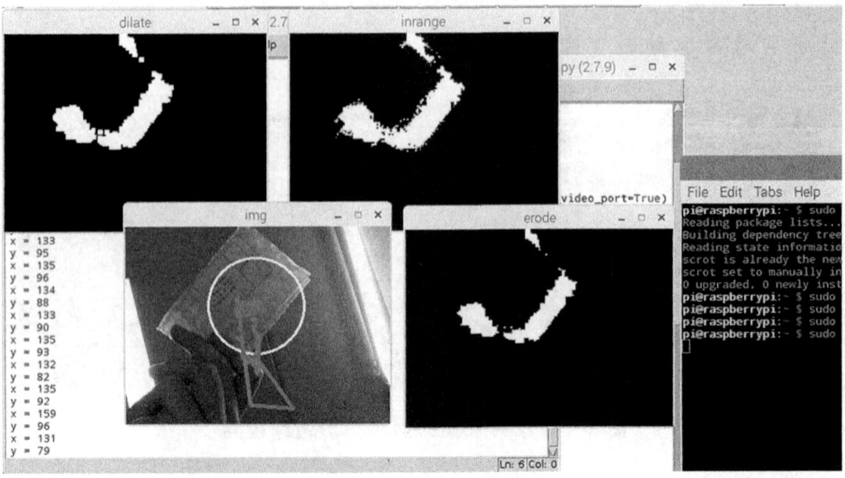

图 6 OpenCV 颜色提取

redLower＝np.array([170,100,100])

redUpper＝np.array([179,255,255])

通过对每一帧的遍历，对比对成功的 HSV 空间颜色结果进行腐蚀膨胀运算去除噪点，对所存在的轮廓做外接圆，并求出面积最大的外接圆即为识别结果。

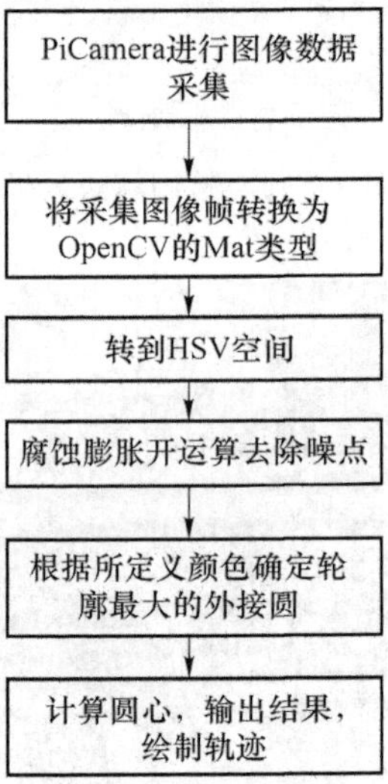

图 7 颜色提取算法流程图

3. 基于 LabVIEW 的颜色识别定位系统设计

这是一种广泛应用于机器人足球比赛的计算机视觉定位技术，通过在上方悬挂的固定摄像头识别小车上方特定颜色和形状的色块来定位小车的位置和朝向。由于单片机的处理能力有限，此方法适用了 LabVIED 的 Vision Acquisition 对图像进行处理，大部分运算都在上位机即 PC 机。再通过蓝牙传输指令控制小车的运行。LabVIEW 颜色识别定位算法过程如图 8 所示。用于颜色识别的色块和 LabVIEW 算法图如图 9、图 10 所示。

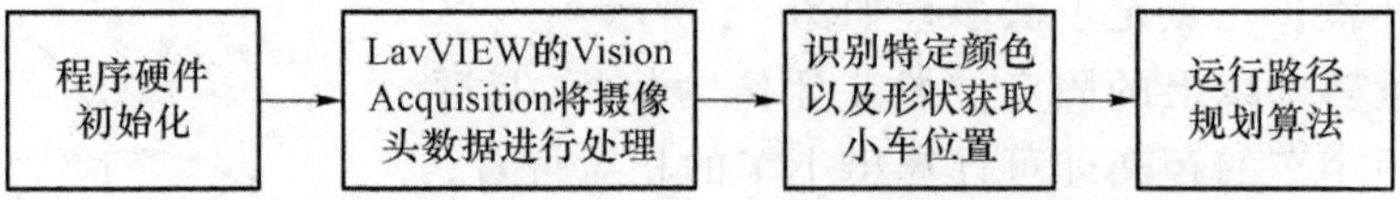

图 8　LabVIEW 颜色识别定位算法过程

图 9　用于颜色识别的色块

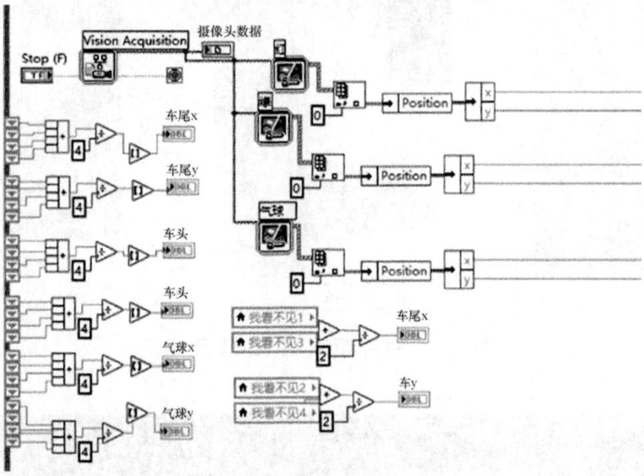

图 10　LabVIEW 算法图

经试验,红色(左)和黄色(右)的色块识别效果最好。

三、基于蓝牙 RSSI 值的信标定位算法

1. 基于三点定位法的蓝牙定位原理

为了在室内获得精度较高的物体坐标,通常的测距方法是使用超声波、激光等测距方法。这些方法拥有精度高、速度快等特点,但是有着致命的局限性,即不能够应对室内复杂的地面环境获取小车的位置。蓝牙作为一种电磁波信号,能够穿透室内物体,能够应对大部

分的室内复杂环境。三点定位法原理如图 11 所示：

在室内放置三个以上的固定位置蓝牙作为信标，只要获取到三点相距小车的距离即可计算出小车的相对位置。

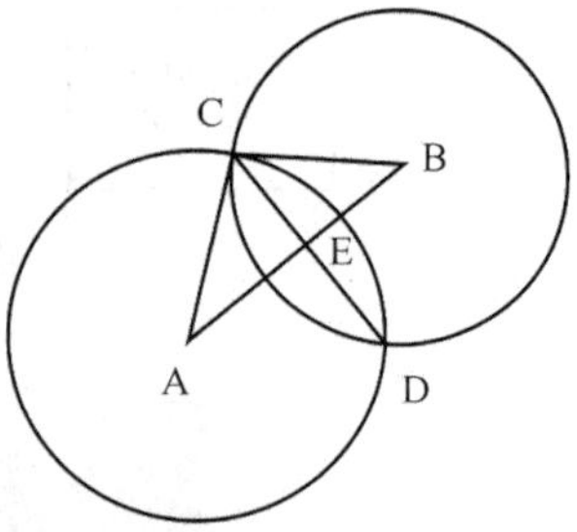

图 11 三点定位原理示意图

2. 蓝牙 RSSI 值的获取与计算

通过 Android Studio 的蓝牙 APP 开发完成对蓝牙 RSSI 值的获取。

在 BluetoothService.java 中添加：

```
if(mBluetoothLeService.getRssiVal()){  //如果读取蓝牙 RSSi 回调成功
Rssi = BluetoothLeService.getBLERSSI();  //获取已经读到的 RSSI 值
mHandler.obtainMessage(READRSSI,Rssi).sendToTarget();}
```

经测试，图 12(1)中 RSSI＝－53；图 12(2)中 RSSI＝－67；图 12(3)中 RSSI＝－75，获取蓝牙 RSSI 的 APP 显示示意图如图 13 所示。

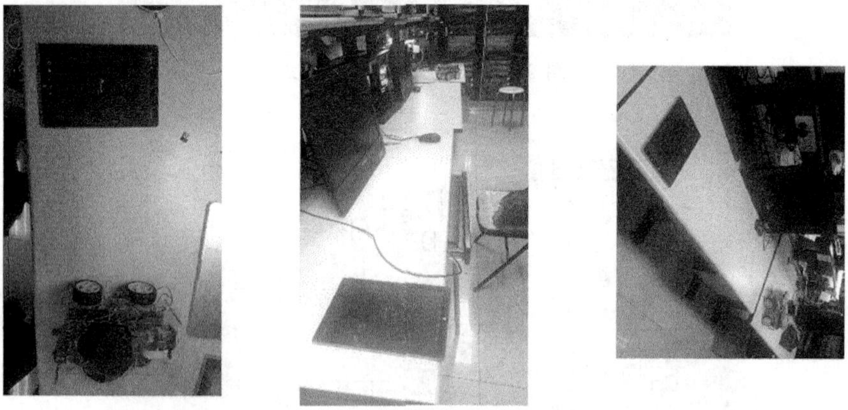

(1)　(2)　(3)

图 12 三种距离的 RSSI 测试

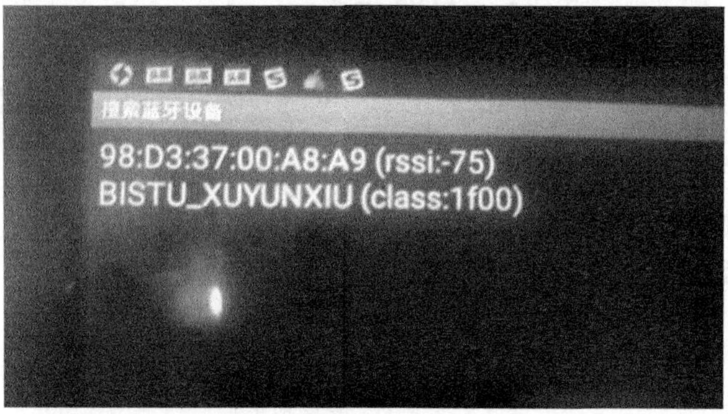

图 13 获取蓝牙 RSSI 的 APP 显示示意图

计算公式：

$$d = 10\hat{}((\text{abs}(\text{RSSI}) - A) / (10 \times n))$$

其中，d——计算所得距离，RSSI——接收信号强度（负值），A——发射端和接收端相隔 1m 时的信号强度，n——环境衰减因子。

计算距离的主要代码示例如下：

```
(float)calcDistByRSSI:(int)rssi
{
int iRssi = abs(rssi);
float power = (iRssi - 59)/(10 * 2.0);
return pow(10,power);
}
```

四、基于三角测距的激光雷达的室内建图

三角测距的激光雷达的原理图如图 14 所示。

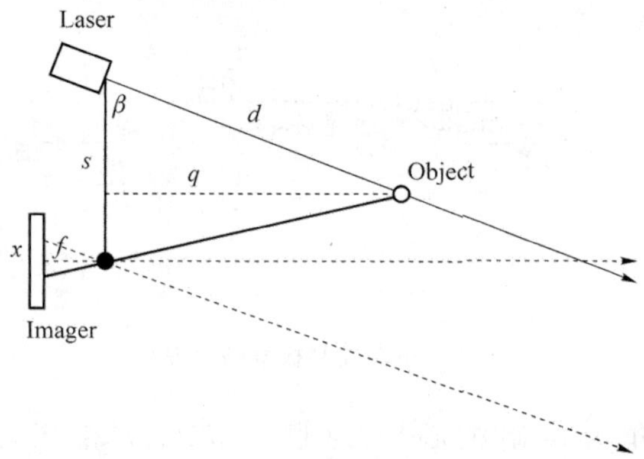

图 14　三角测距的激光雷达的原理图

将激光雷达看作一个近似射出直线的测距仪，通过自身的编码盘系统同时获得四周目标的距离和角度，将角度通过简单的滤波算法滤除无用数据并绘制，就可以获得室内的二维平面图像，如图 15 所示。

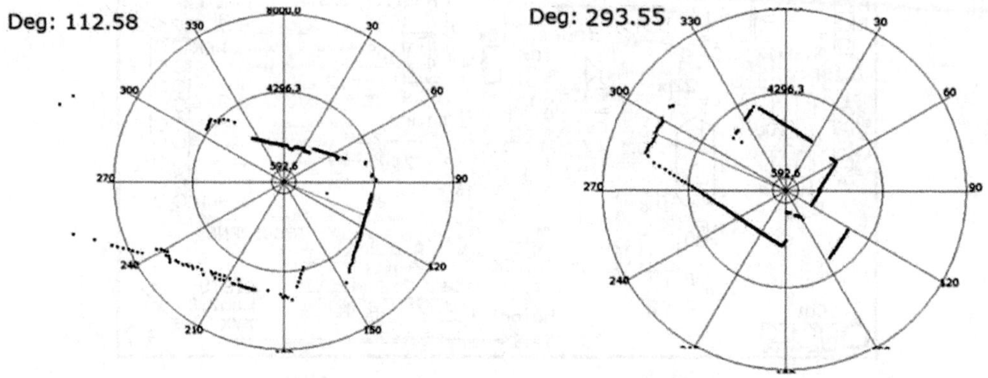

图 15　激光雷达绘制的室内平面图形

五、小车的核心控制板和电路设计

小车控制板电路原理图如图 16 所示。

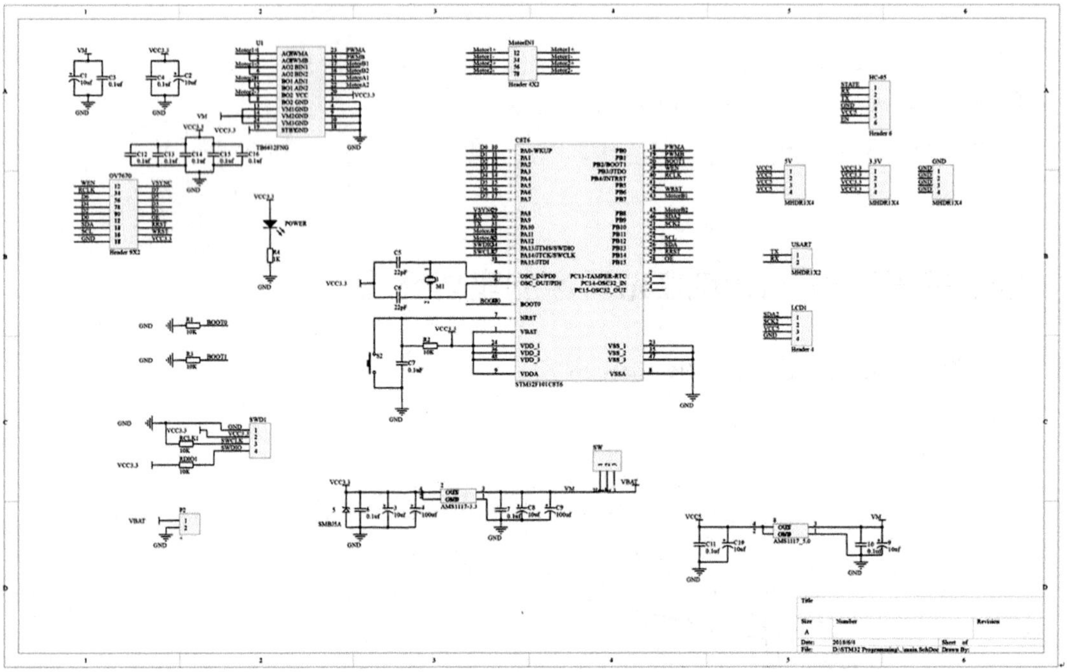

图 16 小车控制板电路原理图

小车由 STM32 作为控制核心[1]，通过 AMS1117 稳压电路提供电源。使用 TB6612FNG 电机驱动芯片控制电机，使用 I2C 和串口与外部通信。小车的 PCB 板图如图 17 所示。最终效果图如图 18 所示。

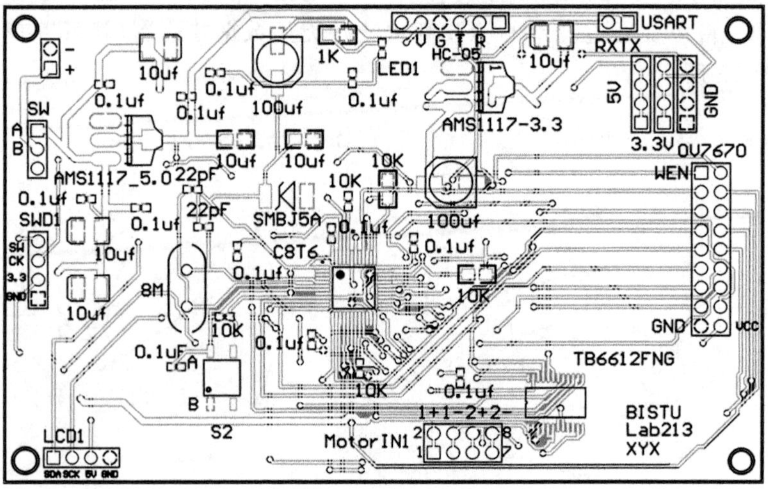

图 17 PCB 板图

图 18 最终效果图

参考文献

[1] 刘火良，杨森. STM32 库开发指南[Z]. 北京：机械工业出版社，2015.
[2] 毛星云，冷雪飞，等. OpenCV3 编程入门[Z]. 北京：电子工业出版社，2015.

作者简介

徐云岫，男，本科生，就读于北京信息科技大学信息与通信工程学院电信 1604 班。

张欢欢，女，本科生，就读于北京信息科技大学信息与通信工程学院电信 1604 班。

周金和，男，教授，北京市教学名师，曾作为电子信息工程专业负责人，使该专业先后入选教育部特色专业建设点和北京市特色专业建设点，作为带头人使电子信息工程专业教学团队被评为北京市优秀教学团队；作为信息与信息处理学科负责人，负责申报学科为北京市重点建设学科，并通过建设验收。

移动充电式陆空监测器的研究与设计①

张梓垣 朱兴坤

（北京信息科技大学信息与通信工程学院，北京，100101）

摘　要：本课题针对无人机与智能车的优缺点，旨在结合二者形成陆空两栖监测器并提高续航能力。监测器采用红外避障、温度检测器等模块增加检测器的安全性和实用性，实现续航、检测、灵活、避障于一体。

关键词：无人机　陆行车　温度检测　红外避障　遥控

Research and design of mobile charging air monitor

Zhang Ziyuan，Zhu Xingkun

（School of Information and Communication Engineering，Beijing Information Science and Technology University，Beijing，100101）

Abstract：This thesis aims at the advantages and disadvantages of UAV and smart car，aiming at combining the two to form an amphibious detector and improve the endurance ability. The safety and practicability of the detector are increased by infrared obstacle avoidance and temperature detector. Achieve endurance，detection，flexibility，obstacle avoidance in one of the land and air detector.

Key words：UAV　Lu road　Temperature detection　Infrared obstacle avoidance　Remote control

一、背景

无人机对于速度、升限和航程等要求都较低，目前来看非军用无人机最大的市场在于政府公共服务的提供，如警用、消防、气象等，约占到总需求的 70%，也有航拍、游戏等娱乐用途。在军事领域，采用无人机进行作战和侦察，可以减少人员的伤亡，还能具有超高过载的机动能力，有利于攻击和摆脱威胁；在民用领域，无人机可以完成资源勘测、灾情侦察、通信中继、环境监测等繁重重复或具有一定危险的任务。多旋翼无人机是目前民用级无人机最普遍的机型，在影视拍摄、环境监测、新闻采集等领域应用广泛。但现阶段无人机续航能力仍有待提高，续航是衡量无人机综合性能的重要指标[1]。

普通无人机续航时间仅为半小时，部分无人机可达到两小时续航，能达到四小时以上续航的无人机寥寥无几。无人机续行时间比例图如图 1 所示。在飞行器上直接搭载续航设备会影响飞行器工作状态。陆行器大多可与充电设备相连接但受地形限制太过严重，需要将

① 项目来源类别：2017 年北京市大学生科技创新计划项目。

二者优势加以结合。

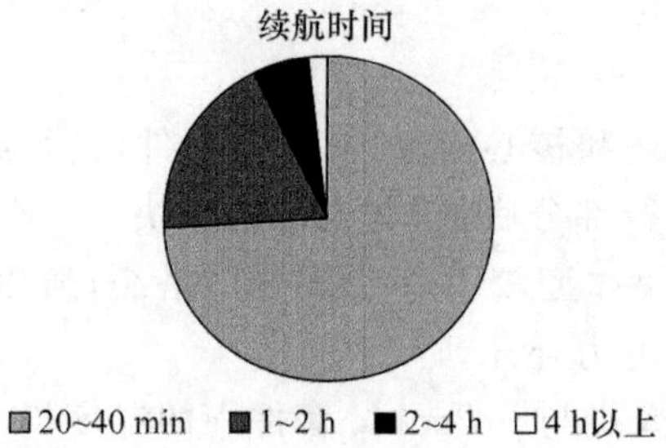

图 1　无人机续航时间比例图

二、原理

利用 mCookie 套件拼接四驱车，连接太阳能充电装置，保证续航。使用的 Arduino 四旋翼飞行器具有轻便、程序简单易上手等特点。我们将两者结合，将检测器接在无人机上实现检测功能。

三、总体实现方案

我们通过 mCookie 套件拼接陆行模块并与红外避障模块相连接，以避免碰撞损毁套件；将 Arduino 无人机与温度检测器结合实现对任意位置温度的检测。

陆空监测器采用陆行模式，当检测到前方有障碍物时切换至飞行模式，其运行程如图 2 所示。

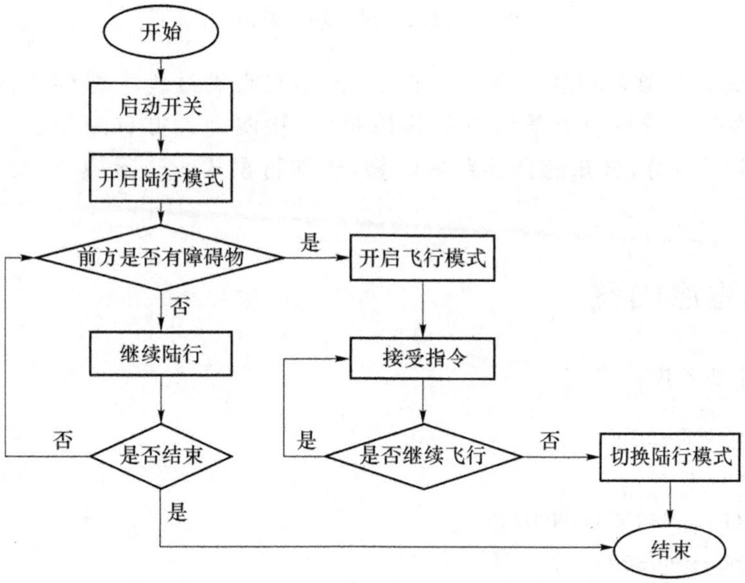

图 2　运行流程图

四、分步实现方案

1. 利用 mCookie 电机模块和核心模块，车轮及配件，自行编写运动程序（可视地形实际情况改变）用亚克力板作为陆行部分底板，构成陆行模块——车的框架。

2. 因切割磁感线发电模块体型较大不便于使用搭载，所以本次采取太阳能供电（太阳能充电宝）作为行进过程中的电力补充。

3. 将 Arduino 四旋翼无人机与 mCookie 套件中的温度检测器相连接，写入检测器的程序内容和飞行部分的程序内容，其中飞行采用遥控方式便于操作，与检测器结合可以更好地满足检测任意位置温度的要求（温度检测器也可更换为其他检测器）。温度反馈检测示意图如图 3 所示。

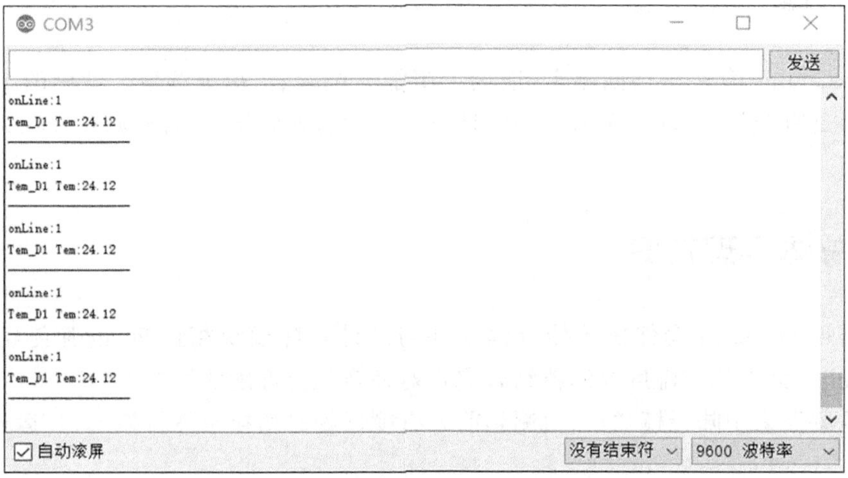

图 3　温度检测反馈示意图

4. 采用将无人机放置在陆行模块底板上，当车在行进过程中遇到障碍时强制停止，防止损坏。并在陆行模块前方放置红外避障模块，检测到前方有障碍物时停止，通过适当方式（如点亮 LED 灯）告知前方存在障碍物，转陆行模式为飞行模式，使用遥控器开始飞行。

五、部分程序内容

避障模块主要程序：

```
int PIN_SENSOR = 11;
void setup() {
  pinMode(PIN_SENSOR,INPUT);
  Serial.begin(9600);
}
```

```
void loop() {
  int x = digitalRead(PIN_SENSOR);
  Serial.println(x);
}
```

陆行模式主要程序：

```
#define OUT1A 6
#define OUT1B 8
#define OUT2A 5
#define OUT2B 7

void setup()
{
  pinMode(OUT1A,OUTPUT);
  pinMode(OUT1B,OUTPUT);
  pinMode(OUT2A,OUTPUT);
  pinMode(OUT2B,OUTPUT);
}

void loop()
{
head();
delay(10000);
over();
delay(1);

}

void head()
{
  digitalWrite(OUT1A,HIGH);
  digitalWrite(OUT1B,LOW);
  digitalWrite(OUT2A,HIGH);
  digitalWrite(OUT2B,LOW);
}
//void back()
//{
//  digitalWrite(OUT1A,LOW);
//  digitalWrite(OUT1B,HIGH);
//  digitalWrite(OUT2A,LOW);
```

```
//  digitalWrite(OUT2B,HIGH);
//}
void over()
{
  digitalWrite(OUT1A,LOW);
  digitalWrite(OUT1B,LOW);
  digitalWrite(OUT2A,LOW);
  digitalWrite(OUT2B,LOW);
}
```

六、测试结果

切割磁感线发电机体积大不便于使用，改为太阳能充电。

Arduino 四旋翼无人机动力小不能很好实现载重，将陆行模块与飞行模块分开。通过传感器亮灯为提醒形式，改变模式。

程序编写和导入过程存在一些问题，避障部分的程序设计最初由于算法的设计逻辑存在不合理的地方，一度只能实现一次性地停止，或者是无法在探测到障碍物的时候实现停止行进模式之间的切换；之后通过改变算法以及程序的合理性，对程序已有的逻辑进行了适当地改变，实现了避障的功能。陆行模式可以自由控制行进方向与距离，遇到障碍时停止。停止时避障检测器亮灯，停止陆行模式，陆行车实物图如图 4 所示。之后可开始飞行模式，通过遥控器控制飞行器飞行到特定位置，利用机载温度检测器检测指定地点温度。温度检测器实物图如图 5 所示。

通过蓝牙模块返回检测器数值至手机。

图 4　陆行车实物图

图 5　温度检测器实物图

七、结论

本次研究主要目的是将智能车的续航、运输以及无人机的灵活等特点相结合，以打造陆空两用且有较强实用性的装置。但本次研究使用的原材料对续航的支持还并不充足，有机会可以将太阳能充电改为更高质量的切割磁感线发电机。此外，无人机搭载的检测器也可更换为更多种类，本次因材料限制仅使用了温度检测器，可根据实际需要更换不同种类的检测器以达成目的。

本次设计选用的无人机具有易上手，内容开源等优点，但也在动力方面和本身的续航能力上有所欠缺。如选用更大动力的无人机，可考虑将轮子与机体相结合，使陆空两功能结合到一起真正实现陆空两栖。

本设计中陆行模式采用编写程序自行前进，飞行模式采取遥控模式。二者可以更换，即根据实际需要选用合理模式。（定点运输或路线已知可采用固定路径，若希望检测器具有灵活多样等特点可采用遥控模式）

今后的研究重点，考虑如何将陆空相结合，或陆空分离模式时做到无人机能定点寻到车体位置精准降落。另可研究如何提高无人机动力以及最大程度实现设计之初对续航能力的要求。

参考文献

[1] 金伽忆，朱烨，曾舒婷，等. 小型多旋翼无人机续航问题研究[D]. 广州：华南农业大学，2014.

作者简介

张梓烜，男，本科生，就读于北京信息科技大学信息与通信工程学院电信 1604 班。
朱兴坤，男，本科生，就读于北京信息科技大学信息与通信工程学院电信 1604 班。

智能菜篮的设计与实现①

鲁　岚

（北京信息科技大学信息与通信工程学院，北京，100101）

摘　要：本项目设计实现的智能菜篮，让用户可以在买菜的过程中及时、清楚地获取购菜重量、钞票真伪等信息，基于物联网技术实现菜篮的智能化。利用压力传感器测量菜篮重量，经处理器处理后利用蓝牙技术完成菜篮与手机间的信息传送，以便手机 APP 进行后续功能的实现。

关键词：物联网　蓝牙　手机 APP　智能菜篮

The design and implementation of The Smart Basket

Lu Lan

(School of Information and Communication Engineering, Beijing Information Science and Technology University, Beijing, 100101)

Abstract: This project is designed to develop a smart basket based on the Internet of things technology that allows users to acquire information on the weight of items, money authenticity and so on timely as well as exactly, to realize the intelligence of the basket. The pressure sensor is served to measure the weight of the basket with items. The information transfer between the basket and the mobile phone was completed by the Bluetooth technology after processing by the processor, so as to realize the follow-up function of the mobile phone APP.

Key words: The Internet of things　Bluetooth　Mobile phone APP　The Smart Basket

一、引言

"物联网技术"的核心和基础是"互联网技术"，是在互联网技术基础上的延伸和扩展的一种网络技术，其用户端延伸和扩展到了任何物品和物品之间，进行信息交换和通讯。通过传感网络，可以采集所需的信息，用户在实践中可运用相关的传感器等采集其所需的数据信息，利用蓝牙等技术实现与传感器网关有效通信的目的。市场上常见的传感器大部分都可以检测到相关的参数，如压力、湿度或温度等。一些专业化、质量较高的传感器通常还可检测到重要的水质参数，如浊度、水位、溶解氧、电导率、藻蓝素、pH 值、叶绿素等。

本项目结合物联网在日常生活中的应用需求，提出了"智能菜篮"，以消除用户在买"菜"时因无法及时称量、无法得到相对精确的数据，而产生对商家是否存在缺斤少两的疑惑。本

① 项目来源类别：2017 年北京市大学生科技创新计划项目。

项目设计的智能菜篮，综合应用了传感器技术和蓝牙通信技术，不但能够让用户在买菜的过程中及时、清楚地获取购菜重量信息，还具有钞票真伪检验功能，并且通过实现与手机互联进一步提升用户的购菜体验。本项目设计实现的作品具有便于携带、简单实用的特点。

二、系统方案

1. 硬件设计

利用压力传感器测量菜篮重量，经处理器处理后提供单次重量或总重量从而获取所购菜品重量，利用蓝牙技术完成菜篮与手机间的信息传送，以便手机 APP 进行后续功能的实现。将物联网技术引入菜篮的智能化应用。传感器得到的称重信息可在菜篮上显示也能及时传送到手机，方便计算价格和记账，以及应季菜品的推送。利用蓝牙技术实现防丢功能，监控菜篮与主人的距离，一旦丢失、被盗，能够较方便地找回。

从生活常用品菜篮入手，通过计重、显示总价、人民币防伪等功能提高使用者生活品质，重新定义买菜这一充满生活气息的行为，开创新的买菜模式。产品简约而不简单，小小的菜篮集成了多种买菜这一情景可能需要的各种工具，简化了使用者平时买菜时所携带的各种工具。

硬件设计框图如图 1 所示。

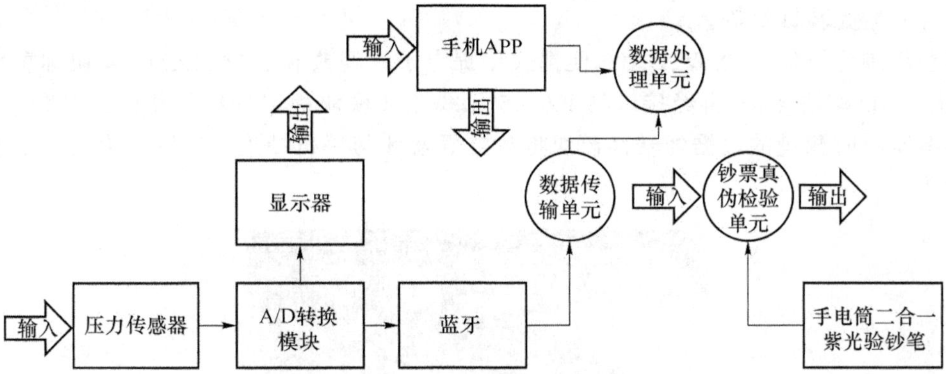

图 1 硬件设计框图

2. 软件设计

系统软件包括货品数据库、计算功能、数据传输、服务功能、界面设计等。数据库用于存储不同种类的货品；计算功能用于计算货品重量和金额；数据传输用于制定传输协议；服务功能用于增强用户体验；界面设计可进行多界面风格选择。

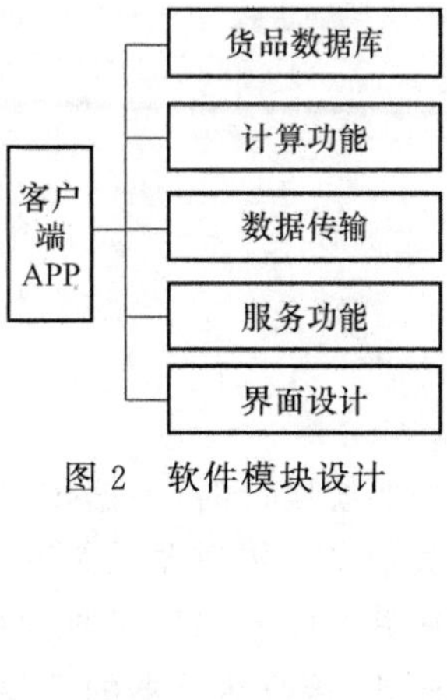

图 2 软件模块设计

三、功能与指标

1. 功能

(1)称重功能，称重范围为 0～5 kg。

(2)计算功能，能够计算货品总重量和总金额。

(3)货品分类功能，能够针对蔬菜、肉类、蛋类进行分类选择。

(4)无线传输功能，通过与客户端建立无线连接，实现数据传输。

(5)钞票检验功能，便于用户进行钞票真伪检验，并进行能够做出提示。

(6)放丢失功能，开启防丢功能后若蓝牙与手机超过一定距离则震动报警。

2. 指标

(1)灵敏度：10±0.01(mV/V)。

(2)测量精度：1 g。

(3)传输能力：10 m。

四、实现原理

1. 硬件实现

本系统在硬件结构方面，应用到了 Microduino m-Cookie 相关组件、WH-A09 便携式手提电子秤、HC-05 无线蓝牙模块板、HX711 模块称重传感器 24 位精度 AD 模块、镁合金手电筒二合一紫光验钞笔等。

误差范围为±10 g 的 WH-A09 便携式手提电子秤经改装后与 HX711 模块称重传感器 24 位精度 AD 模块连接，再经接口与 HC-05 无线蓝牙模块板以导线焊接。经编程处理后，压力传感器时时测量的数据经转换模块将数据经蓝牙与手机端连接。图 3 为硬件集成后的智能菜篮。

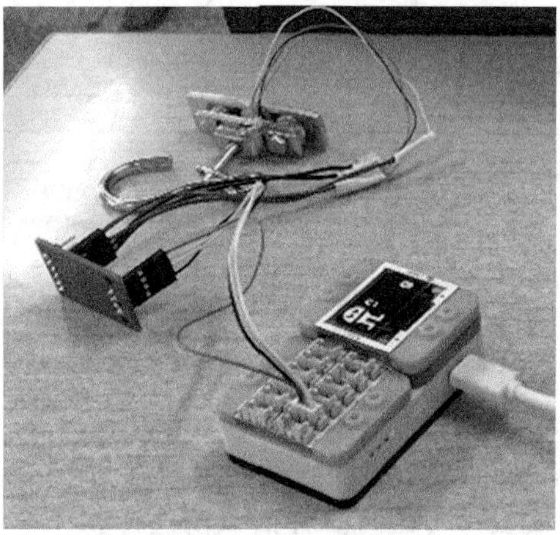

图 3　智能菜篮

系统设计时，根据传感器时时更新得到的参数通过蓝牙，送至手机端处理、操作并显示相关信息。传感器采集到的压力信息送至 AD 模块转换成数字编码，经蓝牙将数据与手机连接并接收。当手机收到控制命令后，向模拟端口发送开始信号。开始信号结束后转为输入模式，接收传感器的采集数据。

2. 软件实现

本系统在软件结构方面，应用到了 Arduino 平台和 APP Inventor 平台 。Arduino 平台的程序可以划分为三个主要部分：结构、变量（变量与常量）、函数，它构建于开放原始码 simple I/O 介面版，并且具有使用类似 Java、C 语言的 Processing/Wiring 开发环境。硬件部分是用来做电路连接的 Arduino 电路板；另外一个则是 Arduino IDE，在 IDE 中编写程序代码，将程序上传到 Arduino 电路板。Google APP Inventor 是一个完全在线开发的 Android 编程环境，采用 Java 语言。图 4 为 APP 界面。

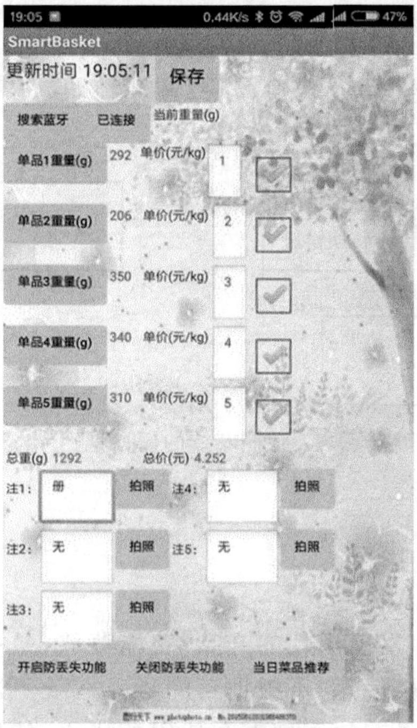

图 4　APP 界面

菜篮与手机绑定，两者之间通过蓝牙模块传递信息。菜篮带有称重功能，可对所购物品进行称重，单次重量和总重可在菜篮上显示，也可经手机进行查询。手机上输入菜品单价即可计算得到价格，方便付款。菜篮上安装紫外线验钞笔检验假钞，光线较暗时也可提供照明光源。手机上通过文字或图片记录清单作为记账单。当手机与菜篮相距超过一定距离会向手机发送警告，防止菜篮丢失。手机 APP 向用户推荐当季菜品、食谱。

APP 界面信息包括：

(1)显示时间。显示当前时间，如“更新时间 16:10:49”。

(2)保存数字与备注信息。点击“保存”按钮，所有的数字与备注信息会被存储到本地。

(3)连接蓝牙报错与显示。点击“搜索蓝牙”按钮开启连接蓝牙，若成功会显示“已搜索到蓝牙”及“已连接”，若失败会显示“未搜索到蓝牙”及“连接失败”。

(4)传感器重量的显示。压力传感器的数值可通过蓝牙传至手机，并显示“当前重量”。

(5)单品重量的确定。点击“单品数量 i(g)”，确定并显示单品 i 的单价。

(6)单价的确定。单击“单价(元/kg)”后的输入框,可输入对应货品的单价。

(7)总重的计算与显示。在相应单品的行后勾选“√”,则对标记的单品重量求和。

(8)总价的计算与显示。在相应单品的行后勾选“√”,则对标记的各单品总价求和。

(9)备注的输入。输入对相应单品的备注信息。

(10)防丢失功能的开启与关闭。开启防丢功能后,若蓝牙与手机超过一定距离则震动报警,关闭后则不予判断。

(11)当日菜品推荐。点击可获得菜品推荐。

五、硬件框图

智能菜篮包括压力传感器、A/D转换模块、蓝牙模块、显示屏、手电筒二合一紫光验钞笔,其硬件框图如图5所示。

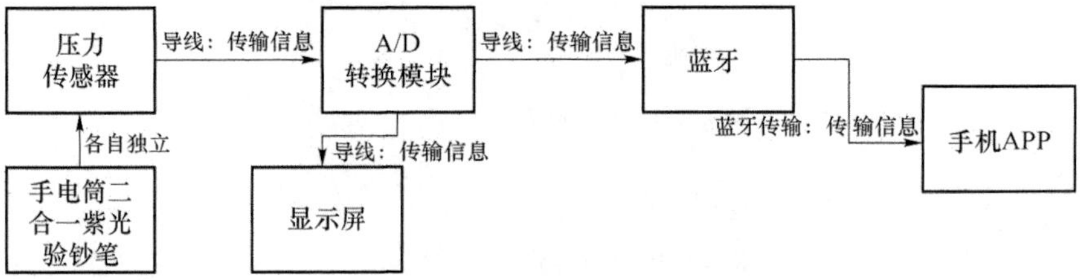

图5　智能菜篮的硬件框图

六、总结和展望

这是一项基于物联网技术发展出现的产品:智能菜篮,是一款与时俱进的科技菜篮,能够实现实时获取重量信息、价格信息,可根据不同货品在线更新系统中的市场价格,满足当前简约时尚的市场需求,并且具有便于携带和使用的优点,使用时只需将菜放入其中即可,小孩子和老人可以轻松掌握。内部蓝牙定位,如果丢失查看手机就能找回。验钞功能,实时检验钞票的真伪。智能菜篮,带给我们全新的购物体验,打破烦琐的购物流程,实现简约生活。

参考文献

[1] 赵志. Arduino开发实战指南. 智能家具卷[M]. 北京:机械工业出版社,2015.

[2] 邹少聪. 基于无线传感器网络的智能家居系统关键技术研发[D]. 华南理工大学,2013.

[3] 秦斐. 基于嵌入式WEB服务器的家电监控系统的实现[D]. 江苏:南京理工大学,2007.

作者简介

鲁岚,女,本科生,就读于北京信息科技大学信息与通信工程学院物联1601班。

实培计划类

TD-LTE 室内分布系统的设计与实现①

曹路生　杨鑫鑫　杨思豪　李晗禹　袁诗洋　李学华

（北京信息科技大学信息与通信工程学院，北京，100101）

摘　要：本文系统提出了 TD-LTE 室内分布系统规划设计思路，并针对 TD-LTE 室内干扰、覆盖性能和建设模式选择等关键环节进行了具体解析。其中覆盖性能分析更是分别针对新建和改造场景提出了不同的规划方法，并与 TD-SCDMA 的其他系统的覆盖性能和链路预算进行了横向对比，可有效指导不同场景下 TD-LTE 室内分布系统规划设计，对 TD-LTE 室内网络建设有较好的指导作用。

关键词：TD-LTE　室内分布系统　覆盖

Design and Implementation of TD-LTE Indoor Distribution System

Cao Lusheng，Yang Xinxin，Yang Sihao，Li Hanyu，Yuan Shiyang，Li Xuehua

（School of Information and Communication Engineering，Beijing Information Science and Technology University，Beijing，100101）

Abstract：This paper systematically puts forward the design and design of TD-LTE indoor distribution system，and analyzes the key aspects of TD-LTE indoor interference，coverage performance and construction mode selection. Which covers the performance analysis is for the new and transformation of the scene put forward different planning methods，and TD-SCDMA other systems coverage and link budget for horizontal comparison，can effectively guide the different scenarios TD-LTE indoor distribution System planning and design，TD-LTE indoor network construction has a better role in guiding.

Key words：TD-LTE　indoor distribution system　coverage

一、TD-LTE 室内分布背景

1. 移动通信的发展

这些年来，移动通信技术在不断地发展，智能化手机在不停地更新换代，相关手机终端技术日新月异地不断地发生变化，移动用户的数量也在不停持续性增长，所以，我们对数据业务的需求也一直在不断提高。这些方面的因素都不停地推动着我们对国家的移动通信网络系统进行升级创新。

---

①　2017 北京“实培计划”大创深化项目。

LTE是由3GPP(三代合作伙伴计划)组织制定的通用移动通信系统技术标准的长期演进，它于2004年12月在3GPP于加拿大的多伦多开展的会议上正式立项并启动[1]。LTE系统引入了OFDM(正交频分复用)和MIMO(Multi-Input & Multi-Output，多输入多输出)等关键性的技术，有了这它们的引入，显著增长了频谱效率并且提升了数据传输的速率。一般来说，20M带宽2×2MIMO在64QAM情况下，理论上来说，下行最大传输的速率为20 Mbit/s①，去掉信令使用的开销后大致剩下150Mbit/s②，但是我们根据实际中的组网功能以及终端能力的限制，普遍会认为下行峰值速率只能达到100 Mbps，上行只能达到50Mbps，并且支持多种带宽分配，比如：1.4 MHz，3 MHz，5 MHz，10 MHz，15 MHz和20 MHz等，并且支持全球主流的2G/3G频段和一些新增的投入使用的频段，因此对频谱的分配更加灵活，系统容量提高的同时，覆盖面也显著提升[2]。LTE系统网络架构变得更加精简，从而减少了网络节点的个数和系统的复杂度，进而使系统的时延降低，也使网络部署和维护需要的成本大大降低。LTE系统支持与其他3GPP系统相互操作。根据双工方式不同，LTE系统分为FDD-LTE和TDD-LTE，二者技术的主要③区别在于空口的物理层上(像帧结构、时分设计、同步等)。成对的频段接收和发送数据是FDD系统空口上下行采用的方式，而TDD系统上下行则是使用相同的频段在不同的时隙上传输，相比较于FDD双工的方式，TDD方式拥有的频谱利用率更高[3]。

2. TD-LTE室内分布系统

TD-LTE室分是一种方案设计，它所服务的对象是经常活动于室内的用户群，它是用于提供高建筑物内部移动通信网络环境的。它使用室内天线分布系统，用它将移动基站的信号均匀地分布覆盖在室内每一个角落，进而能够保证用户无论在室内哪一个角落，都能接收到信号的覆盖[4]。

二、TD-LTE室内分布系统设计原理

1. TD-LTE室内覆盖建设原则

(1) 综合考虑各种因素选择最佳建设模式

应综合考虑网络性能、改造难度、资源情况、投资等选择最佳建设模式。

(2) 室内外覆盖一体化原则

既要保证室内覆盖能够得到性能保障，又要保证室内的信号，不对原有的室外信号造成严重的干扰。

(3) 室内外采用异频组网方式

如果频率资源足够的话，尽量采用异频组网的建设方式。

(4) 充分考虑干扰和电磁辐射要求

在室分建设的时候，要充分考虑到空间中多系统之间的相互干扰。应保证TD-LTE系

① 周燕萍.LTE中天线传输模式研究——TM38技术优化.

② 辛鹏.TD-LTE室内分布系统的研究。

③ 赵远波.TD-LTE无线网络规划设计研究。

统和其他的系统能够做好隔离工作，避免相互之间的强干扰。

2. LTE 室内覆盖场景选择原则

场景选择的原则应选择有代表性的场景，例如学校、超市、医院、车站、体育场、电影院等；要保证所选择的场景处在室外覆盖区中，拥有可供测试的室分站点；要包含多种不同的业务，例如大型购物中心等综合场景；要能够满足多种性能测试的要求，例如室内外切换重选、室内外隔离性能等测试要求。

3. TD-LTE 室内分布系统建设目标

(1) 无线网规划指标

无线网规划指标要求无线信道呼损不高于 2%；无线覆盖区内可接通率：要求在无线覆盖区内的 90%位置，99%的时间移动台可接入网络；室内要求满足 RSRP＞－105 dBm 的概率大于 90%；边缘速率要求下行大于 2 Mbit/s。

(2) 载波、宽带配置

在载波、带宽配置原则上配置为 O1，载波带宽为 20 MHz；需要特别考虑规避邻区干扰的场景可按照 2 个 10M 频点异频组网方式配置，以便规避同频干扰。采用 DL：UL 为 2：2 的时隙配置。

(3) 容量目标

在室内单小区 20 MHz 组网及支持 MIMO 情况下，要求单小区平均吞吐量满足 DL30 Mbit/s/UL8 Mbit/s。若实际隔离条件不允许，可以按照单小区 10 MHz、双频点异频组网规划，要求单小区平均吞吐量满足 DL15 Mbit/s/UL4 Mbit/s/10 MHz。

4. TD-LTE 室内分布系统干扰分析

(1) 主要的干扰形式

1)邻频干扰

室内 TD-LTE 使用 2 350～2370 MHz，TD-SCDMA 使用 2 320～2 330 MHz(中间预留 20 MHz，据业务发展情况确定使用方案)，存在邻频干扰。当采用共模 RRU 时，需通过上下行时隙对齐方式规避系统间干扰。

2)异频段杂散、阻塞干扰

方法：根据相关协议指标进行计算，并取杂散干扰和阻塞干扰的最大值(其中杂散干扰以底噪提高 1 dB 为标准)。

结论：TD-LTE 系统与其他系统干扰的隔离度要求见表 1，其中与 WLAN 的干扰情况较为严重。

措施：相关系统直接合路时合路器的隔离度需满足下表要求。

3)互调干扰

多系统合路时可能会产生互调干扰，互调干扰主要依靠合路器进行抑制，目前较好的合路器三阶互调抑制指标在－120～－140 dBm 左右。对于 LTE 使用 2 350～2 370 MHz 频率的情况，不会与 GSM、DCS 和 TD 系统产生互调干扰；但如 TD-A(2 010～2 025 MHz)、E 频段(2 320～2 350 MHz)合路会对 DCS 系统产生互调干扰。

4)干扰隔离度要求

表1 干扰隔离度要求

	GSM 900 MHz	DCS 1 800 MHz	TD-SCDMA (F、A)	WLAN
LTE作为干扰系统的隔离度	36	44	59	88
LTE作为被干扰系统的隔离度	83	83	31	87

(2) TD-LTE与WLAN系统干扰分析

1)干扰分析

WLAN为CSMA/CA接入系统,TD-LTE为TDD系统,两系统上下行时隙不同步,它们之间存在着复杂的干扰关系。

2)干扰类型

WLAN工作在2 400～2 483.5 MHz,TD-LTE室内工作于52 350～2 370 MHz频段。两系统间尚有30MHz以上隔离带,不存在邻频干扰,因而主要干扰包括杂散干扰和阻塞干扰。

3)干扰途径

二者共存、共址时的干扰通常有4个途径:A,终端之间的互干扰;B,终端对基站的干扰;C,基站对终端的干扰;D,基站之间的干扰。

(3) LTE与WLAN干扰解决建议

1)共室分系统组网

应优先考虑WLAN与TD-LTE共室分系统组网;同时WLAN尽量采用末端合路方式建设,利用合路器端口隔离度和室分系统损耗尽量降低干扰。

2)独立建设时

要求LTE设备在WLAN频段的杂散功率小于－80 dBm/1 MHz(目前协议指标为－30 dBm/1 MHz);或者在LTE发射机端增加滤波器(带外抑制度在50 dB以上)。要求WLAN AP设备在LTE频段的杂散发射功率小于－60 dBm/1 MHz(目前协议指标为－30 dBm/1 MHz) 。在设备满足以上条件前提下,WLAN与LTE的水平隔离距离建议在2m以上。

(4) TD-LTE与其他系统干扰的解决

GSM900(DCS1800)主要工作在890～909 MHz和9 350～955 MHz范围,TD-SCDMA主要工作在1 880～1 920 MHz和2 010～2 025 MHz范围,TD-LTE工6作在2 300～2 400 MHz范围,WLAN工作在2 400～2 483 MHz范围。

相对于WLAN,因其工作频段更靠近TD-LTE,TD-SCDMA基站的杂散发射对TD-LTE基站的接收产生干扰的可能性要大一些。

相对于TD-SCDMA基站的杂散发射,TD-LTE基站的杂散发射(共址)非常小。因此我们只考虑TD-SCDMA基站的杂散发射对TD-LTE基站的接收产生干扰的可能性。

当TD-LTE与TD-SCDMA系统均采用GPS同步,且使用相同的5 ms帧长,及相近似的上下行比例(如TD-SCDMA为4∶3,TD-LTE为2∶2)时,TD-LTE与TD-SCDMA系统同时发射或接收,TD-LTE与TD-SCDMA系统之间没有干扰。

当 TD-LTE 与 TD-SCDMA 系统采用的上下行比例差异很大时，TD-SCDMA 基站的杂散发射有可能对 TD-LTE 基站的接收产生干扰。

在共址建设时，尽可能做到 TD-LTE 与 TD-SCDMA 天线之间的垂直间隔。

三、济南齐鲁工业大学宿舍楼室分系统设计

1. TD-LTE 室分建设方案分析

(1) *覆盖方式*

TD-LTE 室内覆盖方式的分析，通常 TD-LTE 室内覆盖建设主要有两种方式：SIMO 单流覆盖方式和 MIMO 双流覆盖方式。

1)SIMO 单流覆盖方式

在 SIMO 单流覆盖方式中，TD-LTE 基站仅输出一路，形成 1×2SIMO 系统。

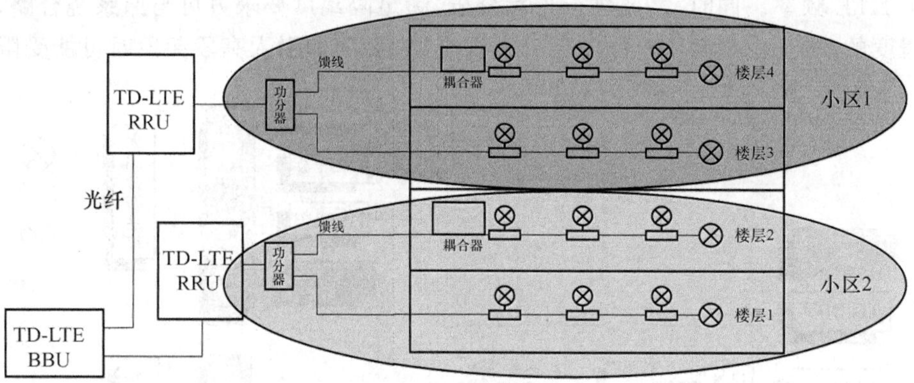

图 1　SIMO 单流覆盖方式

2)MIMO 双流覆盖方式

MIMO 双流覆盖方式就是用两路独立的天线和馈线，构成 2×2MIMO 系统，通过使用 SFBC、空间复用等方法来提高用户速率和覆盖。

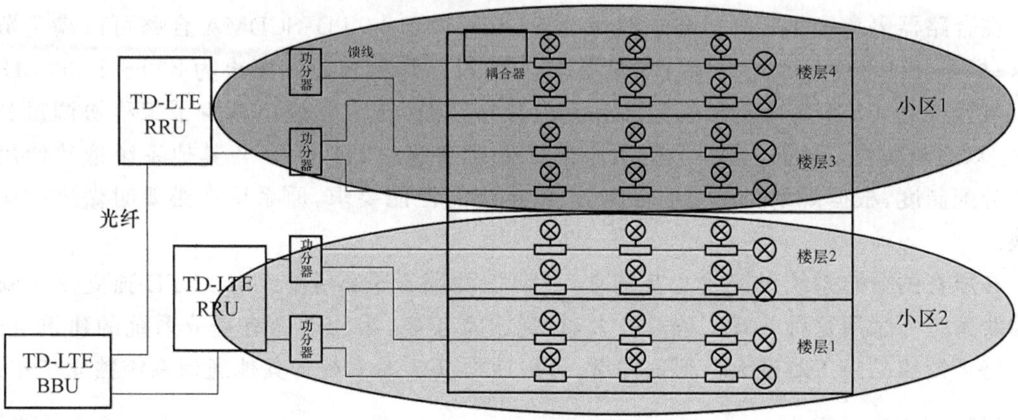

图 2　MIMO 双流覆盖方式

比较两种覆盖方式，SIMO单流覆盖方式的优点在于工程量小，减少了施工成本。但是用户的峰值吞吐量并不会真实提升，无法发挥LTE性能优势。因此，并不建议采用这种方式建设室分系统。一般仅在那些施工困难的地方采用这种方法。

(2) 通道的比较与选择

TD-LTE室分天馈系统根据所选设备不同，可分为“单通道系统”和“双通道系统”两种拓扑结构。用单通道室内分布系统时，每个室内覆盖点需要一个无线电频率传输链路，用于发送和接收吸顶天线。

双通道可以更好满足室内对业务速率的需求，缺点是工程复杂度较高。双通道室内分布系统。每一个室内覆盖点都需要经过一根双极化天线或有两个物理地点不同的普通单极化吸顶天线进行放射和接收，构成2×2MIMO组网。该方案有完整的MIMO特性，用户峰值速率和系统容量获得提高。

单通道建设方式是在不改动原系统天馈线的基础上，新增加一路天馈线系统。TD-LTE一路接入新建馈线，另一路与原室分系统合路，前提是目前室分无源器件的频段范围已涵盖了LTE频率。同时，需要进行干扰分析，满足隔离度要求方可与原系统合路，否则需要一定程度的改造；由于其中一路与已有系统合路，后期如引入高段频段时可能受限。

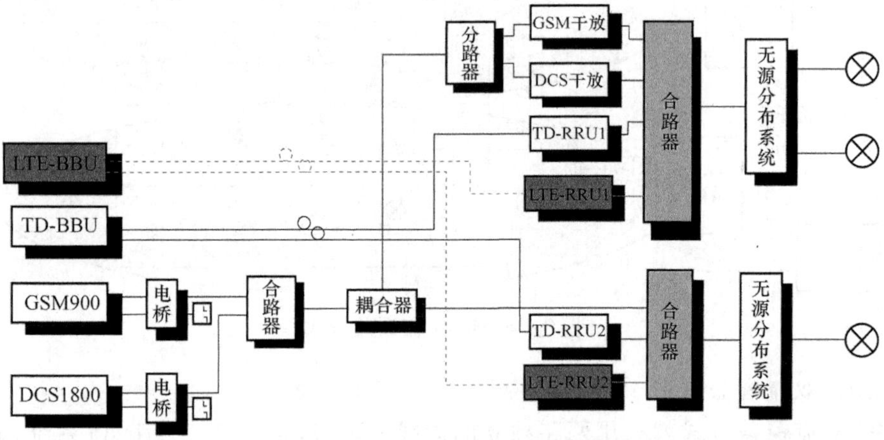

图3　单路建设

在合路器隔离度指标满足要求的情况下，TD-LTE与TD-SCDMA合路可以满足覆盖要求；根据TD室内分布建设指导意见要求，4天线工作频率范围要求为800～2 500 MHz，可以直接支持LTE系统充分利用已有室内分布系统，很大程度上减少了工程协调量和投资①。双通道建设，是通过合路器使用原单路分布系统。TD-LTE与其他系统依然使用原有的分配制度，根据规划和建设的TD-LTE系统的性能要求，原系统在必要时做出相应的变换。

在原有的分布系统天馈线的基础上，再增加两路天馈线系统，TD-LTE独立使用新建的馈线系统。采用这种方式工程量较大，投资成本较高，因为在已有室分系统的建筑中，新增两路天馈线的施工难度大。但这样做，可以使得新建的系统与其他通信系统独立工作，这

① 摘自电子科技网。

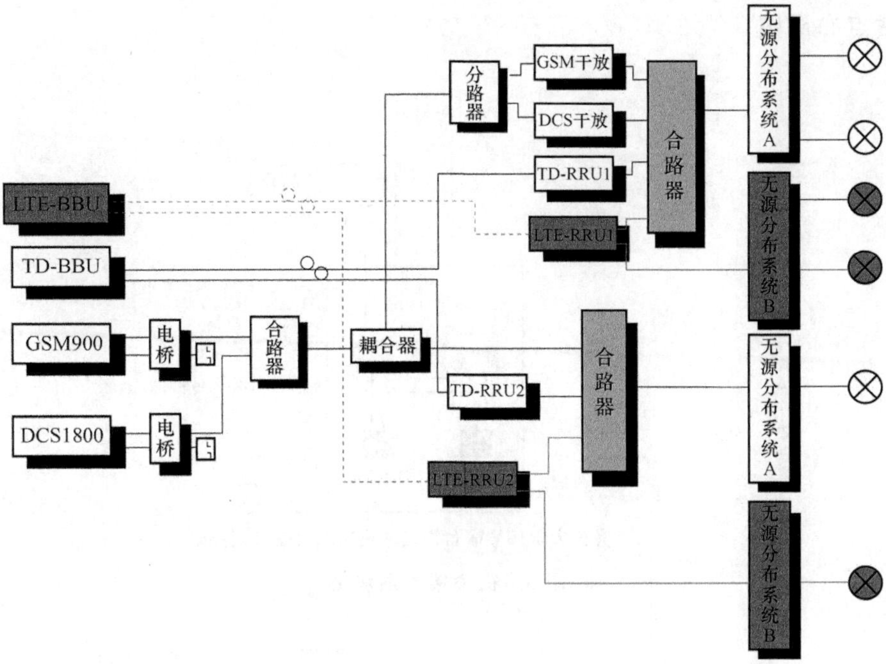

图 4　双路建设

为以后的建设做好了准备,减小了再改造的难度;通过空间隔离的方式,可以有效地解决多系统合路产生的干扰问题。通常对于合路存在严重的多系统干扰并具备新增两路天馈线条件的场景推荐使用这种建设方式。

2. 站点选择与站点介绍

我们本次项目选择的站点是山东省齐鲁工业大学长清校区 10 号宿舍楼。山东省齐鲁工业大学长清校区位于山东省济南市长清区大学路 3501 号,该楼分 6 层,每层分别安装有 RRU,型号是 R8972E S2300W。

该站点虽然已经建设了 TD-LTE 室分系统,但是由于原有设计方案不够合理,未达到预期效果,经常遭到用户的投诉。我们组的代表前往实际考察,经过打点测绘,也的确发现测得数据并没有满足室分的建设目标。超过 10%的区域内移动台无法接入网络。下行速率也较低,部分地区甚至无法达到 1 Mbps。因此,我们选择了山东省齐鲁工业大学长清校区 10 号宿舍楼作为本次项目的改造站点。

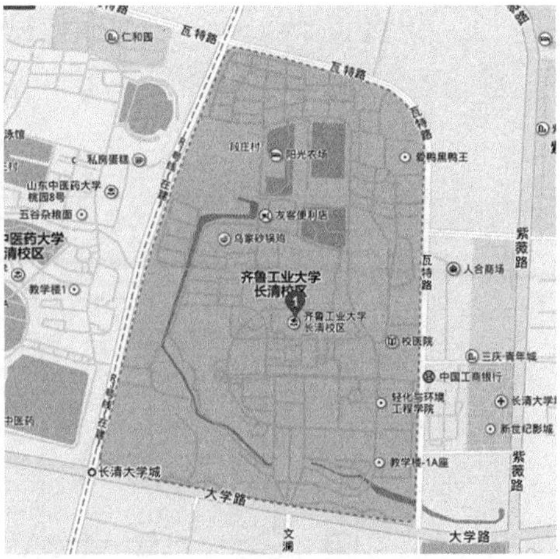

图 5　站点地图

3. 站点布局图

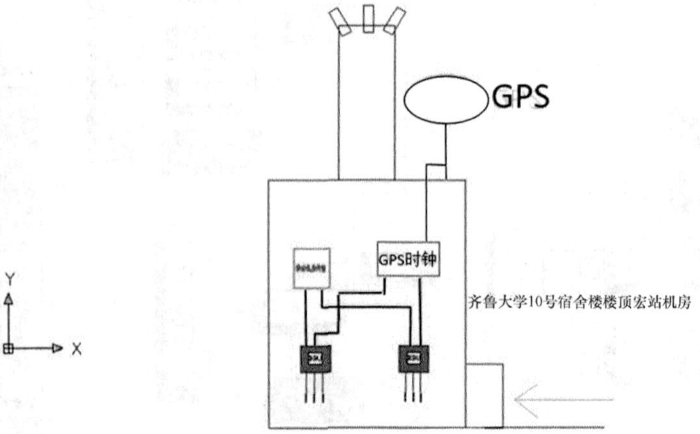

齐鲁大学10号宿舍楼宏站机房BBU安装拓扑图

图 6　宿舍楼楼顶宏站

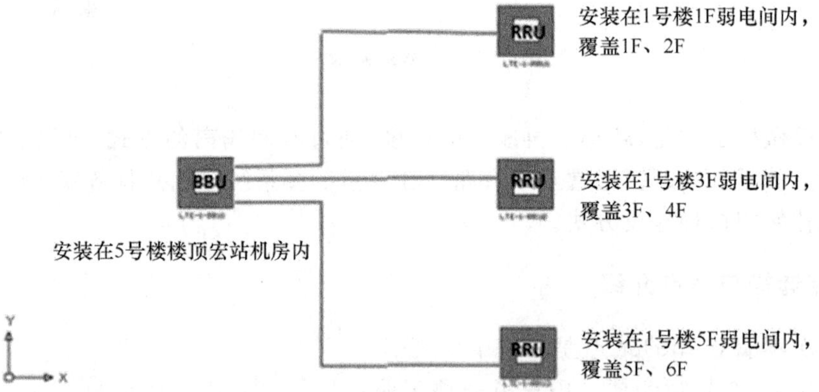

图 7　BBU 与 RRU 的连接

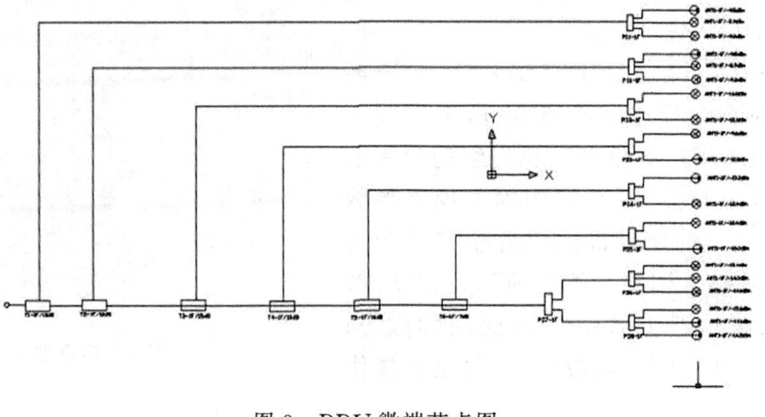

图 8　RRU 微端节点图

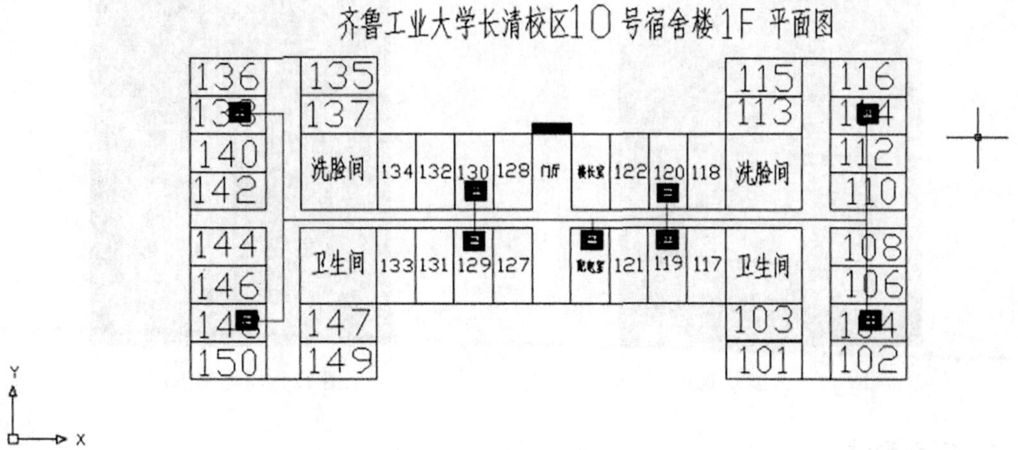

图 9　1F 节点布局图

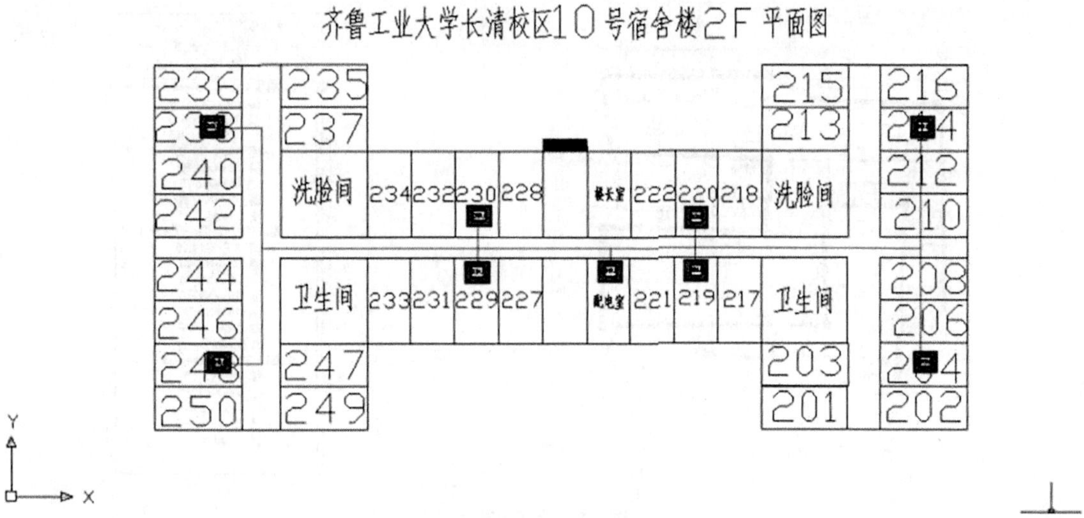

图 10　2F 节点布局图

四、TD-LTE 室内分布系统验证

在周五的时候，调研小组前往了中国移动济南分公司，在相关的工作人员的带领下，进行了一次室分现网数据测试，在海尔时代大厦进行了实际的打点测试，了解到现网中单验的整个过程。

1. 测试站点

因为这座 20 多层的写字楼刚新建不久，内部所有的 LTE 室分设备也是刚刚搭建，但是信号的质量如何还不清楚，于是我们就随同工作人员一起来到了这座大厦进行了打点测试。测试的结果是符合移动公司的要求的。

图 11　大厦外观图

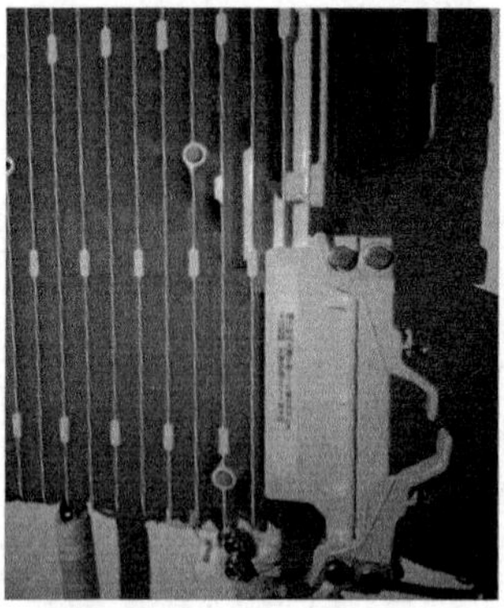

图 12　弱电室 RRU

2. 打点测试

我们在相关工作人员的指导和帮助下，进行了实际的打点测试。

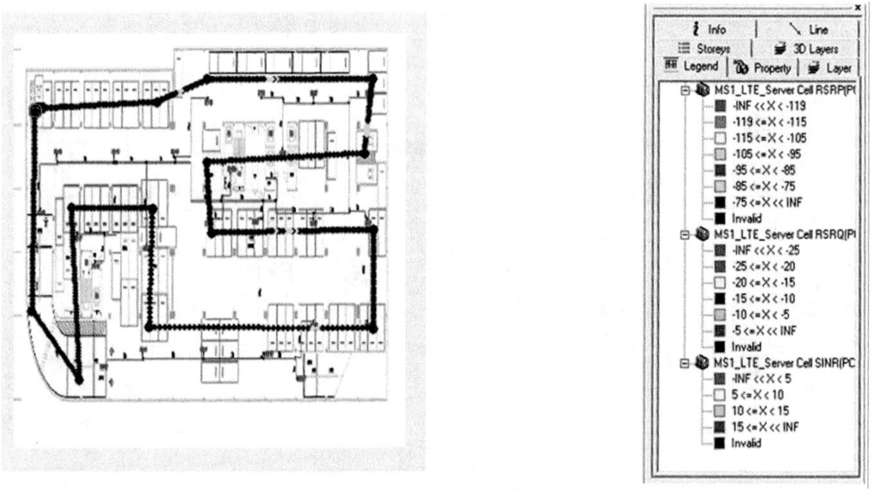

图 13　单验图片

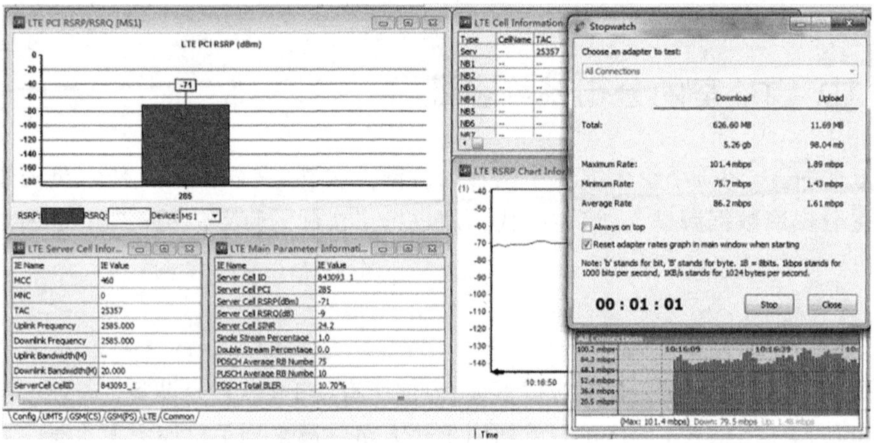

图 14　测试数据图

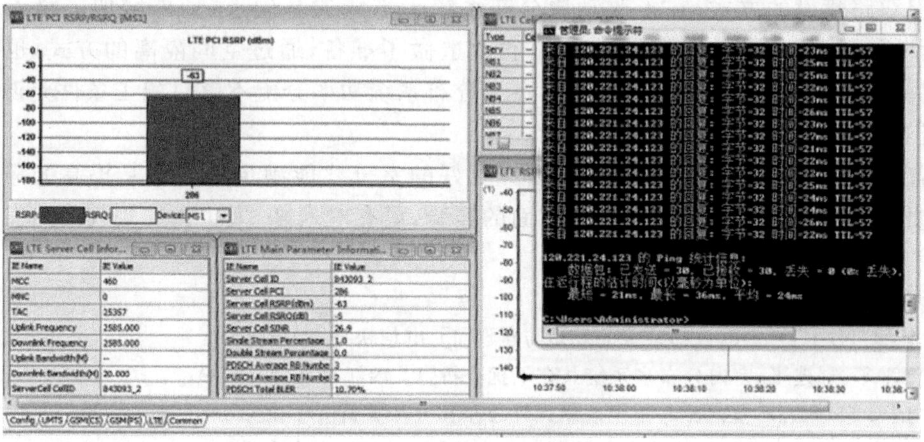

图 15　测试数据图

3. 测试结果

基站参数(工程)	规划数据	实测数据	验证通过
经度（度）	117.0609	117.061241	通过
纬度（度）	36.64974	36.650219	通过
TAC	21679	21679	通过
eNodeBID	817516	817516	通过

小区参数（工程）	LEZ010A731S1_海尔时代大厦(B3F至8F)-燕子山庄		
	规划数据	实测数据	结果
小区载波配置	01	01	一致
小区ID(Cell ID)	1	1	一致
PCI	276	276	一致
频段	E	E	一致
主频点	2330	2330	一致
小区带宽	20M	20M	一致
根序列	348	348	一致
子帧配比	SA2	SA2	一致
特殊子帧配比	SSP6	SSP6	一致

小区参数（网优）	LEZ010A731S1_海尔时代大厦(B3F至8F)-燕子山庄		
	规划数据	实测数据	结果
经度	117.0609	117.061241	一致
纬度	36.64974	36.650219	一致
RsPower(dBm)	9.2	9.2	一致
PDCCH符号数	3	3	一致
PA	-3	-3	一致
PB	1	1	一致
VOLTE开关	开启	开启	一致
SRVCC开关	开启	开启	一致
语音业务A2启动门限	-110	-110	一致
语音业务B2触发门限	-116	-116	一致

图 16　数据图

测试的结果和我们工程预期相比较，各项数据指标均达到了要求。说明在该楼宇中建设的 TD-LTE 室内分布系统是完全符合要求的。

五、总结与感悟

为了满足无线网的带宽、容量、速率等规划指标，遵从室分建设一体化、异频组网、节约成本等原则，本次我们的站点选择 MIMO 双流覆盖，双路建设的方案。虽然 MIMO 双流覆盖的改造工程量较大，但是由于站点的数据需求量较大，这样可以更好地满足业务速率需求。采用双路建设的方式，在不改动原分布系统天馈线的基础上，额外增加一路天馈线系统，虽然增加了施工难度，但是，为之后的再改造做了准备，通过空间隔离的方式，也可以有效的解决多系统合路产生的干扰问题。在原分布系统功率分配不够且施工条件允许的情况下，适当对天线、馈线进行改造。

随着通信系统跨越式的发展，只有研究更好的室分才能满足用户不断提高的需求。本次实培项目带来的不仅仅是工程项目方面的经验，更有对未来、人生方向规划的启发。

参考文献

[1] 李新. TD-LTE室内分部系统的规划与建设[J]. 电信快报，2012(10).

[2] 潘平平，刘建飞. 室内分布多系统共存干扰分析[J]. 内江科技，2013(3).

[3] 汪颖. TD－LTE室内分布系统规划设计思路和方法解析[D]. 北京：北京邮电大学，2014.

[4] 王永斌. TD-LTE网络优化方法的研究和实施[D]. 济南：山东大学，2016.

[5] 王浩. TD-LTE网络优化研究[D]. 南京：南京邮电大学，2016.

作者简介

曹路生，本科生，就读于北京信息科技大学信息与通信工程学院通信1401班。

杨鑫鑫，本科生，就读于北京信息科技大学信息与通信工程学院通信1401班。

杨思豪，本科生，就读于北京信息科技大学信息与通信工程学院通信1405班。

李晗禹，本科生，就读于北京信息科技大学信息与通信工程学院通信1405班。

袁诗洋，本科生，就读于北京信息科技大学信息与通信工程学院通信1502班。

李学华，女，教授，研究生导师，北京信息科技大学信息与通信工程学院副院长，北京高校电子信息专业群协作委员会委员，长期从事信息通信类专业的教学与科研，多次获得北京市及国家级教学成果奖。

基于 TD-LTE 无线通信系统干扰排查的研究与实现[①]

陈嘉罍　赵效佑　孔德鹏　钱江宇　曹晏卿　李学华
（北京信息科技大学信息与通信工程学院，北京，100101）

摘　要：如今，全球处于信息技术飞速发展的时期。TD-LTE 无线网络的产生是无线通信技术改革和创新的必然结果。因此，对 TD-LTE 无线网络规划和优化的研究具有重大的意义。本文主要对干扰的排查流程、干扰的确认及解决方法进行了相关的研究。对于互调干扰、阻塞干扰、LTE 内网干扰、杂散干扰、外部干扰分别进行了进一步的研究。最后，论文通过部分工作实例对本文研究的几种 TD-LTE 干扰排查方法进行验证，同时也分析了几种方法的局限性以及对运营商现网运行带来的影响，确保几种干扰排查方法可应用于实际工作中。

关键词：LD-LTE　无线通信　干扰排查

Research and Implementation of Interference Investigation Based on TD-LTE Wireless Communication System

Chen Jialei，Zhao Xiaoyou，Kong Depeng，Qian Jiangyu，Cao Yanqing，Li Xuehua
（School of Information and Communication Engineering，Beijing Information Science and Technology University，Beijing，100101）

Abstract：Today，the world is in a period of rapid development of information technology. LTE wireless network has been the inevitable result of the reform and innovation of wireless communication technology. Therefore，the research of LTE wireless network planning and optimization is of great significance. The interference investigation process，interference confirmation and solution were studied in this paper. Further research is carried out on intermodulation interference，blocking interference，LTE network interference，stray interference and external interference. Finally，the TD-LTE interference investigation methods are validated by using some work examples. Meanwhile，the limitations of these methods and the impact of the operators network are analyzed，to ensure that these methods of interference investigation can be applied to the work practice.

Key words：TD-LTE　wireless communication　interference investigation

一、项目背景

经过四代的发展，无线通信网络的功能从第一代的语音通话发展到现在丰富多彩的数

① 项目来源类别：2017 年“实培计划”大创深化项目。

据业务，这使得用户已经越来越离不开无线通信。在以移动互联网和大数据为主导的时代，用户对于数据传输量的依赖也与日增强。TD-LTE是第四代移动通信技术中一种重要的通信标准与技术，伴随着其协议标准的制定，将带来相关产业链的成熟以及推动移动互联网的飞速发展。

在移动通信网络中，保证业务质量是最基本的要求，而业务质量的好坏取决于是否能使用干净的频谱，即所使用的频段没有被其他系统占用或干扰。否则受干扰的系统性能将会下降，同时也会给终端用户的使用感受带来较大的负面影响。因此，TD-LTE系统干扰情况是在TD-LTE网络部署过程中必须要考虑的关键因素之一。

本文我们提出了基于TD-LTE无线通信系统干扰排查的研究，尝试去探究干扰的来源以及排查的方式方法。我们从干扰排查的流程、干扰的确认及相应的解决方法出发，对于互调干扰、阻塞干扰、LTE内网干扰、杂散干扰、外部干扰分别进行了进一步的研究。

二、干扰分类及排查流程

1. 干扰分类

干扰的产生原因是多种多样的，因此首先要对干扰进行分类以便于有针对性地对不同种干扰进行探究与解决。

现网中存在着2G/3G/4G基站共存的情况，产生系统间干扰的概率大幅提升，同时不同运营商建设的基站之间也会产生干扰。在现有的TD-LTE基站中，已发现存在着包括2G/3G小区对TD-LTE小区的阻塞、互调和杂散干扰在内诸多干扰，此外还有其他无线电设备，如信号屏蔽器带来的外部干扰，常见的情况如表1所示。

表1 TD-LTE各频段上行容易受到的干扰

TD-LTE频段	容易受到的干扰
F频段 (1880～1900 MHz)	GSM900/GSM1800系统和PHS系统带来的阻塞干扰 GSM900系统带来的二阶互调干扰 GSM1800系统和1.8FDD-LTE系统带来的杂散干扰 PHS系统、手机信号屏蔽器和其他电子设备带来的外部干扰 因基站过覆盖带来的LTE网内干扰
D频段 (2575～2635 MHz)	GSM900/GSM1800系统带来的阻塞干扰 800M Tetra系统和CDMA800 MHz系统带来的三阶互调干扰 手机信号屏蔽器和其他电子设备带来的外部干扰 因基站过覆盖带来的LTE网内干扰
E频段 (2320～2370 MHz)	GSM900/GSM1800系统带来的阻塞干扰 WLAN AP带来的杂散和阻塞干扰 手机信号屏蔽器和其他电子设备带来的外部干扰 因基站过覆盖带来的LTE网内干扰

TD-LTE 干扰分为系统内干扰和系统外干扰，其中系统内干扰有交叉时隙干扰、GPS 失步干扰、远距离同频干扰、小区间同频干扰以及一些可能的设备故障等。系统外干扰以干扰源分为由无源器件产生和有源 RRU 产生；以干扰频带分为同频干扰和异频干扰；以干扰机理分为杂散干扰、阻塞干扰、互调干扰等；从干扰存在的频段来看，各频段可能存在的干扰情况如表 2 所示。

表 2　各频段可能存在的干扰

<table>
<tr><th>TD-LTE 频段</th><th>阻塞干扰</th><th>杂散干扰</th><th>互调干扰</th><th>外部干扰</th><th>LTE 网内干扰</th></tr>
<tr><td>F 频段</td><td>PHS 系统</td><td>GSM1800
系统
1.8FDD-LTE 系统</td><td>GSM900
系统</td><td>PHS 系统</td><td rowspan="3">基站
过覆盖</td></tr>
<tr><td>D 频段</td><td>GSM900
系统
GSM1800
系统</td><td>—</td><td>800M Tetra
系统
CDMA800 MHz
系统</td><td rowspan="2">手机信号屏蔽器
及其他电子设备</td></tr>
<tr><td>E 频段</td><td>WLAN AP</td><td>WLAN AP</td><td>—</td></tr>
</table>

2. 干扰排查的流程

(1) 干扰问题的获取

一般情况下，干扰排查有两个思路，用户的投诉和后台数据跟踪。当指标差、网元、网络配置都正常时，就要怀疑有干扰的存在，然后进行干扰的排查，先去分析定位，然后到实际考察，最后去确定问题，采取合理地措施。线网的扫频仪和网管后台是通常采用的排查干扰的手段。可以很直观的通过图的形式来展示信号的优良。

(2) 干扰排查的流程及流程图

① 根据扫频仪监测数据异常区域、后台监控数据异常区域或客户投诉区域，提取全网 PRB 干扰值，筛选存在干扰的小区；

② 根据实时跟踪 PRB 干扰波形，初步判断干扰类型；

③ 由于 DCS1800M 和 GSM900M 产生的杂散，谐波均为固定频率的干扰，所以可以通过更改 LTE 小区的中心载频来确定是否为固定频域上的干扰；

④ 将怀疑为 DCS1800M 和 GSM900M 干扰的小区，对 2G 站分别进行闭解，并实时跟踪 PRB 干扰波形，观察是否有变化；

⑤ 对非共址 2G 站引起的干扰进行天面勘察和现场扫频，观察是否有天线对打，隔离度不够的情况；

⑥如果隔离度足够且现场扫频无外部干扰源，则判断为硬件原因。

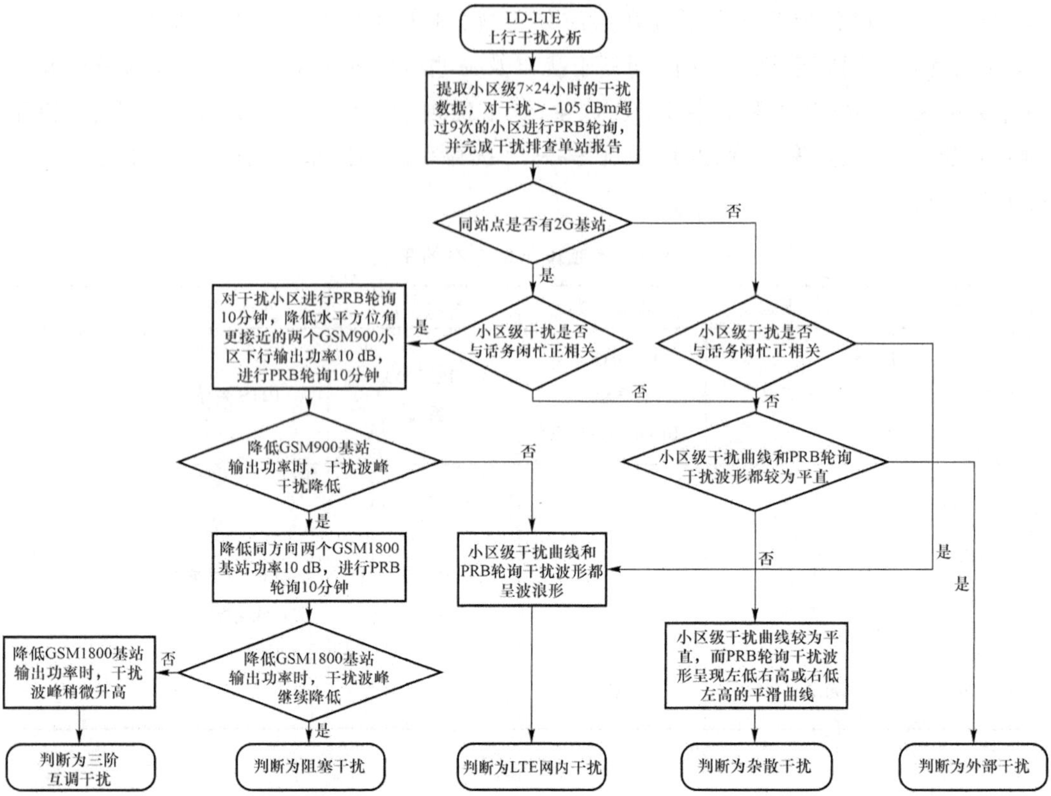

图 1　干扰排查的流程框图

三、干扰的分类

1. 互调干扰

(1) 形成机理

当两个或多个不同频率的信号通过非线性电路时，将出现多个频率的线性组合，我们称之为互调产物。当这些互调产物与接收机的有用信号频率相同或相近时会顺利通过接收机，这种现象称为互调干扰。只要在接收机接收频段范围内出现多次谐波，则互调干扰可称为相应谐波阶数的互调干扰，二阶，三阶甚至更高阶的互调干扰是普遍存在的，但三阶互调干扰的影响最为严重，所以此处仅讨论三阶互调干扰。

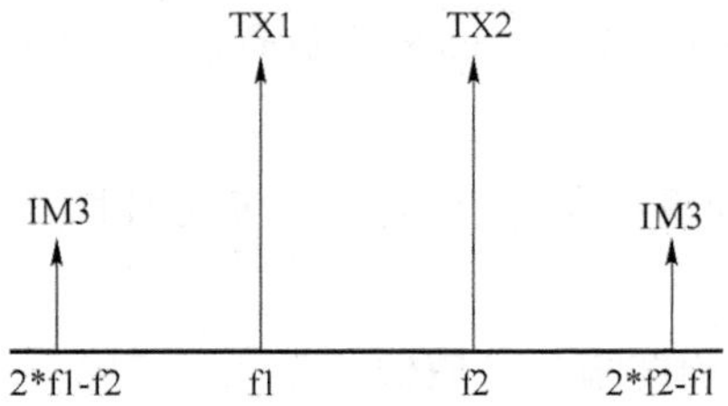

2　单音信号三阶互调产物频率分布图

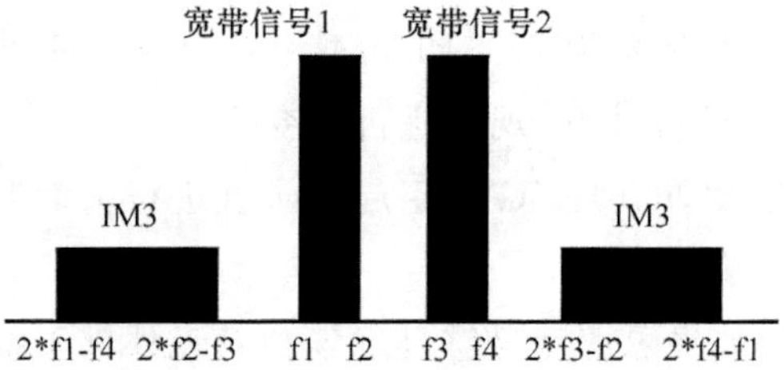

图 3　宽带信号三阶互调产物频率分布图

三阶互调是指当两个信号在一个线性系统中，出现了一个信号的二次谐波与另一个信号的基波混频后所产生的寄生信号。具体来说，以图 2 为例，这是单音信号三阶互调产物频率分布图，当满足特定频率关系（即满足 2 * f1-f2，2 * f2-f1 落入频段内）的两个 GSM900 信号同时发射时，1 880～1 920 MHz 频段内会出现三阶互调产物，若 GSM900 天线互调指标较差，将会产生明显的互调干扰，TD-LTE 基站灵敏度大大降低。图 3 为宽带信号三阶互调产物频率分布图，分析方法同上。

（2）干扰特征

互调干扰一般是由附近的无线电设备发射的互调信号落在 TD-LTE 基站接收频段内而造成的。其干扰特点如下：

① 小区级干扰与 2G 话务大小有明显关系，话务忙时干扰大；

② 2G 小区天线与 TD-LTE 小区天线隔离度越小，干扰越严重。干扰呈现的特点是有多个干扰凸起点，即对应的频率与同一扇区的 GSM900 小区频点产生的互调。

（3）解决方案

互调干扰整治方法有以下 3 种：

① 通过计算得出互调的 GSM900 频点，修改频点。

② 对于基站设备和器件检查分析，包括天线、馈线接头等关键位置的接触问题，老化问题。找出有问题的设备和器件，将其进行更换，使其具有良好的互调抑制功能。

③ 增加系统间的隔离度，将干扰源基站位置升高，增加干扰基站的天线高度，增加垂直隔离和水平隔离，并使方向角错开（一般增加垂直隔离距离方式好于增加水平距离），但如果空间资源有限，此方法并不适宜。

2. 阻塞干扰

（1）形成机理

阻塞干扰，是指当接收机接收到信号时，强干扰信号与有用信号同时存在，强干扰信号使得接收机中的分布参数原件的非线性器件达到饱和，产生非线性失真。只有有用信号，在信号过强时，会产生振幅压缩现象，而当信号强度达到一定数值时，也会产生振幅压缩的现象，严重时会阻塞。产生阻塞的主要原因是器件的非线性，特别是引起互调、交调的多阶产物，同时接收机的动态范围受限也会引起阻塞干扰。

阻塞会导致接收机无法正常工作，长时间的阻塞还可能造成接收机的永久性性能下降。

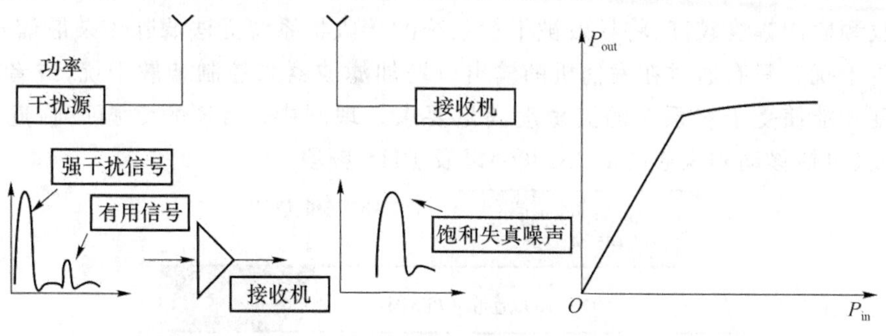

图 4　阻塞干扰形成机理

从图4中可以看出：当输入信号功率处于较低区间时，输出与输入关系成线性，而当强干扰信号和有用信号一起加入时，器件工作在饱和区，此时输入和输出不再呈线性关系。

（2）干扰特征

阻塞干扰的特点：

① 小区平均干扰电频跟干扰源话务关联越大，干扰源话务越忙时，TD-LTE干扰越大。

② 干扰基站天线与TD-LTE小区天线隔离度越小，干扰越严重。当然仅仅通过工参信息无法得知系统间天线隔离度大小，但可以从天线高度和天线水平方位角大致了解天线隔离度。

③ PRB级干扰呈现的特点是PRB10之前有一个明显凸起，凸起的PRB后没有明显的干扰波形。

阻塞干扰的确认方法：

① 将同一基站的相同及相邻扇区GSM900/1800基站功率降低20 dB以上，再对受干扰TD-LTE小区，进行前后各一段10分钟左右的PRB进行轮询，可以确认阻塞干扰。

② 在实际情况中，可以同时降低与LTE基站相邻2个GSM小区的功率，来减少现网工参数据中天线方位角带来的误差。

（3）解决方案

① 移频。根据阻塞干扰产生的原理，针对滤波器型号为中频滤波器的射频终端，可通过移频将强干扰信号撇除在射频接收之外。

② ATT（VGA）衰减。对存在阻塞干扰的单模站点，如果受干扰程度不是很严重，可以采取ATT或VGA衰减。如果在进行ATT（VGA）衰减过程中，小区的RTWP产生突变现象，即可说明小区受到了阻塞干扰。

③ 加装陷波器。通过加装陷波器（窄带滤波器，也称带阻滤波器），使现场的强干扰信号衰减到合理程度，从而使射频接收内的总接收信号低于阻塞干扰的门限值。

④ 关闭干扰源。在疑似干扰源关闭后小区RTWP恢复正常，即可证明小区受到了阻塞干扰。

3. 杂散干扰

（1）形成机理

杂散干扰的产生是由于一个系统的发射频段外的杂散发射落入到另外一个系统的接收频段内造成的。杂散干扰的产生将直接影响到系统的接收灵敏度。如果杂散信号落入的另一系统接收频段内幅度较高，将导致被干扰系统的接收机系统无法滤除该杂散信号，从而对接受机产生干扰。只有通过在发信机的输出口增加滤波器来控制杂散干扰，或者增加系统间的隔离度才能使受干扰系统的灵敏度满足要求。现网中，LTE的F频段临近DCS1800的下行频段（包括移动和联通的DCS1800）以及PHS频段。

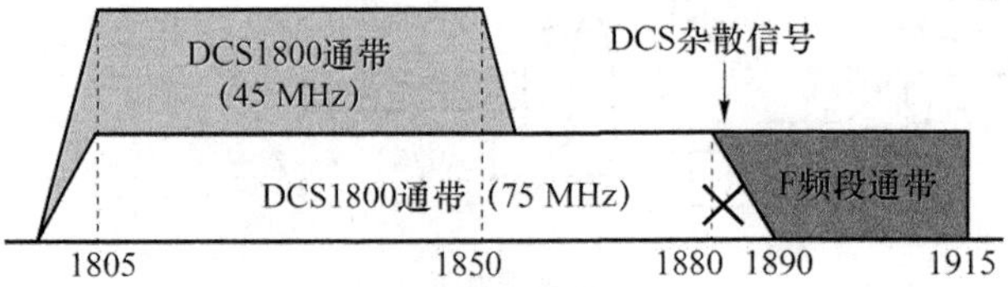

图5 DCS1800杂散干扰示意图

在现网实际排查过程中发现，杂散干扰主要来源于 3 个方面：

① 来源于中国移动 GSM 1 800 MHz 基站的杂散干扰，尤其是国外品牌的 GSM 1 800 MHz 基站由于使用宽带滤波器，下行频段一直到 1880 MHz，很容易对 F 频段的 TD-LTE 基站形成杂散干扰；

② 目前中国电信的 1.8 GFDD-LTE 基站，其下行频段或者到 1 870 MHz，甚至到 1 880 MHz，其杂散也很容易对 F 频段 TD-LTE 基站形成干扰；

③ E 频段(2 300～2 400 MHz)TD-LTE 基站容易受到 WLANAP 的杂散干扰。

(2) 干扰特征

① 小区级干扰的平均干扰电平曲线一般较为平直。

② 当干扰源基站的天线与 TD-LTE 小区的天线隔离度越小时，干扰也就越严重。但是仅通过工参信息是无法得知系统间天线隔离度大小的，但可以通过天线的高度和天线的水平方位角大致估算天线的隔离度。

③ PRB 级干扰呈现的特点是频率靠近干扰源发射频段的 PRB 更容易受到干扰，且干扰电平值呈现左高右低或左低右高的频谱特性。

(3) 解决方案

杂散干扰整治方法有两种：一是为达到降低干扰的目的，可以增大 TD-LTE 基站天线与干扰源基站天线的系统间隔离度，一般采用将水平隔离改为垂直隔离的方式；二可以通过调整干扰源基站的腔体来降低杂散干扰。

当前，中国移动在 F 频段上的 GSM1800 基站的杂散指标普遍较差。为防止有不合格的设备引起杂散干扰，建议新建设的基站全部改用垂直隔离，当垂直隔离度大于 70 dB 时，可以有效地改善中国移动自身 GSM1800 基站引起的杂散干扰。如果由于条件限制无法通过改用垂直隔离消除 GSM1800 基站的杂散干扰，则需要在 GSM1800 基站上安装带通滤波器，当带通滤波器对 F 频段的抑制能达到 50 dB 以上时，就可以使 TD-LTE 基站 F 频段上的杂散信号干扰大幅降低。

4. 外部干扰

(1) 形成机理

外部干扰通常是由当前网络制式之外的干扰源所引起的。比如针对国家重要考试的信号屏蔽，军事上所应用到的屏蔽设备，银行 ATM 机内警用信号干扰装置等。

(2) 干扰特征

① 外部干扰在宏观上呈现连续片状，与离散型干扰有着明显的差别。干扰源会对其周边的多个扇区造成程度不同的干扰。距离干扰源较近的地方往往干扰更强。

② 小区级干扰时段特征不明显，昼夜持续存在，干扰曲线较平直，当然也有部分外部只是偶尔出现。

③ 与干扰源同频的连续多个 PRB 同时受到干扰，并且干扰电平值相似或是相同，是小区 PRB 级干扰所表现的特点。

④ 用 PRB 现场扫频进行实时监测，干扰电平基本不存在跳变，维持在相同的强度。

(3) 解决方案

由于大部分的外部干扰都持续存在，所以一般可以比较顺利地找到干扰源，其中有的干扰源还可以通过协调将其关闭。但是也有一些外部干扰出现频次较低，对于这种干扰往往会给追踪带来一定的难度。

5. LTE网内干扰

LTE系统内干扰主要是同频干扰，包括如帧失步(GPS失步)干扰、超远距离同频干扰、越区覆盖导致干扰(小区同频干扰)、模三干扰等。

(1) 帧失步(GPS失步)干扰

TD-LTE系统的时钟同步要求很高。当一个网络中存在某基站与它相邻的几个基站的时钟不同步，会造成该基站的DL信号被相邻的基站接收到，从而干扰到周围基站的上行接收。如图6所示，A基站与B基站间存在时钟互不同步，此时，A基站的发射信号将会干扰B基站的上行接收。通常基站天线架设在30～40米的高度，相邻的两个基站天线间基本都是视距传播，一个基站的发射信号很容易被其他基站接收到，因而干扰会很严重。

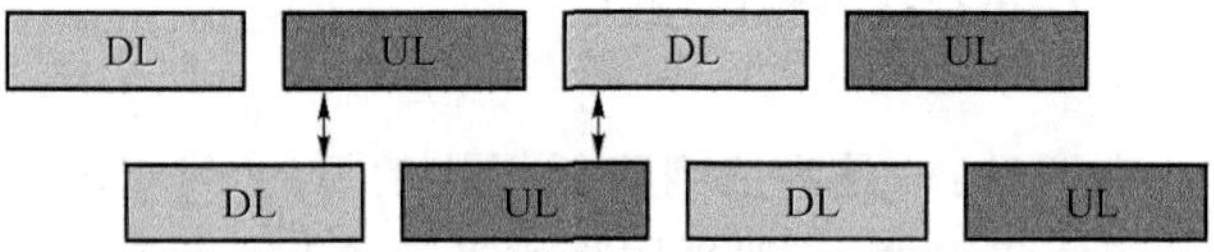

图6 帧失步干扰示意图

现网中GPS也会造成类似的问题。而往往GPS时钟不同步所造成的干扰，影响会更严重，且影响范围更广。严重时，在GPS失步基站周围的一大片基站都会受到干扰，导致这些基站覆盖范围内的UE无法承载业务，严重的甚至在基站下RSRP很好的情况下，UE都无法入网。GPS失步可能是由于GPS安装不规范，使得无法搜到足够的卫星或是GPS受到了干扰，也有可能是星卡异常等。

(2) TDD超远距离同频干扰

由于干扰站和被干扰站之间的无线传播环境非常好，可以等效为自由空间。经过远距离传播的站点信号到达被干扰站点时，由于无线传播环境良好，使得衰减并不会很多，同时由于传播过程中存在时延导致干扰站的DwPTS与被干扰站的UpPTS对齐(严重的甚至会落到被干扰站的上行子帧)，从而导致干扰站的基站发对被干扰站的基站收的干扰。

当存在TDD超远干扰时，可能会出现的问题：在存在干扰的小区边缘，UE无法进行随机接入；UE无法从相邻小区切换到存在干扰的小区；干扰严重时会导致下行业务和上行业务的速率大幅下降。TDD超远干扰是一种存在于基站间的干扰，这种干扰可能出现在所有TDD系统中。

通过上行频谱特征区分：上行频谱UpPTS功率异常抬升，上行子帧各符号的异常频谱。通过CHR区分：UpPTS的IN，上行子帧symbol0和symbol6，上行子帧symbol0和symbol12的功率。

(3) 越区覆盖(小区间同频干扰)

越区覆盖是指小区的实际服务范围过大，在间隔一个以上的基站后信号电平的强度仍然足够手机驻留、切入或对远处小区产生严重干扰。基站的天线方位角、下倾角等不合理会造成实际小区服务范围偏大，从而产生越区覆盖。越区覆盖会导致网络存在干扰、掉话、拥塞、切换失败等影响。

(4) 模三干扰

PCI 即物理小区 ID,是 LTE 系统中终端区分不同小区的无线信号标识(类似 CDMA 制式下的 PN)。PCI 和 RS 的位置存在一定的映射关系,相同 PCI 的小区,其 RS 位置相同,在同频情况下会产生干扰。

在同频组网、2×2MIMO 的配置下,eNodeB 间时间同步,PCI 模三相等,意味着 PSS 码序列相同,因此 RS 的分布位置和发射时间完全一致。LTE 对下行信道的估计都是通过测量参考信号的强度和信噪比来完成的。因此当两个小区的 PCI 模三相等时,若信号强度接近,由于 RS 位置的叠加,会产生较大的系统内干扰,导致终端测量 RS 的 SINR 值较低,我们称之为"PCI 模三干扰"。

6. 混合干扰

混合干扰一般是由上述多种干扰混合而形成的干扰,混合种类越多,进行干扰排查时困难越大。混合干扰的整治应遵循"先大后小、先易后难"的原则。遵循"先大后小"的好处是先处理影响较大的干扰后,通过重新评估判定是否需要再处理其他类的干扰;要"先易后难"则是因为有些干扰可能处理起来难度较大,因此通过先处理排查难度小的干扰,有可能使网络情况达到整治标准,从而不需要再处理其他种类的干扰即可满足要求,提高工作效率。

四、现网验证实例

为了对上文中干扰排查所在的分析进行验证与实践,我们前往山东省济南市中国移动分公司参与了工程上的干扰排查的实例,以下为案例细节。

1. 扫频仪的使用

扫频仪是对 TD-LTE 干扰进行排查时最重要的工具。经过数据分析,判断基站是否存在外界干扰,需要对干扰的来源进行定位。测试干扰定位步骤如下。

图 7　案例验证所使用的扫频仪

第一步：通过 Internet 或者运营商了解当地的频谱分配及存在的通信系统，结合采集数据分析，判断可能的干扰源；

第二步：连接测试设备，天线使用增益 10 dB 以上的定向天线（建议使用八木天线，即 YAGI 天线），在站点的天面上，每隔 45°方向测试干扰信号强度，找到干扰最强的方向；

第三步：根据扫描到的干扰信号性质，改变 SPAN 和中心频率设置，进一步分析干扰信号的频谱宽度、分布范围、变化特性和信号强度等；

第四步：如果定位干扰源来自于共天面的其他通信系统，则找到干扰源，否则进入下一步；

第五步：根据在测试站点找到的干扰最强方向，驱车通过三点定位方法，逐步缩小干扰的范围，最终定位到干扰源。在每一点，按照第三步中确定的 SPAN 和中心频率，设置频率仪的参数，扫描各个方向的干扰信号强度，找到干扰最强的方向。三点定位干扰示意图如图 8 所示。

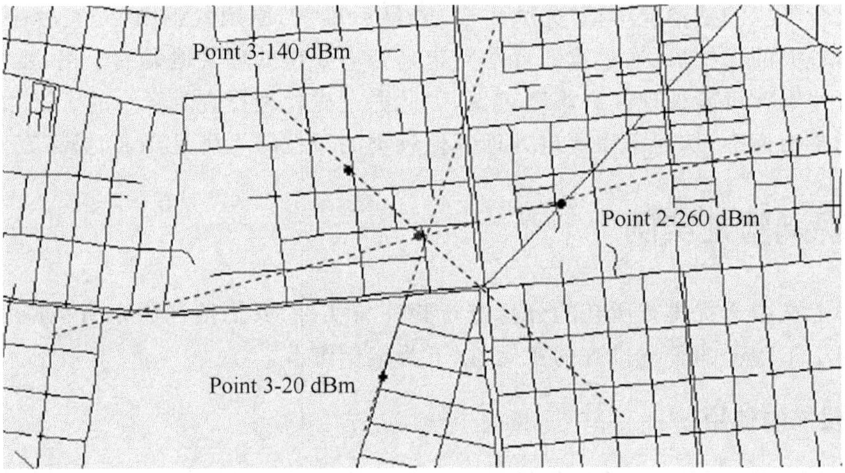

图 8　三点定位干扰示意图

2. 案例 1

存在外部强干扰导致 LTE 小区 RRC 连接建立成功率低于三级门限。

监控发现某小区 5 月 1 日出现 RRC 连接建立成功率低、接通率，掉线率、切换成功率同时变低，核查本站点与周边站点同时存在强干扰，指标较差。通过干扰波形分析，本站与周边基站干扰波形为整体抬升，怀疑周边存在同频段外部干扰源导致，干扰较强，安排人员进行现场扫频测试，确定干扰源位置，解决干扰问题。干扰排查过程如下：

① 干扰情况：长清审计局 1、2 小区，LDZ016574R_长清房管局－长清执法局 1、2 小区均有干扰，干扰值在－100 dBm 左右；

② 现场情况：现场用扫频仪对附近区域进行全面排查，当扫到一处空气质量检测的设备时，底噪明显提升，提升至－90 dBm 左右；

图 9　案例 1 现场图片

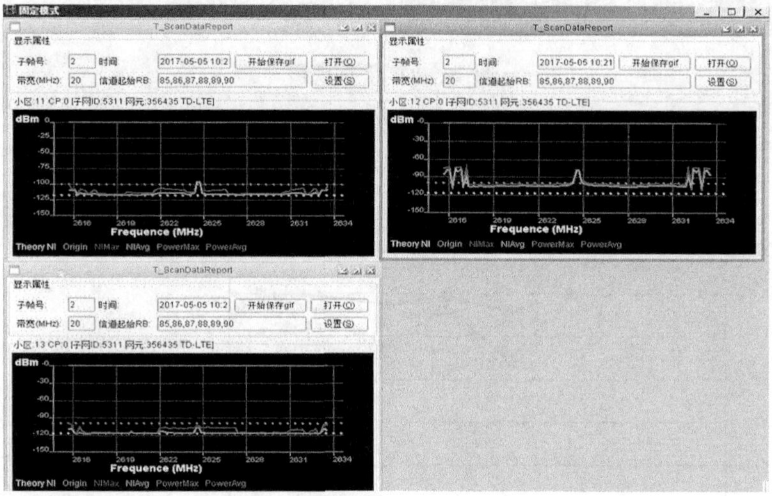

图 10　D1 干扰波形

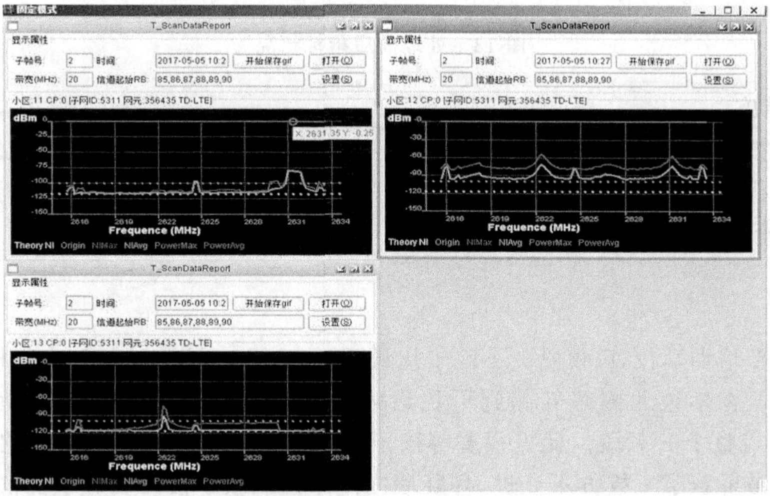

图 11　D2 干扰波形

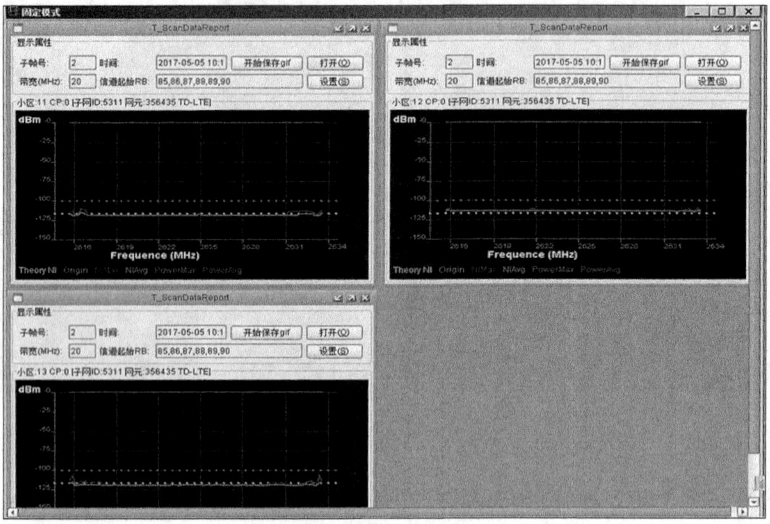

图 12　D3 干扰波形

处理前后指标情况：

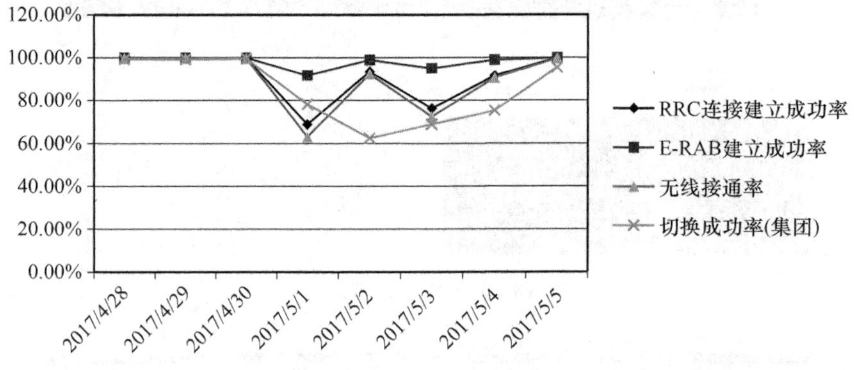

图 13　处理前后指标情况

③ 解决措施：

通过现场扫频测试发现干扰源为空气质量检测设备暂时无法拆除，尝试通过更改频段暂时规避该干扰源。先后尝试修改 D2、D3 频段，修改为 D2 频段时干扰波形仍为整体抬升，修改为 D3 时干扰平稳，指标恢复正常。

3. 案例 2

省职工干部培训学校，F 频段 1 小区干扰最强 −83 dBm，该基站与济南甸柳第一小学只相隔一条马路。在学校北侧墙外测到干扰最强，底噪抬升至 −70 dBm，干扰带宽 1 800～1 920 MHz，覆盖整个 F 频段。此处很多等孩子的家长也反映，近 10 天来感觉移动、电信信号在这片区域被屏蔽了。校方不让进，怀疑墙内停车位或教学楼内装有干扰仪。

图 14　案例 2 现场图片

4. 案例 3

长清区山东联合大学东北角 3 小区 F 频段干扰，干扰电平－110 dBm。在该区域进行反复遍历扫频，发现一处小旅馆门口干扰最强，干扰强度达到－90 dBm。进入旅馆，在一楼发现一个华三无线路由器，将路由器断电后，后台监测该小区干扰降至－118 dBm，将路由器开启后，干扰又升至－110 dBm。已与业主协商更换路由器。

图 15　案例 3 现场图片

五、总结

本论文首先介绍了 TD-LTE 干扰的研究现状，然后研究分析了 TD-LTE 系统的关键技术、干扰产生原因、干扰排查及优化措施等。从干扰源出发，详细的分析了 TD-LTE 系统内干扰、系统间干扰及各类干扰的排查流程和解决手段，并在此基础上进行了实际操作，完成了干扰排查和优化的案例，综合全文及做出的工作，可得出以下结论；

本文介绍了 TD-LTE 干扰排查的背景和分类，总结最新的研究和技术手段，介绍了 TD-LTE 的主要干扰原因，并就各类干扰产生原因进行了描述。

由于 TD-LTE 是同频组网，因此如何有效抑制系统内干扰极为重要，本文针对 TD-LTE 系统内干扰进行了分析，系统内干扰在建设网络规划阶段就必须要有一定的措施，有效地降低 TD-LTE 网络底噪。

在已建成的 TD-LTE 系统中，针对基站干扰建立有效的干扰排查流程，分别对 TD-LTE 各个频段常见干扰、干扰排查和优化手段进行了分析，提升了干扰排查效率，能有效应用在实际网络工作中。

结合现网中的案例，遵循本论文对干扰排查提出的处理流程及解决方案，实现了对现网中干扰的排查，验证了本文所提出的处理方式的合理性以及有效性。

对TD-LTE的干扰排查是一个复杂的过程，不仅需要技术上的分析与解决，还需要考虑干扰源的产生来源，如其他运营商的基站、特殊场合下开启的屏蔽仪、其他机构或个人拥有的设备等都有可能产生干扰，在排查时，综合考虑环境、成本、法律、社会伦理等来解决实际问题是必要且必需的。

参考文献

[1] 程远星. TD-LTE网络干扰分析排查及优化[D]. 南昌：南昌大学，2015.

[2] 颜炳旭. LTE网络模三干扰的优化研究[D]. 长春：吉林大学，2016.

[3] 徐东方. LTE网络优化技术的研究[D]. 南京 ：南京邮电大学，2016.

[4] 杨涛. 浅谈扫频仪在LTE网络优化工作中的应用[J]. 移动通信，2013(Z1)：78-81.

[5] 贝定国. LTE覆盖干扰分析及优化[J]. 科技创新与应用，2016(36)：90.

[6] 王永斌. TD-LTE网络优化方法的研究和实施[D]. 济南：山东大学，2016.

[7] 王浩. TD-LTE网络优化研究[D]. 南京：南京邮电大学，2016.

[8] 孙大伟. TD-LTE干扰排查方法研究[D]. 兰州：兰州交通大学，2016.

[9] 韩玉楠. TD-LTE系统干扰处理技术研究[D]. 北京：北京邮电大学，2011.

[10] 叶琳. LTE中的频率规划及干扰问题探讨[D]. 广州：华南理工大学，2015.

[11] 陈霞. TD-LTE与WLAN系统干扰研究[J]. 电信科学，2012(03)：91-98.

[12] 区林波. LTE的干扰分析[J]. 信息通信，2014(01)：202.

[13] 郑妍，常时怡. 浅析三阶互调干扰及其计算[J]. 有线电视技术，2013(11)：63-65.

[14] 程哂. TD-LTE系统同频干扰和组网方案的研究与应用[D]. 北京：北京邮电大学，2012.

[15] 边晶莹. TD-LTE与TD-SCDMA系统共存干扰研究[D]. 西安：西安电子科技大学，2011.

[16] 王静. LTE与无线通信系统干扰共存和干扰管理研究[D]. 北京：北京邮电大学，2011.

作者简介

陈嘉壘，男，本科生，就读于北京信息科技大学信息与通信工程学院，先在中瑞典大学电子设计学院交流。

赵效佑，男，本科生，就读于北京信息科技大学信息与通信工程学院。

孔德鹏，男，本科生，就读于北京信息科技大学信息与通信工程学院。

钱江宇，男，本科生，就读于北京信息科技大学信息与通信工程学院。

曹晏卿，男，本科生，就读于北京信息科技大学信息与通信工程学院。

李学华，女，教授，研究生导师，北京信息科技大学信息与通信工程学院副院长，北京高校电子信息专业群协作委员会委员，长期从事信息通信类专业的教学与科研，多次获得北京市及国家级教学成果奖。

基于 OpenStack 的企业级云计算平台设计与实现①

张茜岚　张哲彬　夏立超　黄子岩　张成杰　张月霞　安旭东

（1. 北京信息科技大学信息与通信工程学院，北京，100101；

2. 北京中兴协力科技有限公司，北京，100044）

摘　要：由于云计算在安全性保障、按需服务、资源效用比等方面的显著优势，使得云计算成了近些年以来相当热门的研究课题。当前市场现存的云盘如：百度云盘、阿里云盘等由于商业机密等原因使其处在非开源环境中，不能及时地与企业的不同需求所对接。本文介绍了一种结合 Web 前端开发，通过 API 接口，打造适用于中小型企业的云存储平台客户端的方案与该存储平台的运行机制。该平台允许使用者通过修改代码来搭建不同大小、不同访问需求的云存储平台；社区开发模式这一特点使得其拥有强大的共享性，各个用户可在其中交流探讨有关源码的相关问题。本文所做的研究可以为相关理论分析和实际应用提供参考。

关键词：OpenStack　云计算平台　Web 前端　云存储

Research and Design of Enterprise Cloud Computing Platform Based on OpenStack

Zhang Qianlan，Zhang Zhebin，Xia Lichao，Huang Ziyan，
Zhang Chengjie，Zhang Yuexia，An Xudong

（1. School of Information and Communication Engineering，Beijing Information Science and Technology University，Beijing，100101

2. Beijing ZTE-CE Technology Co.，Ltd.，Beijing，100044）

Abstract：Due to the prominent advantages of Cloud Computing in security assurance，on-demand service and resource utility efficiency，it has become a hot research topic these days. Several Cloud Storage services in the current market，such as Baidu Yun and Ali Yun，are close-sourced，due to their involvement with their commercial secrets. Thus，it cannot meet different needs of companies. This essay introduces a small and medium-sized enterprise-oriented cloud storage platform，which is based on OpenStack platform，Web Front-end Development and API interface. The platform allows users to create Cloud Storage platforms that have different rooms or can meet different needs by altering its source codes. The community development model makes its shareability more powerful，so that every user can discuss source code related problems with each other. The research mentioned in this essay can provide reference for theoretical analysis and practical application.

---

①　项目来源类别：2017 年实培计划毕业设计创业型项目。

Key words:OpenStack Cloud computing platform Web front end Cloud storage

一、引言

云存储技术在移动互联网技术的飞速发展下也得到迅猛地发展。它不仅能够有效地保证数据的安全性、存储的高效性并能够节约大量的存储空间,并且可以有效地降低单位存储的费用。与云存储和云计算有关的研究也逐渐地变成目前的热点和趋势。当前市场现存的云盘如:百度云盘、阿里云盘等几乎都是由几家大公司所生产,虽然其满足了企业用户当前的大部分需求,但是,由于其代码皆非开源,只能在企业内部进行调整、修改、重译,不能及时地对于所有的个人或公司在新的技术、商业要求等更加细化的条件即时地做出反应。本文所论及的基于 OpenStack 的企业级云存储平台,就是一个完全开源的云计算平台,使用者可以随时根据自身需求通过修改代码来满足特殊的、新生的需要,并给予执行并完成修改用户所有的版权。其具备十分强大的社区开发模式,个人或企业用户都可以自愿参与到其中,共同参与测试开发,贡献、分享代码。

由于云存储的市场规模庞大,国内外已经发展出众多云存储服务提供商,它们面向个人或者企业提供着不一样的存储服务。云计算首先起源于国外,而目前,国外比较著名的云存储服务提供商有亚马逊 Cloud Drive、微软 SkyDrive、Google Drive、i Cloud、Dropbox、Box、Evernote。这些云计算软件和服务提供公司凭借其强大的用户群和计算模式,短短几年内就在商业上带来了重大变革。国内云计算平台的研究和建设也已经从先前的个别院校、城市、机构、企业向全国大多数城市和企业、机构发展。但由于国内企业对云存储的认可度不高,所以这方面依然发展缓慢。

本文所研究的云存储平台是一种结合 Web 前端开发,通过 API 接口,打造适用于中小型企业的云存储平台客户端的方案与该存储平台的运行机制。该平台允许使用者通过修改代码来实现不同大小、访问要求的云存储平台;社区开发模式这一特点使得其拥有强大的共享性,各个用户可在其中得到关于代码等得到交流。

二、云计算概述

云计算是一种按使用量来付费的模式,这种模式可以为用户提供既可用又便捷并且按需求的方式去访问网络。然后用户可以进入一个共享池,在那里计算资源可以重新得到配置(资源包括应用软件、存储、网络服务器、服务),与此同时,这些被需要的资源能够极其快速地提供给用户,而用户只需要进行极少的管理工作,或者可以与服务的供应商不需进行太多地交流。通俗来说,云计算就是:按量使用的交付模式;提供虚拟化资源;通过互联网提供服务。

依照云计算不同特性,它可以划分成不同类型。按照服务的类型可以分为:基础设施即服务(IaaS)、平台即服务(PaaS)、软件即服务(SaaS);按照公开程度的不同,云计算有公有云、私有云、混合云三种。云计算的特点是:可靠性极高、大规模服务器集群部署、强通用性、高度的可扩展性、成本非常低廉、按需服务等。

三、企业级云计算平台的搭建

1. 方案设计

本文主要采用 OpenStack 的 Keystone(身份认证服务)、Swift(存储服务)、Nova(计算服务)三个模块所提供的相应功能来实现企业级云存储服务。其中,本文实现项目主要通过身份认证服务来为各个用户提供登记(Identity 服务)、注册(Catalog)、权限分级(Policy 服务)等服务,通过存储服务(对象存储和网络储存)来实现文件与数据的上传、下载与存储等操作。整个平台是通过计算服务来进行管理与整合。

用户交互方面是采用 Web 网页的方式来供用户进行操作。主要分为功能开发和界面设计两部分,开发环境采用 MyEclipse+JDK,Web 服务软件采用 Apache Tomcat,数据库采用 MySQL,使用 MySQL 数据库存储用户数据。通过 OpenStack 所提供的 API 口与 JavaWeb 前端进行连接与数据交互来显示各种用户需要的信息。图 1 为云存储平台总设计方案。

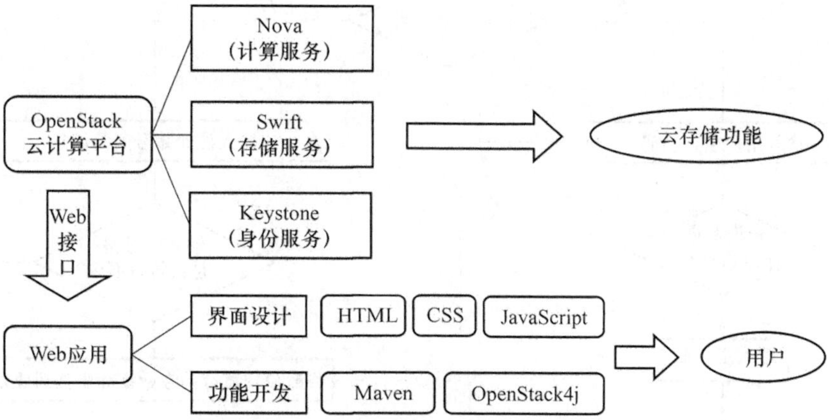

图 1　云存储平台总设计方案

Nova:计算服务(Compute Service),该服务用于:

① 单个的用户(或使用群组)管理虚拟机实例的整个周期,根据用户的需求来提供虚拟服务。

② 负责创建虚拟机等一系列的操作,同时配置 CPU、内存等信息的规格。

Swift:对象存储服务(Object Storage Service),该服务用于:

① 通过内置冗余以及高容错机制,在可扩展大规模的系统中实现对象存储系统,用户可以进行存储或者检索文件。

② 为 Cinder 提供卷备份服务和为 Glance 提供镜像存储。

Keystone:身份服务(Identity Service)为 OpenStack 其他服务提供身份验证、服务规则和服务令牌的功能,管理 Domains、Projects、Users、Groups、Roles。

Web 界面设计:利用 HTML 作为信息模型(Model),CSS 控制样式(View),JavaScript 负责调度数据和展现逻辑(Controller)。HTML(Hyper Text Markup Language 超文本标

记语言），HTML是用来描述网页的一种语言。CSS(Cascading Style Sheets层叠样式表)，样式定义如何显示HTML元素。JavaScript的源代码在运行到客户端之前不需要编译，是一种脚本语言，它是通过浏览器将文本格式的文本发送到浏览器。三者相互协作最终完成Web的前端界面设计工作。

Web功能开发：利用Maven及OpenStack4j进行Web与OpenStack的连接。

Maven：Maven主要用于基于Java的依赖关系的管理，项目的构建和项目信息管理，是Apache组织中的主要的开源项目之一，用MyEclipse开发项目。Maven是解决依赖库的一个非常好用的java工具，将Maven与MyEclipse集成，方便管理Web工程。

OpenStack4j：OpenStack4j是一个类库，提供了针对OpenStack的Web-API。它包含Keystone、Nova、Neutron、Glance、Cinder 、Swift、Ceilometer、Heat的API支持，利用OpenStack4j可以开发OpenStack的客户端应用。

软件流程图如图2所示。

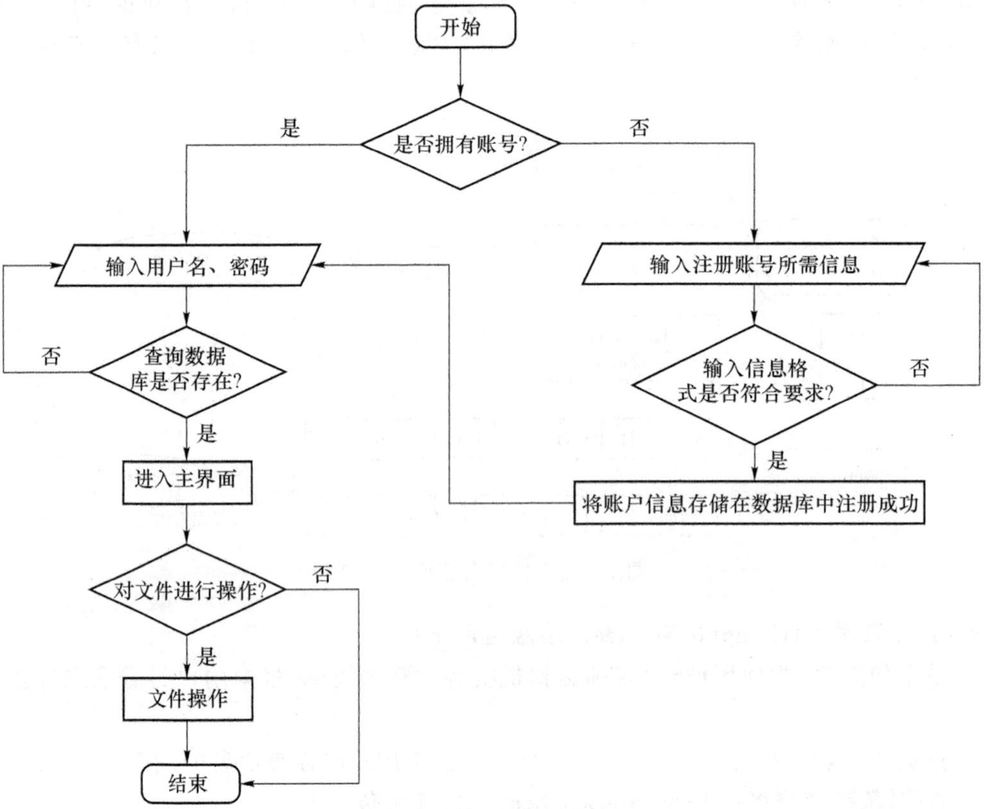

图2 云存储平台软件流程图

2. 云存储平台的实现

本文主要对OpenStack平台三个组件(Nova、Swift、Keystone)的部署进行详细的介绍，其部署流程如图3所示。

OpenStackNova(计算服务)是用来管理和托管云计算系统的。在安装Nova这一服务

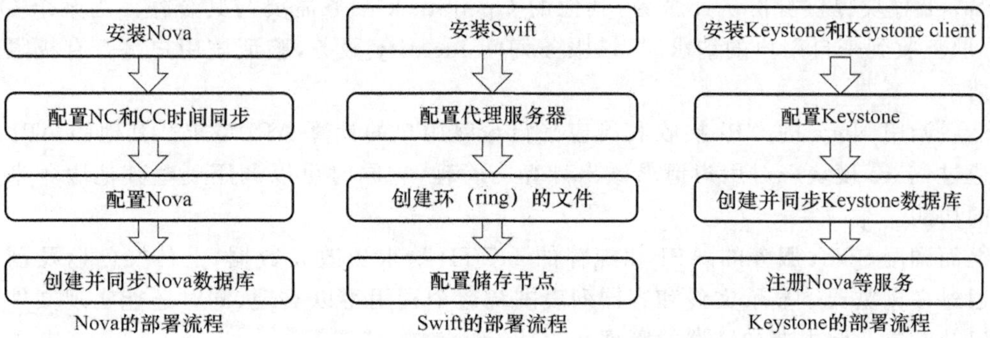

图 3　Nova、Swift、Keystone 部署流程

之前需要确保各计算节点与控制器处于时间同步状态；其次，需要使控制节点成为 NTP（时间同步协议）的服务器，同时对计算节点的 NTP 配置等文件进行修改，以控制节点作为时间同步服务器使用。

OpenStack Swift（对象存储服务）是一个对象存储系统，它拥有多租户同时支持大规模的扩展，并且可用较低的成本来管理大型非结构化的数据。对象恢复和存储可用这一功能实现。采用 API 接口。对象存储服务使用存在于每个存储节点的分布式的 SQLite 数据库，而不使用存在于控制节点上的 SQL 数据库。

OpenStack Keystone 的 Identity Service（认证管理服务），该节点可服务于授权管理、提供单点整合、服务目录和服务管理。将身份认证服务当作通用统一 API 被其他的 OpenStack 服务使用。其他的 OpenStack 服务与它合作才能从 Identity 服务中获益。

四、云存储功能的实现

企业团队用户通过固定 IP 或域名访问云盘的 Web 界面，该界面提供了用户的注册和登陆，以及文件的上传、下载、管理等功能。Web 服务架构在 OpenStack 与 Apache 之上，通过 Apache-Tomcat 来提供动态访问功能。OpenStack 通过 OpenStack4j 类库来为 JavaWeb 提供 API 接口，使其能够调用各个模块来实现相应功能。如图 4 所示。

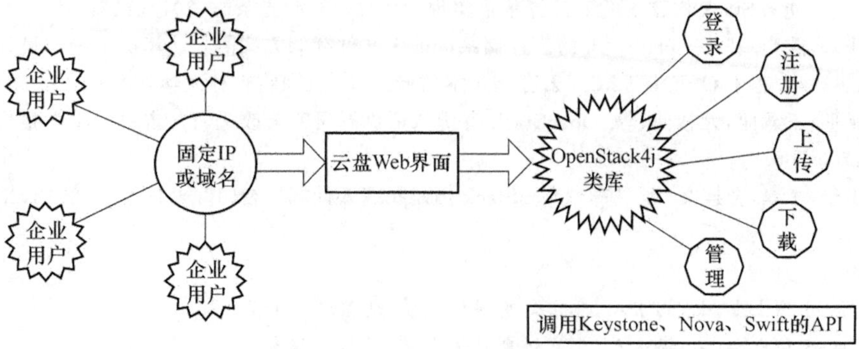

图 4　云存储功能的实现

首先通过调用 Keystone 的 API 实现对用户管理和服务管理进行整合。同时向其他

OpenStack 模块提供身份认证服务，其他的 OpenStack 服务需要与其合作。当某个 OpenStack 服务收到来自用户的请求时，该服务询问 Identity 服务，验证该用户是否有权限进行此次请求。

然后调用 Nova 的 API 接收和响应来自最终用户的计算 API 请求。其他的 API 请求都会通过 Nova 模块来对用户请求做出计算与管理，它同时可以调用一些其他服务来实现特定的功能。

继而调用 Swift 服务的 API 和纯粹的 HTTP 请求更改元数据，上传文件以及创建容器。通过在浏览器下显示文件和容器列表围绕这个调用得以实现，同时还能实现文件夹的映射以及对象存储内部和容器的管理。

最终通过 Web 端对 Maven project 中的 pom. xml 文件进行配置引入 OpenStack4j-2.0. 8-withdeps. jar 和 OpenStack4j-jersey2-2. 0. 8. jar，通过 keystone 服务获取授权后调用 API 可实现创建删除 Account 账户、创建查询删除 containers 容器、查询创建复制删除 objects 对象等功能。将之与 Web 界面上的控件对应起来可实现云盘功能。

五、结束语

本文提出了一种基于 OpenStack 开源云计算平台的云存储方式，旨在为中小型企业提供一个更符合其真正需求、经济实用的云计算平台。首先对云计算相关知识点进行了分析；然后，以云计算为基础介绍了一种基于 OpenStack 的云存储平台搭建方案的设计以及实现方法，对其工作原理进行了说明；最后，文章介绍了云存储平台的登录、注册、上传、下载、管理功能的具体实现，结果可为相关理论分析和实际应用提供参考。

参考文献

[1] 宫晓峰. 基于 OpenStack 的企业级云计算平台的构建与应用[A]. 中国电机工程学会电力信息化专业委员会、国家电网公司信息通信分公司. 2016 电力行业信息化年会论文集[C]. 中国电机工程学会电力信息化专业委员会、国家电网公司信息通信分公司，2016：4：231-234.

[2] 李磊，李达港，金连文，等. 基于 OpenStack Swift 构建高可用私有云存储平台[J]. 实验技术与管理，2015，32(5)：141-144.

[3] 赵保华. OpenStack 构建下的云计算平台实现与研究[J]. 激光杂志，2014(11)：117-119.

[4] 邵珠兴，陈彩. 基于 OpenStack 的云存储系统的大文件存储方案[J]. 计算机工程与设计，2015(2)：396-400. [5]熊振华. 基于 OPENSTACK 云存储技术的研究[D]. 长春：吉林大学，2014.

[6] 池亚平，王慧丽，元智博，等. OpenStack 身份认证机制研究与改进[J]. 吉林大学学报信息科学版，2015，33(6)：700-706.

[7] 李小宁，李磊，金连文，等. 基于 OpenStack 构建私有云计算平台[J]. 电信科学，2012，28(9)：1-8.

作者简介

张茜岚，1996 年出生，女，北京人，北京信息科技大学，通信工程专业。

张哲彬，1995 年出生，男，福建人，北京信息科技大学，通信工程专业。

夏立超，1995 年出生，女，辽宁人，北京信息科技大学，通信工程专业。

黄子岩，1996 年出生，男，北京人，北京信息科技大学，通信工程专业。

张成杰，1996 年出生，男，河南人，北京信息科技大学，通信工程专业。

基于 Hadoop 的海量图片处理技术研究①

张子豪[1]　朱培鑫[1]　李　红[1]　田凌昊[1]　张月霞[1]　安旭东[2]

（1. 北京信息科技大学信息与通信工程学院，北京，100101；

2. 北京中兴协力科技有限公司，北京，100044）

摘　要：目前市场上广泛应用的基于单服务器和 SQL 数据库的图片处理方案并不能快速、高效地分析、处理这些海量的图片。本文提出了基于 Hadoop 的海量图片处理的方案，以对图片的色彩识别为例，使用 Hadoop 的 HDFS 技术实现图像的分布式储存，然后通过两次调用 MapReduce 功能，实现对海量图片产生的 RGB 数据包进行统计和归类，最后对统计的数据进行分析、计算。测试结果表明本方案可以准确、高效地得到海量图片之间的色彩关联信息。

关键词：Hadoop　分布式　图片处理　色彩识别

Analysis and Design of Massive Image Processing Technology Based on Hadoop

ZhangZihao[1], Zhu Peixin[1], Li Hong[1], Tian Linghao[1],
Zhang Yuexia[1], An Xudong[2]

(1. School of Information and Communication Engineering, Beijing Information Science and Technology University, Beijing, 100101

2. Beijing ZTE-CE Technology Co., Ltd., Beijing, 100044)

Abstract: Currently on the market widely used based on single-server and SQL database image processing program and can not quickly and efficiently analyze and deal with these massive images. In this paper, we propose a scheme based on Hadoop's massive image processing. We use Hadoop's HDFS technology to realize the distributed storage of images, and then call the MapReduce function twice to realize the RGB data packets generated by massive images Statistics and classification, and finally the statistical data analysis, calculation. The test results show that this scheme can accurately and efficiently obtain the color-related information between massive images.

Key words: Hadoop　distributed　picture processing　color recognition

一、引言

近些年来，由于互联网的高速发展，Web 的便捷性及易用性催生了电子商务、社交平台

---

① 项目来源类别：2017 年"实培计划"大创深化项目。

等多种互联网服务。在这些服务中，图片在线分享和展示一直是这些服务中核心的部分，其服务器中图片的数量近些年来一直呈几何趋势猛增。我国最大的电子商务平台淘宝网，在线商品数量已达10亿，服务器中的图片数量高达286亿，总大小达1 PB，并且每天仍在不断地增长中。应对如此巨量的数据增长，存储、处理以及管理大量的数据就成为一个难题，并且用户对数据的访问也将成为难题[1]。

目前国内外大多数数据密集型企业都会选择美国的NetApp公司为他们提供的解决方案，用以处理海量的图片数据。淘宝网开发了自己的存储系统TFS来对海量图片进行存储和管理[2]，国外科研机构和商业公司陆续推出了CBIR的应用系统[3]。但随着图片数量的爆发式增长，该系统已不能满足一些企业的需求，暴露出一些缺点，比如不能针对企业特定的业务进行优化存储、存储系统扩容成本极高、可靠性以及容错性低等。这些缺陷限制了互联网企业的发展。

基于此，本文提出了基于Hadoop的海量图片识别处理的方案，利用Hadoop的HDFS实现图像的分布式储存，然后通过两次调用MapReduce，对海量图片产生的RGB数据包进行统计和归类，通过对统计的数据进行分析、计算，可以很好地得到图片之间的关联信息。

二、Hadoop技术

1. Hadoop技术简介

Hadoop是一个分布式系统基础架构，是基于云计算技术的开源平台[5]。作为Google系列产品的开源解决方案，它是更容易开发和运行大型的数据处理软件平台。Hadoop包含一系列属于Apache基金会的相关子项目。最有名的是MapReduce和分布式文件系统(HDFS)，它提供了额外的功能，并且在核心core上使用了一部分更高级的抽象。

图1描述了Hadoop生态系统中的各层系统。由于Hadoop的开源特性，应用Hadoop做大数据挖掘成本价较低。并且Hadoop采用按位储存的技术，其拥有卓越的数据处理能力。Hadoop的拓展性能优越，支持在多台PC上同时分布数据并执行指令。同时也保证了计算速度，并且对计算机硬件的要求并不高。Hadoop具有高容错性，能够自动保存多个副本并能够将失败的任务自动从新分配。

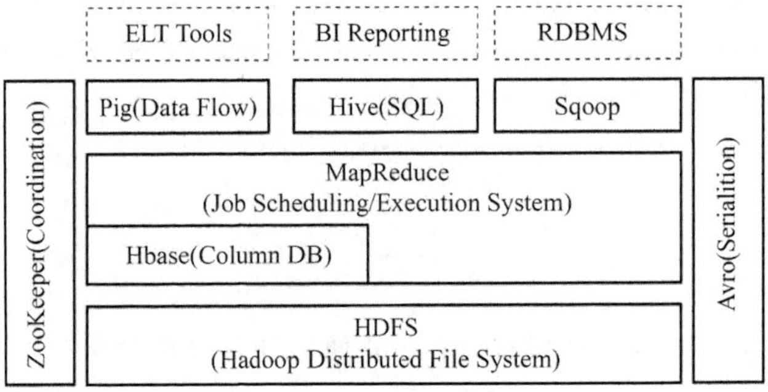

图1 Hadoop生态系统架构图

2. Hadoop 技术的优点

Hadoop 开源分布式系统架构是基于 Apache 的。其稳定可靠是因为它在多个节点存储数据样本，这样即使一些节点出现问题，比如存储失败，它也可以进行重新地分布处理。Hadoop 的高效体现在它是并行工作的，并行处理数据，所以速度很快，效率很高。Hadoop 的灵活性合理在它处理的数据可伸缩，能够轻而易举地处理 PB 级别的数据，是真正的大数据处理软件。并且因为其可以安装到普通的 PC 机上，而且是开源的，所以与一体机等商用数据仓库相比，它的运行成本很低。

由于 Hadoop 具有上述优点，并且十分符合本次研究项目的需求，故本文选用 Hadoop 平台进行图片处理。

三、系统设计

首先从网络上随机搜集一些特征图片。由于图片是随机搜集的，因此图片的格式和大小可能均不相同，为了方便接下来的图像识别操作，必须将图片的格式大小进行统一化操作。将进行统一化处理的图片输出至目标文件夹，并将其导入 Hadoop 中的 HDFS 文件管理系统之中，等待进行接下来的处理。接下来对导入的图片进行 RGB 色值提取操作，色值提取采用的方法是逐个色素点扫描的方法，提取每张图片的 RGB 色值，并将 RGB 色值写入到图片处理日志文件中，先后顺序按照色值识别顺序排布。将所有的图片处理产生的日志文件导入到 HDFS 中，利用 Hadoop 的 MapReduce 完成 RGB 的色值统计操作，并将统计结果存入 HDFS 中，接下来将统计结果作为 Hadoop 的 MapReduce 的输入完成 RGB 色值出现频率的排序操作。从 HDFS 中提取出统计结果文件，进而完成图片色值分析系统的设计。系统运行流程如图 2 所示。

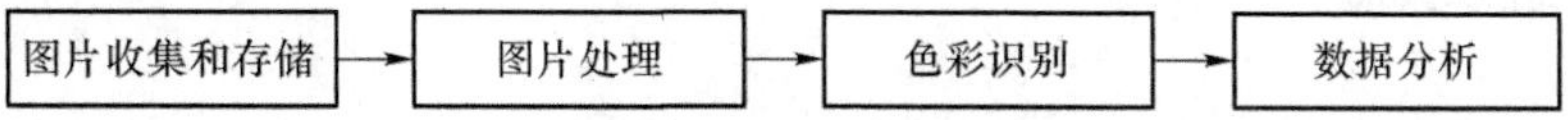

图 2　系统运行流程图

本系统主要通过图片收集和存储、图片处理、色彩识别和数据分析 4 个步骤来对图片进行处理，最终实现了基于 Hadoop 的海量图片处理。

1. 图片的收集和存储

首先在互联网上随机下载各种图片。将采集的图片存入 Hadoop 的 HDFS 文件系统中，对其进行分布式存储。由于 Hadoop 的分布式特性，其只适合处理文件较大的数据，因此先将得到的图片进行合并处理，然后存储到 HDFS 中，再进行 MapReduce 处理。所有的源图片文件存入 input 文件夹中，作为整个系统的源待处理文件。

2. 图片处理

为了方便后续的处理，先将导入系统的图片统一成 JPG 格式，因为 JPG 格式的图片压缩比较高，因此占用的空间较小适合海量图片的存储管理，然后将所有图片放缩为相同尺寸，对图片的有效区域进行截取，将图片调整到 100px×100px 的尺寸，总计 10 000 个像素。这样做的目的是仅留下图片的布局、色彩信息数据，移除了一些不需要的细节信息，排除了图片大小不同所带来的影响。由于图片的色彩一般较为丰富，不便于接下来的图像色彩识别统计，因此在色彩识别之前首先要对图片的色彩进行简化。本系统将导入的图片统一转换为 256 级灰度，这样每张图片就只含有 256 种色彩[5]，对色素的透明度不做要求。处理流程如图 3 所示。

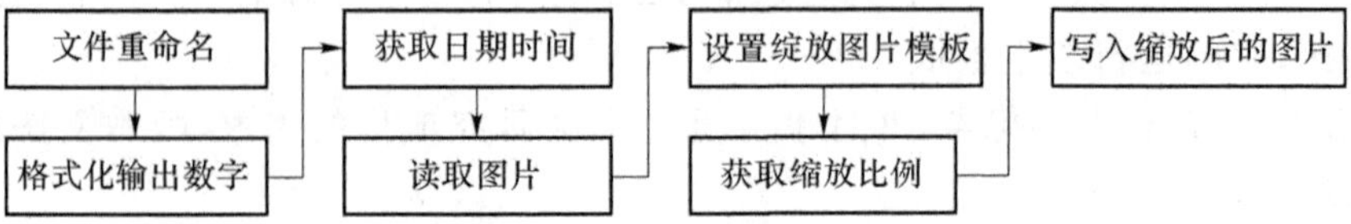

图 3 图片处理流程图

3. 色彩识别

对色彩简化后的图片采用图片色素逐行扫描的方式提取色素点，并判别其颜色，得到相应的 RGB 值。然后写入到图片处理日志中，剔除相近的 RGB 色值，保留色值最贴切的色值，以便于统计色彩。

4. 数据分析

将图片处理日志导入 Hadoop 的文件系统中，然后运行色彩统计程序，对导入的日志利用 Hadoop 的 MapReduce 进行 RGB 色值的统计，并写入到文件中，待统计完成对结果进行保存输出。

四、系统测试

为检测本系统运行的稳定和可靠性，本文提出了一种测试方案。在收集图片时只收集人物衣着的照片并导入到本系统中，对这些照片进行分析，归纳出人们的穿衣色彩风格，并进行简单的预测。系统运行流程图如图 4 所示。

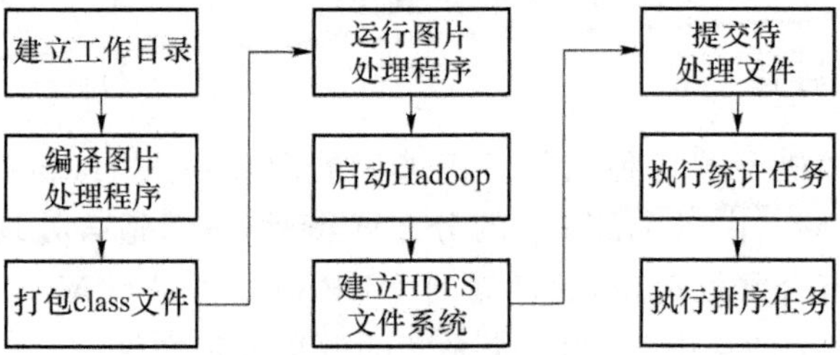

图 4 系统运行流程图

1. 环境搭建

(1)新建程序根目录文件夹 color，在程序根目录创建 source 源程序文件夹，class 编译类文件夹，run 打包 jar 包文件夹，input 源图片文件夹，output 图片输出文件夹，log 程序运行日志文件夹，result 结果集文件夹。其余各级子目录参照上述目录结构创建。以下操作流程不包括文件夹切换指令。建立好的目录如图 5 所示。

```
xiaozhu@ubuntu:~/color$ ll
total 44
drwxrwxrwx  9 xiaozhu xiaozhu  4096  6月  9 16:19 ./
drwxr-xr-x 21 xiaozhu xiaozhu  4096  6月 19 15:54 ../
drwxrwxrwx  5 xiaozhu xiaozhu  4096  6月 19 15:13 class/
drwxrwxrwx  2 xiaozhu xiaozhu 12288  6月  9 15:47 input/
drwxrwxr-x  2 xiaozhu xiaozhu  4096  6月  9 15:49 log/
drwxrwxr-x  2 xiaozhu xiaozhu  4096  6月  9 15:49 output/
drwxrwxr-x  2 xiaozhu xiaozhu  4096  6月 19 15:55 result/
drwxrwxrwx  2 xiaozhu xiaozhu  4096  6月  9 14:35 run/
drwxrwxrwx  3 xiaozhu xiaozhu  4096  6月  9 16:38 source/
```

图 5　程序工作目录

(2)Image. java，ColorRead. java，ImageUnified. java 编译为 class 文件，运行 Java 编译命令：javac -d class/ImageHandle/ *. java 编译当前目录下的所有 java 文件，并将编译好的 class 文件输出至 class/ImageHandle 目录下。

(3)利用 eclipse 打包 class 文件，并指定程序入口文件为 imageHandle. Image，或者运行打包指令：jar -cvf run/imagehandle. jar *. class 打包当前目录下的所有 class 文件并将打包好的 jar 包输出至 run 目录下，并命名为 imagehandle. jar。

(4)ColorCount. java 文件编译为 class 文件，运行 Java 编译命令：javac -d class/ColorCount/ ColorCount. java 编译 ColorCount. java 文件，并将编译好的 class 文件输出至 class/ColorCount 目录下。

(5)运行打包指令：jar -cvf run/colorcount. jar *. class 打包当前目录下的所有 class 文件并将打包好的 jar 包输出至 run 目录下，并命名为 colorcount. jar。

(6)ColorSort. java 文件编译为 class 文件，运行 Java 编译命令：javac -d class/ColorSort/ ColorSort. java 编译 ColorSort. java 文件，并将编译好的 class 文件输出至 class/ColorSort 目录下。

(7)运行打包指令：jar -cvf run/colorsort. jar *. class 打包当前目录下的所有 class 文件并将打包好的 jar 包输出至 run 目录下，并命名为 colorsort. jar。

2. 图片准备

(1)将待处理图片移动至 input 文件夹下。

(2)运行 imagehandle. jar，命令：java -jar imagehandle. jar input ouput log，运行 imagehandle. jar 包，并且携带三个参数，第一个为源图片输入文件夹，第二个为处理图片输出文件夹，第三个为程序日志输出文件夹，input 文件夹必须存在并且含有待处理图片，output 和 log 若不存在，在程序运行过程中会完成创建操作。程序运行结果如图 6 所示。

3. 运行 Hadoop

(1)启动 Hadoop，命令：start-all. sh，这里 Hadoop 的安装配置不再详细叙述，你应该事先准备 Hadoop 并完成配置，并且认为已经安装好 java jdk。

```
xiaozhu@ubuntu:~/color$ java -jar run/imagehandle.jar input output log
imageHandle--->94e3b0988adef100fffcb362ab3b31cf.jpg
imageHandle--->94e3b0988adef100fffcb362ab3b31cf.jpg-->success
imageHandle--->b2883bf916d7dde3c90d82f6179d5af5.jpg
imageHandle--->b2883bf916d7dde3c90d82f6179d5af5.jpg-->success
imageHandle--->f4abae14f9fbe94784cd111d13acd143.jpg
imageHandle--->f4abae14f9fbe94784cd111d13acd143.jpg-->success
imageHandle--->b5149eb5a306787f49b567861c6b04db.jpeg
imageHandle--->b5149eb5a306787f49b567861c6b04db.jpeg-->success
imageHandle--->891c682aec32340b78168598a8f89e17.jpg
imageHandle--->891c682aec32340b78168598a8f89e17.jpg-->success
imageHandle--->b0b2fe6742ddc01e02779b80c87a9ebc.jpg
imageHandle--->b0b2fe6742ddc01e02779b80c87a9ebc.jpg-->success
imageHandle--->f16463a80d691fe1cac384a72a743d84.jpg
imageHandle--->f16463a80d691fe1cac384a72a743d84.jpg-->success
imageHandle--->705e3674e107a6eb1c10cdbb0566898a.jpg
imageHandle--->705e3674e107a6eb1c10cdbb0566898a.jpg-->success
imageHandle--->102a5eeaf4e4ee4432dd0db103628753.jpg
imageHandle--->102a5eeaf4e4ee4432dd0db103628753.jpg-->success
imageHandle--->ee9d9001f522a64b9146b2d2af33f295.jpg
imageHandle--->ee9d9001f522a64b9146b2d2af33f295.jpg-->success
imageHandle--->d6c4b9c4a0fa2aa32d8fb07864c9f1f5.jpg
imageHandle--->d6c4b9c4a0fa2aa32d8fb07864c9f1f5.jpg-->success
imageHandle--->fcb901a8265230802e1394f241ca97c1.jpg
imageHandle--->fcb901a8265230802e1394f241ca97c1.jpg-->success
imageHandle--->fbe000e184251f6bb4e787716ed06189.jpg
imageHandle--->fbe000e184251f6bb4e787716ed06189.jpg-->success
imageHandle--->9.jpg
```

图 6　程序运行结果

(2)Hadoop HDFS 文件系统建立，首先查看 Hadoop 的 HDFS 文件系统，命令：hadoop fs -ls，在 HDFS 中新建 input_color 和 output_color 文件夹，命令：hadoop fs -mkdir input_color，hadoop fs -mkdir output_color，运行结果如图 7 所示。

```
xiaozhu@ubuntu:~/color$ hadoop fs -ls
Warning: $HADOOP_HOME is deprecated.

xiaozhu@ubuntu:~/color$ hadoop fs -mkdir input_color
Warning: $HADOOP_HOME is deprecated.

xiaozhu@ubuntu:~/color$ hadoop fs -mkdir output_color
Warning: $HADOOP_HOME is deprecated.

xiaozhu@ubuntu:~/color$ hadoop fs -ls
Warning: $HADOOP_HOME is deprecated.

Found 2 items
drwxr-xr-x   - xiaozhu supergroup          0 2017-06-09 10:17 /user/xiaozhu/input
_color
drwxr-xr-x   - xiaozhu supergroup          0 2017-06-09 10:17 /user/xiaozhu/outpu
t_color
```

图 7　HDFS 运行结果

(3)向 HDFS 中提交待处理文件。

(4)运行 colorcount. jar，命令：hadoop jar run/colorcount. jar ColorCount input_color output_color 执行统计任务。执行过程如图 8 所示。

(5)在 HDFS 中建立 input_color_sort 和 output_color_sort 文件夹，命令：hadoop fs -mkdir input_color_sort，hadoop fs -mkdir output_color_sort。

(6)向 HDFS 中提交待处理文件，命令：hadoop fs -put result/ * input_color_sort。

(7)运行 colorsort. jar，命令：hadoop jar run/colorsort. jar ColorSort input_color_sort output_color_sort 执行排序任务。

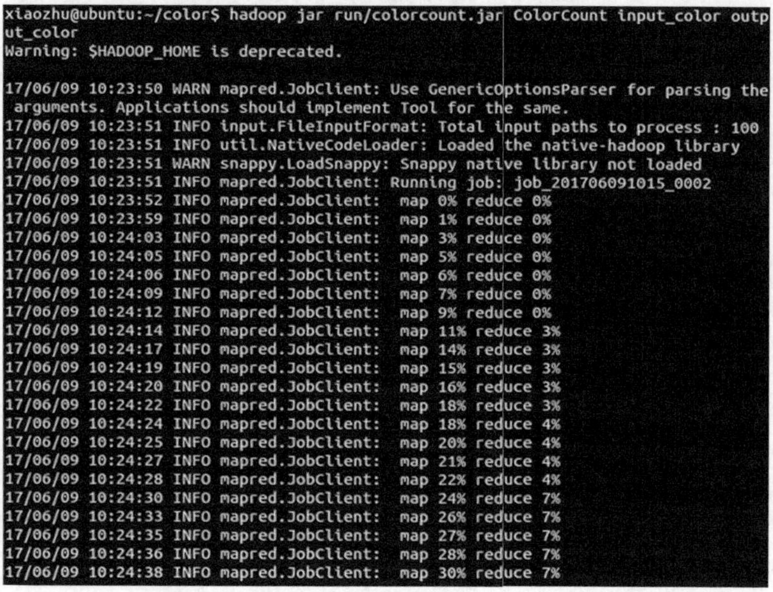

图 8　统计过程图

4. 查看结果

（1）程序运行结束后将 hadoop 统计结果集输出至 result 文件夹中，命令：hadoop fs -get /user/xiaozhu/output_color_sort/part-r-00000 result。

（2）最后可以在 result 文件夹下看到系统的结果集文件，如图 9 所示。

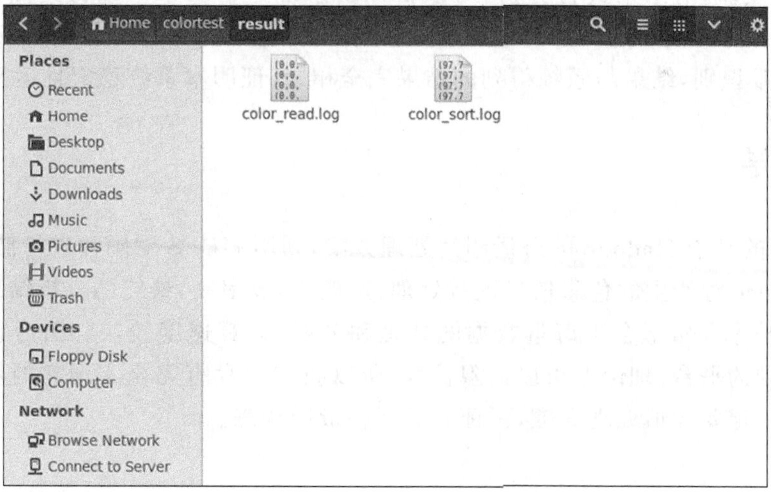

图 9　生成的统计结果文件

5. 结果分析

打开生成的结果文件，如图 10 所示。

```
(237,237,237)   922
(230,230,230)   927
(0,0,4) 975
(1,0,0) 992
(32,32,32)      994
(249,249,247)   1003
(2,2,4) 1005
(254,254,254)   1031
(238,238,238)   1042
(240,240,240)   1045
(239,239,239)   1103
(227,227,227)   1152
(34,34,34)      1156
(226,226,226)   1195
(3,3,5) 1348
(0,153,255)     1379
(241,241,241)   1489
(2,2,2) 1508
(0,1,0) 1530
(0,0,2) 1671
(1,1,1) 1686
(33,33,33)      2086
(244,244,244)   2354
(225,227,240)   3313
(255,255,255)   3583
(16,16,16)      6423
(0,0,0) 13739
```

图10　结果文件

经过多次实验，对结果进行分析，可以得知由系统运行结果可以得到黑色（RGB值为0.0.0）最多占24%，类黑色（RGB为16.16.16）位居第二占11%，白色（255.255.255）第三占6%。经肉眼识别，结果与系统得到的结果完全相同，证明本系统稳定且运行结果准确。

五、总结

本文提出的基于Hadoop的海量图片处理方案，利用HDFS对图片进行储存，通过两次调用MapReduce对产生的色彩信息进行处理，速度快，效率高，最终的分析结果也与预期相符。Hadoop技术非常适合于海量数据的处理和分析，运算速度较快。因为它是一个以多PC为硬件基础的平台，理论上可以无限扩容，所以我们并没有完全实现它的特点。在部署环境变量时，一定要谨慎处理参数，保证其运行在最佳状态。

参考文献

[1] 刘松. 基于分布式的海量图片数据存储系统的研究与设计[D]. 广州：深圳大学，2016.

[2] 张卫东. 基于Hadoop的海量图片云存储系统研究与设计[D]. 青岛：中国海洋大学，2014.

[3] 曹六一. 海量图像检索系统设计与实现[D]. 济南：山东大学，2014.

[4] 张少敏，李晓强，王保义. 基于Hadoop的智能电网数据安全存储设计[J/OL]. 电力系统保护与控

制，2013，41(14)：136-140.(2013-07-08)[2017-09-27]. http://kns.cnki.net/kcms/detail/41.1401.TM.20130708.1639.005.html.

[5] 张配堂. WPF 中使图片背景透明的方法[J]. 电脑编程技巧与维护，2010(13)：68-71.

作者简介

张子豪，男，本科生，就读于北京信息科技大学信息与通信工程学院通信 1401 班。

朱培鑫，男，本科生，就读于北京信息科技大学信息与通信工程学院通信 1401 班。

李红，男，本科生，就读于北京信息科技大学信息与通信工程学院通信 1401 班。

田凌昊，男，本科生，就读于北京信息科技大学信息与通信工程学院通信 1401 班。

张月霞，女，博士，副教授。

安旭东，男，职业讲师。

基于 STM32 的颜色识别与目标追踪技术研究①

李　萌[1]　李美伦[1]　耿树君[1]　杨明雪[1]　鲍梦杰[1]　王亚飞[1]　王亚迪[2]

（1. 北京信息科技大学信息与通信工程学院，北京，100101；

2. 北京中兴协力科技有限公司，北京，100044）

摘　要：人们对于图像处理的要求日益提高，图像识别技术渐渐变得更加成熟，针对这一问题，基于 STM32F4 系列板子，采用了新推出的 cortex-4 芯片，简单研究了单片机的颜色识别跟踪系统及其实现过程。该系统包括一个二自由度云台、数字摄像头、STM32 控制板。作为系统核心的单片机 STM32 将摄像头采集的颜色图像送至显示屏显示，并分析获取的图像。控制云台转动，使目标物体处于摄像头视野中央。整个系统结构简单，解决了单片机在图像识别上速度缓慢、内存不足等问题，以较低的成本和功耗实现了对物体颜色的识别和跟踪。

关键词：STM32F4　色彩识别　图像追踪

Research on color recognition and target tracking technology based on OpenMV cloud platform

Li Meng[1], Li Meilun[1], Geng Shujun[1], Yang Mingxue[1], Bao Mengjie[1], Wang Yafei[1], Wang Yadi[2]

(1. School of Information and Communication Engineering, Beijing Information Science and Technology University, Beijing, 100101

2. Beijing ZTE-CE Technology Co., Ltd., Beijing, 100044)

Abstract: People is increasing day by day to the requirement of image processing, image recognition technology is becoming more mature, in order to solve this problem, based on STM32F4 board series, used the new architecture (4 chips), simple color recognition of MCU tracking system is studied and its implementation process. The system includes a two-degree-of-freedom cloud platform, digital camera and STM32 control board. STM32, as the core of the system, sends the color image of the camera to the display and analyzes the captured images. Control the rotation of the cloud, so that the target object is in the center of the view of the camera. The whole system structure is simple, which solves the problem of slow speed and insufficient memory in image recognition, and realizes the identification and tracking of object color with lower cost and power consumption.

Key words: STM32F4　Color recognition　image tracking

---

①　项目来源类别：2017 年实培计划大创深化项目。

一、引言

运动目标的颜色识别与跟踪是基于动态图像分析的基础上结合图像识别和图像跟踪方法对图像的颜色进行检测识别跟踪的过程，它是图像处理与机器视觉领域中一个非常活跃的分支。目前图像颜色识别跟踪的硬件平台主要基于 PC、DSP、FPGA，其中大多用 PC 机仿真，而实际的图像颜色识别跟踪也多用 DSP、FPGA 或两者结合来实现，而采用单片机实现图像跟踪很少。PC、DSP、FPGA 有着速度快的优势，但也存在成本高、不便于升级的不足。近年来单片机的应用越来越广泛，且价格不断下降，性能更强、功耗更低，将其运用在颜色识别跟踪上是一个大胆的尝试。基于 32 位单片机的图像跟踪系统具有成本低廉、低功耗、便携的优点。本文将介绍一种用 STM32 单片机实现的图像跟踪系统，以较低的成本实现了对物体颜色的简单识别跟踪，使得颜色识别跟踪系统成本低廉、扩展性好。可应用于对速度、图像质量要求不高的场合。系统由硬件和软件组成。硬件包括三大部分：STM32 控制板、数字摄像头、云台，是实现系统功能的平台。软件包括图像获取显示程序、图像处理与跟踪程序、云台控制程序，他们协调各部分硬件使之正常运作。

二、硬件部分模块介绍及原理分析

1. 探索者 STM32F407 开发板

这次项目因为需要用单片机来对图像处理并且通过控制舵机来控制云台的动作，所以对单片机要求性能均衡、高性能、低功耗及高嵌入。在高性能的前提下很多设备不可避免地需要提升功耗，所以让低功耗和高性能并存就是各个厂商所必须解决的挑战。而 STM32F407 处理器作为 STM32 中平衡性能的佼佼者就成了这次项目的首选处理器。

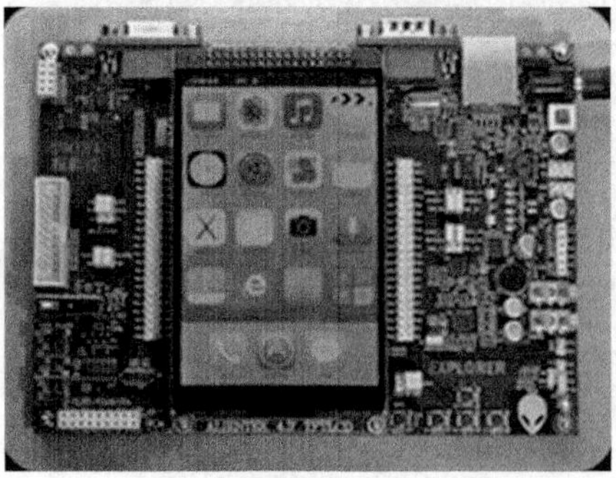

图 1　STM32F407 开发板

2. ov2640 摄像头

摄像头支持 RawRGB、RGB、YUV、YcbCr 输出格式；通过 SCCB 总线控制，可以输出整帧、子采样、缩放和取窗口等方式的各种分辨率 8/10 位影像数据。具有高灵敏度，适合低照度环境。

图 2　ov2640 摄像头

3. 数字摄像头接口 DCMI

STM32F4 自带了一个数字摄像头(DCMI)接口,该接口是一个同步并行接口,能够接收 外部 8 位、10 位、12 位或 14 位 CMOS 摄像头模块发出的高速数据流。

4. 迷你二自由度舵机云台

工作原理是控制电路接收信号源的控制脉冲,并驱动电机转动,舵机根据外部传来的脉冲调制信号来决定舵机的旋转角度,电位器和齿轮组的末级一起转动,测量舵机的旋转角度,电位器根据检测到的角度反馈给控制板,从而达到或者保持目标角度。

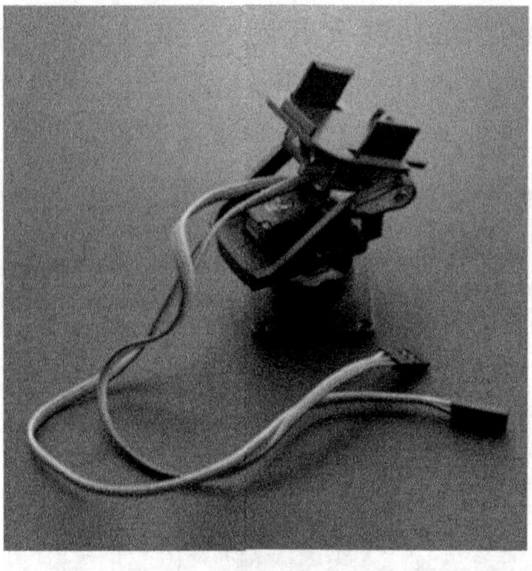

图 3　舵机云台

给舵机一个确定的控制信号,即脉宽确定,它的输出轴就会保持在一定的角度,跟外界转矩无关,输出轴的角度只和脉宽的大小变化有关系。也就是说,当给出一个不同的脉宽信号,输出轴的角度才会变化。舵机内部还有产生基准信号的基准电路,比较器将基准信号和外加信号做比较,从而判断方向、大小,并产生电机转动信号。

在本次项目过程中,采用舵机 SG90,给舵机某些控制信号,使舵机跟着所识别的目标物体的运动轨迹转动,从而采集图像信息。

舵机型号：SG90 舵机

因为舵机一般是 5 V 工作电压或更高，之前担心输出管脚是 3.3 V 的 STM32 能否驱动舵机，结果证明是可以的。使用 Time14 的 channel 和 Time5 的 channel 作为 PWM 的定时器，输出 50Hz 方波，脉宽在 0.5 ms～2.5 ms 之间。预分频 prescaler 设置成 7200-1。period 设置成 200-1。pulse 初始值是 15，即处在中间位置。

200 个 period 对应 20 ms，那么可以得到表 1 的对应关系：

表 1　脉宽、角度与 pulse 值之间对应关系

脉宽(ms)	角度(°)	pulse 值
0.5	0	5
1.0	45	10
1.5	90	15
2.0	135	20
2.5	180	25

三、软件设计分析

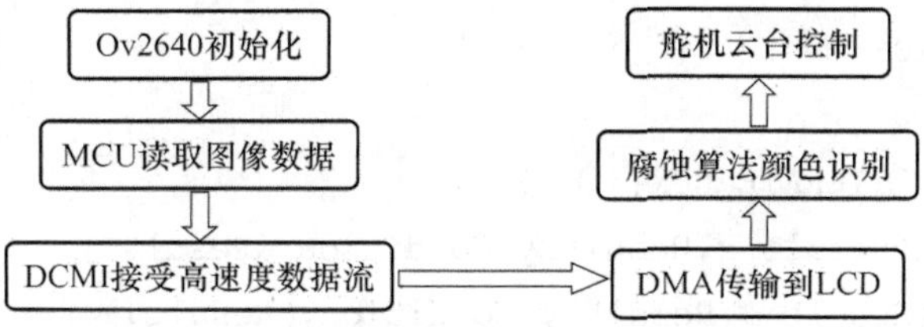

图 4　系统流程图

1. 颜色识别

将摄像头的数据传送到 OLED/CAMERA，该接口再把数据传送到 LCD 屏上显示图像，读取屏幕上的像素点进行识别。TFTLCD 模块分辨率可达到 480×800。首先遍历寻找腐蚀中心，然后在之前腐蚀中心点处进行迭代向外寻找新的腐蚀中心。腐蚀算法是从该点开始分别向上下左右进行数据读取，逐渐向外读取点的颜色数据，直到读取到不符合条件的颜色数据，得到追踪物体的四个边界坐标，从而进行图框的绘制，达到追踪的效果。

核心代码：

```
int Trace(const TARGET_CONDI * Condition,RESULT * Resu)
{
    unsigned int i;
    static unsigned int x0,y0,flag = 0;
    static SEARCH_AREA Area = {IMG_X,IMG_X + IMG_W,IMG_Y,IMG_Y + IMG_H};
    RESULT Result;
```

```
    if(flag == 0)
    {
        if(SearchCentre(&x0,&y0,Condition,&Area))
            flag = 1;
        else
        {
            Area.X_Start = IMG_X;
            Area.X_End   = IMG_X + IMG_W   ;
            Area.Y_Start = IMG_Y;
            Area.Y_End   = IMG_Y + IMG_H;

            if(SearchCentre(&x0,&y0,Condition,&Area))
            {
                flag = 0;
                return 0;
            }
        }
    }
    Result.x = x0;
    Result.y = y0;
    for(i = 0;i<ITERATE_NUM;i ++ )
        Corrode(Result.x,Result.y,Condition,&Result);
    if(Corrode(Result.x,Result.y,Condition,&Result))
    {
        x0 = Result.x;
        y0 = Result.y;
        Resu - >x = Result.x;
        Resu - >y = Result.y;
        Resu - >w = Result.w;
        Resu - >h = Result.h;
        flag = 1;
        Area.X_Start = Result.x - ((Result.w)>>1);
        Area.X_End   = Result.x  +  ((Result.w)>>1);
        Area.Y_Start = Result.y - ((Result.h)>>1);
        Area.Y_End   = Result.y  +  ((Result.h)>>1);
        return 1;
    }
    else
    {
```

```
        flag = 0;
        return 0;
    }
}
```

在主函数中的调用：

```
RESULT Resu;
    TARGET_CONDI Condition = {0x18,0x2c,0x16,0xe0,0x1a,0xef,20,20,200,150};
    if(Trace(&Condition,&Resu) )
            {
    LCD_Fill(Resu.x-Resu.w/2,Resu.y-Resu.h/2,Resu.x + Resu.w/2,Resu.y-Resu.h/2 + 1,0xf800);//u16 x,u16 y,u16 width,u16 hight,u16 Color
    LCD_Fill(Resu.x-Resu.w/2,Resu.y-Resu.h/2,Resu.x-Resu.w/2 + 1,Resu.y + Resu.h/2,0xf800);
    LCD_Fill(Resu.x-Resu.w/2,Resu.y + Resu.h/2,Resu.x + Resu.w/2,Resu.y + Resu.h/2 + 1,0xf800);

    LCD_Fill(Resu.x + Resu.w/2,Resu.y-Resu.h/2,Resu.x + Resu.w/2 + 1,Resu.y + Resu.h/2,0xf800);
                LCD_Fill(Resu.x-2,Resu.y-2,Resu.x + 2,Resu.y + 2,0xf800);
                LED1 = ! LED1;
            m = Resu.x;
            n = Resu.y;
            }
```

2. 舵机追踪

颜色识别追踪框出现在 LCD 屏幕边缘部分时，即腐蚀中心与 LCD 屏幕中心位置的偏移量超过规定的范围，舵机则朝着追踪框所在的方向转一个角度。舵机的角度变化并不是随边框位置的偏移量而改变的，只是规定的旋转一个角度，从而让追踪框的位置不在 LCD 屏幕的边缘。

核心代码：

```
While(1)
{ if(100<n - 200<200)
a ++ ;
if(100<200 - n<200)
a - - ;
if(300<n - 400<400)
b ++ ;
if(300<400 - n<400)
```

```
b--;
TIM_SetCompare1(TIM14,a);
TIM_SetCompare2(TIM5,b);
Delay_ms(1000);
}
```

四、结论

1. 图像采集及图像框追踪的实现

采用连续采集模式的 DCMI,将采集到的数据输出到 LCD(RGB565 模式),读取 LCD 屏幕上点的 RGB 值,通过寻找腐蚀中心向外遍历的方法找到追踪对象及显示范围,再利用画点程序使其显示在 LCD 屏幕上。

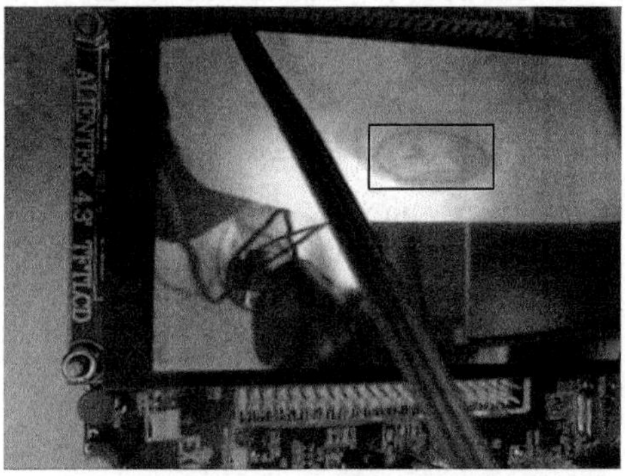

图 5　显示屏图像追踪框

如图 5 所示,是在正确连接摄像头和程序烧录完成之后,STM32F4 板子上所接的 LCD 显示屏显示在追踪对象存在于摄像头摄像范围内的情景。在追踪对象,即所选取的绿色圆形物体周围显示红色追踪框,并在对象中心点显示一红点,该红点意义为腐蚀中心。腐蚀中心与红色追踪框可随物体在显示屏中的移动,即实现图像上的对象追踪。

2. 舵机控制及追踪对象的实现

通过脉宽调制,改变 CCRx 的值,使 PWM 输出的占空比改变,从而影响改变 ARR 的值,最终改变 PWM 输出的频率,最终控制舵机。

如图 6 所示,是正确连接舵机、摄像头、程序烧录完成之后舵机的追踪过程。当追踪对象移动或摄像头移动使追踪物体与 LCD 显示屏中心产生的距离超过范围,即出现在 LCD 显示屏边缘时,产生的舵机控制信号使舵机向追踪对象超出范围的一侧转动,即跟随物体转动。

图 6　舵机追踪过程

五、结束语

本系统的硬件部分选用 STM32F407ZGT6 作为主控芯片,ATK-OV2640 作为传感器,SD 卡位存储器,各个模块的接线都参考了对应的芯片手册,在第三章硬件设计部分都做出了详细的讲解。本文的重点放在了系统的程序设计上，总体可将程序划分为：系统初始化、ov2640 采集函数、dcmi 捕获、dma 传输、easytrace 颜色识别、PWM 波驱动舵机追踪。总之，对于一个无论多么庞大的程序，都可以分解成一个个的子程序，每个子程序又可以继续细分下去，直到落实到几条简单的语句。而且，即使程序再多，资料再乱，程序的执行都是有先后的(即程序流程)。另外，良好的程序设计风格可以大大提高程序可读性和避免很多漏洞出现，即使出错也很容易调试。

由于构成 STM32 颜色识别的 STM32 芯片、ATK-OV2640 摄像头、显示屏和 SD 卡价格不是很昂贵，而且能够根据需要灵活地选择器件，代码的移植性也不错，因此本文设计出的 STM32 颜色识别系统不仅成本比较低，而且可以很好地嵌入到其他系统中。对于某些智能控制行业中需要使用像素不是太高、低成本、可嵌入的颜色追踪识别提供了解决方案。

本文设计出的 STM32 颜色识别和追踪系统硬件结构简单，程序效率高，能对慢速的、形状规则的物体进行跟踪。能实现液晶屏幕上显示图像，按下按键即可将图像保存在 SD 卡中，不过由于单片机处理速度的原因还存在跟踪速度慢、受环境影响偶尔跟丢的问题，这些问题可通过更换更高速的处理器、优化算法来解决。

图像处理设计涉及平时生活中的方方面面，通过图像来传递信息和接收信息，图像处理技术的前景也随其应用的拓展而拓展，如通信工程、医学领域、航空航天技术领域、军事安全领域等。图像处理必然向更好的方向发展，处理速度更快，更加高效地图像处理反馈信息速度，都必然成为今后图像处理的发展方向。而在有的项目中，在未来可以进一步实现基于 STM32 的多点图像色彩追踪，多区域色彩识别，特定图像形状追踪，最终做到特定物体追踪。基于 STM32 的图像处理识别追踪具有低功耗，处理速度快，反应及时，准确等优点，在进一步改进优化后也会让初学图像处理识别追踪的人有很好的硬件资源，对于学习硬件这一方面有很大帮助。

参考文献

[1] 曾文兵. 基于 STM32F407 的视频采集与传输系统设计[D]. 武汉：华中师范大学，2016.5:4-6.

[2] 王建. STM32 和 OV2640 的嵌入式图像采集系统设计[J]. 单片机与嵌入式系统应用，2014.9:46-48.

[3] 杨唯克. 基于 STM32 和 WALN 数据传输设计与实现[D]. 大连：大连海事大学，2014.6:49-53.

[4] 官喜. 基于 STM32 低功耗云台控制系统设计[D]. 青岛：青岛理工大学，2012.12:37-49.

作者简介

李萌，1995 年出生，女，河北人，在校本科生，通信工程专业。

李美伦，1996 年出生，女，黑龙江人，在校本科生，通信工程专业。

耿树君，1995 年出生，女，河北人，在校本科生，通信工程专业。

杨明雪，1995 年出生，女，北京人，在校本科生，电信工程专业。

鲍梦杰，1996 年出生，男，安徽人，在校本科生，通信工程专业。

VoLTE 在 TD-LTE 网络的工程实现①

张皓月[1]　李泽中[1]　魏琳慧[1]　单雅茹[1]　刘　雪[1]　王亚飞[1]　李金领[2]

（1. 北京信息科技大学 信息与通信工程学院，北京，100101；
2. 北京中兴协力科技有限公司 通信工程 讲师，北京，100044）

摘　要：由于 VoLTE 可以实现高清语音视频，具有持续时延短，频谱利用率高等优点，使得 VoLTE 成为最近几年相当热门的研究课题。本文从语音通话的原理出发介绍了 VoLTE 的背景以及优势，对 VoLTE 的技术现状进行分析。又对 VoLTE 的技术设计流程进行重点阐述，包括 VoLTE 网络的基础信息的录入以及 LTE 的附着，IMS 注册过程以及 IMS 会话建立。并且对包含 eSRVCC 的 VoLTE 框架进行描述。

通过对济南市的实际工程路测的问题，进行工程优化和理论优化，给出了在干扰、切换、掉话以及覆盖这四个方面的优化方案，验证了方案的可行性。本文所作研究可以为相关理论分析和实际应用提供参考。

关键词：高清语音技术　VoLTE　eSRVCC 技术　优化方案

Engineering Implementation of VoLTE Technology in TD-LTE

Zhang Haoyue，Li Zezhong，Wei Linhui，Shan Yaru，
Liu Xue，Wang Yafei，Li Jinling

（1. School of Information and Communication Engineering，Beijing Information Science and Technology University，Beijing，100101
2. Beijing ZTE-CE Technology Co.，Ltd.，Beijing，100044）

Abstract：VoLTE has become a hot research topic in recent years，because it has advantages such as implement high-definition voice video，short duration delay，and high spectrum utilization and so on. This article begins with the principle of voice call，describes the background and advantages of VoLTE，and then analyzes status of VoLTE technology. Then the technical design process of VoLTE is described which includes basic information input，attachment of LTE，IMS registration and IMS session setup. Furthermore，this article describes the VoLTE framework which contains eSRVCC.

Finally，through comparative analysis of engineering optimization and theoretical optimization for problems which is the practical engineering survey in Ji'nan City，it introduces the optimization scheme contain four aspects in terms of interference，handoff，drop call，and coverage. And then verifying the feasibility of the scheme. The research in this paper can provide a reference for the theoretical analysis and practical application.

Key words：HD Voice　VoLTE　technology of eSRVCC　Optimization scheme

---

① 项目来源类别：2017 年“实培计划”大创深化项目。

一、VoLTE 背景

随着 LTE 网络分布越来越广泛,以及人们的生活水平越来越高,人们对于在通信方面的需求越来越高,其中比较突出的是在语音通话方面的需求。如何提供让用户越来越满意的语音业务是运营商迫切需要解决的问题,而现阶段网络覆盖质量的提高使用户开始对通话语音质量和效果需求增大,迫切需要 VoLTE 技术应用于市场。

语音的传输从本质上来说有两种形式:电路域交换系统(CS 域)和分组交换系统(PS 域)。CS 域是在通话前为主叫方和被叫方建立一条线路,而这条线路只能为他们双方所用,其他用户不能占用;而 PS 域是将数据打包传输,不同的用户可以占用相同的资源,进行复用。传统的 2G/3G 是采用 CS 域,而 VOIP 是采用 PS 域进行传输。到了 4G 时代所有的资源都用来传送数据,也就是说 LTE 只支持 PS,那么我们在进行语音通话时,我们的语音也必须转化成数据进行传输。于是 VoLTE 应运而生,其本质是承载在 LTE 网络上的 VOIP,它是一种 IP 数据传输技术,之所以支持 IP 语音是因为引入了 IMS(多媒体子系统)提供了多媒体 IP 业务,VOIP 包含在内。为了保证语音通话在多网络中的连续性,在 VoLTE 之前的语音电话有一些过渡时期:早先有 VOLGA(LTE 通用访问传送语音)是在网络中加入负责在 MSC 和 LTE 网络之间协调语音和其他相关消息的 VNC,后来由于成本的问题被放弃了。

接下来又有了 CSFB(电路域回落),即:当用户进行数据业务的时候,停留在 LTE 网络中,一旦进行语音通话立即切换至 2G/3G 网络中,当语音通话结束时在切换至 LTE 中。但是人们现在需求的是高质量的语音视频通话,只在 2G/3G 网络中通话已经不能满足人们的日常需求。时至今日 4G 语音的终端解决方案是 VoLTE 技术,它是将全部业务都依附在 4G 网络上,实现了数据和语音业务均 IP 化传输。其优点有持续时延短、业务灵活和高清语音视频等优点。但是当处于 LTE 覆盖不到的地方时,为了实现语音通话的连续性通过切换至 2G/3G 采用 SRVCC(Single Radio Voice Call Continuity)来实现。

二、VoLTE 方案设计

1. VoLTE 技术现状及分析

尽管从 2G/3G 技术进化而来的演进的分组系统 EPS(Evolved Packet System)最终可以为用户提供 LTE 语音 VoLTE(Voice over Long Term Evolution)业务,但是因为每个运营商都已经拥有属于特属的网络运行模式,也有完整的网络覆盖和客户普及,因此对于不同运营商来说其语音业务从电路域向全 IP 网络的业务模式转换路线也是不尽相同的。

对于一些国内规模相对来说比较小的移动运营商和新建立网络的运营商来说,有机会在其还未发展起大规模的客户网络时将其网络直接转入 EPS 网络运营阶段,将原电路域系统结合 IP 多媒体子系统 IMS(IP Multimedia Subsystem)形成业务控制系统来提供各种业务,这也就包括基于 IP 网络的实时语音业务,并且可以完全实现电路域现有基本的所有业务。对于超大型运营商,其已拥有成熟的 2G/3G 网络,如联通、电信、移动三大运营商,考虑到目前的电路域网络 CS(Circuit System)也能够提供较高质量的语音业务、补充业务和增值业务,且其网络管理能力也非常完善,但考虑到完全将 CS 域完全转换到全 IP 网络代价太大,也是对网络成本的考虑,最大限度地利用运营商在传统网络原有的投资的目的,这些运营商从电路域转变到 EPS 网络的过程会是阶段性的。

以上对于上述网络转移阶段性的概括,业界专业人士还对如何在 EPS 网络发展的过渡阶段中语音业务在全 IP 网络实现的连续性,进行了全面的技术分析和可实现性的研究,提出电路域回落 CSFB(Circuit Swithed Fallback)和单无线频率语音呼叫连续性 SRVCC(Single Radio Voice Call Continuity)两种过渡期方案。

2. VoLTE 技术设计流程

(1) VoLTE 网络基础信息录入

VoLTE 业务办理过程中,运营商会对注册用户产生一系列注册信息,并永久存储在 HSS 中,并在用户进行 VoLTE 会话中的 LTE 附着时提供给 LTE 核心网中的 MME。并且在第二步的 IMC 注册时传递给服务 CSCF(Serving CSCF)。

(2) LTE 附着过程

一切 VoLTE 会话的开始都是 LTE 用户通过空中接口向本区域中的 eNodeB 基站,发送 LTE 用户附着请求。此后 eNodeB 将请求的附着消息传递给本区域的 MME,然后 MME 会向 HSS 服务器申请 UE 信息并对 UE 进行权利鉴定,判断用户是否有权利试用 VoLTE 服务,与此同时,MME 还会通过 HSS 服务器取得 UE 信息,包括缺省 APN 和 QoS 要求。通过 HSS 对 UE 的鉴权后,MME 会根据 UE 所在区域为 UE 分配一个合适的 S-GW,再根据 APN 为 UE 分配一个合适的 P-GW。随后 MME 向 S-GW 发送建立会话连接的请求,同时将此请求转发到 P-GW 中,用于建立 S-GW 与 P-GW 到 UE 之间的缺省数据承载。之后针对使用 VoLTE 业务的 UE 再从 PCRF 获取该 UE 的策略计费规则。在建立以上连接后,P-GW 会向 SGW 返回会话已经建立的消息(包括为 UE 分配的 IP 地址和即将在 IMS 网中要寻找的 P-CSCF 的地址),然后 SGW 将此消息转发至 MME,随后 MME 将此消息返回给 UE,至此 UE 获得进行下一步 IMS 注册的基本条件。

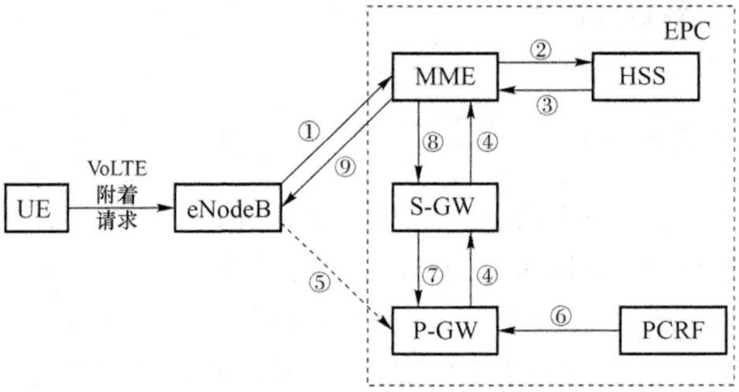

图 1　LTE 附着过程

3. IMS 注册过程

首先作为一个有权使用 VoLTE 业务的 IMS UE 用户,会根据在 LTE 附着过程中得到的 P-CSCF 地址，找到 IMS 网络中的 P-CSCF，P-CSCF 根据用户信息，去查询 DNS 为 UE 寻找到用户归属网络中的 I-CSCF，并把 UE 注册信息传递给 I-CSCF 服务器，I-CSCF 查询 HSS 服务器，为 UE 选择一个 S-CSCF，然后 I-CSCF 将 UE 信息传给 S-CSCF，S-CSCF 从中得到用户的鉴权信息，并对用户的信息进行判断鉴权。完成之后通过 S-CSCF 从 HSS 下载用户签约信息，到此为止 UE 的 IMS 注册完成。

在这次注册中最重要的是 S-CSCF 获得了用于触发 IMS 服务的指标 iFC。而在之后的会话连接过程中 iFC 按照不同优先级定义 IMS 业务来触发目的 AS。S-CSCF 在处理用户的数据时会进行 iFC 的匹配检测，如果符合某项业务就会向相关 AS，并按照 AS 内指定的逻辑进行控制。

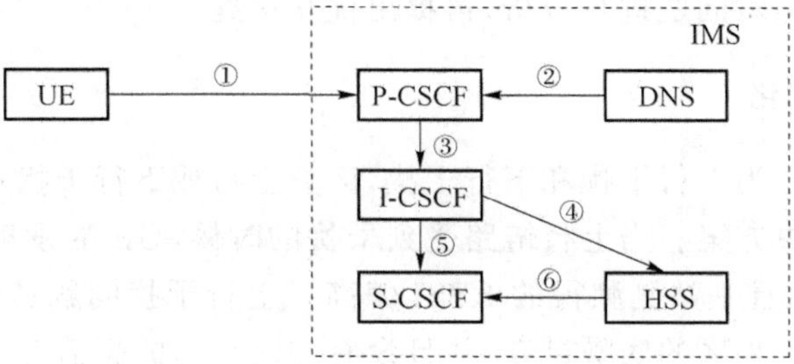

图 2　IMS 注册过程

4. IMS 回话建立过程

主叫用户发起会话请求，UE 将 INVITE 消息(主叫 UE 所支持的媒体类型以及支持的编码速率)传递给 IMS 注册时便找到的 P-CSCF 服务器，在 VoLTE 中采用的是 AMR-NB 的 12.2 kbit/s 或者是 AMR-WB。INVITE 信息经由 S-CSCF 服务器，在 S-CSCF 中检查 INVITE 消息中的业务请求，以及检测 iFC 的业务匹配，以及出发相应的 AS 为用户提供服务。同时 INVITE 消息中还包括了被叫 UE 所处的地域，此时就需要通过 DNS 服务器来查询目的 IMS 网络中的 I-CSCF 服务器所在地，并将 INVITE 消息传递过去，此时 INVITE 消息就来到了被叫侧，I-CSCF 从 INVITE 中提取被叫地址信息，在通过 HSS 查询能够为被叫 UE 的服务的 S-CSCF 服务器，在 INVITE 消息传递到 S-CSCF 中时，S-CSCF 也会进行一次检查，进行 iFC 的匹配，找到被叫侧的相应的 AS 为被叫侧 UE 服务，最后 INVITE 被传递过 P-CSCF 到达被叫侧 UE，UE 检测 INVITE 中，了解到主叫侧 UE 和被叫侧 UE 所共同支持的媒体类型和编码类型，然后从被叫侧 UE 返回一个 183 类型 SIP 指令，将选定的媒体类型和编码速率经由原路返回到达主叫用户。在回传过程中，经过两侧 P-CSCF 时都

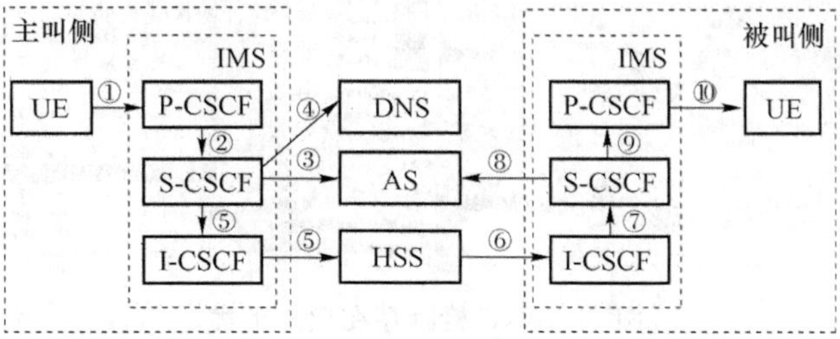

图 3　IMS 会话建立流程

会向 PCRF 发送命令，将 183 中所包含的媒体类型和编码速率都传递给 PCRF，在 PCRF 中执行 QoS 授权验证。并根据其中所包含 UE 的 IP 地址，根据 PCRF 所产生的 QoS 规则取得为其提供会话的承载 SGW 和 PGW 的地址，建立连接。在 3GPP 中已经规定 VoLTE 语音要使用 QCI=1 的专用承载。经此以上的过程会话就可以以分配好的 LTE 网络中的 PGW 和 SGW 为承载在两侧 UE 之间进行了。

三、VoLTE 现网应用及实例优化

本组在济南市进行了实地的工程验证，下面列举了遇到的干扰问题和信号切换问题，通过路测软件测得的数据对问题进行分析，再提出优化措施。

1. 干扰排查及优化

干扰从链路方向分为上行干扰和下行干扰，区分上行或下行干扰不同的表象，有利于快速定位问题和给出解决方案。当上行链路受到干扰的时候，UE 的发射功率通常较高（接近 UE 最大发射功率），而且基站侧测得的 RSSI 偏高。上行干扰问题通过检查各个小区的底噪进行判断。如果某一小区的底噪过高，并且没有与之相当的高话务量存在，则确认存在上行干扰问题，分析干扰原因并解决。当下行链路受到干扰的时候，UE 测得的 RSRP 较好、但是 SINR 偏差的情况，确认为下行干扰问题，分析干扰原因并加以解决。

对于上行干扰的进一步确认和排查：明确干扰所涉及的范围（明确有哪些小区存在此类现象、查看这些小区是否成片分布），大致定位干扰区域。使用频谱扫描仪（如 YBT250）和八木天线进行扫频，进一步定位干扰源。

对于下行干扰的进一步确认和排查：首先确认下行干扰并非系统内部干扰（需要排除越区覆盖、邻区漏配导致的“干扰”现象）。明确了是干扰源来自系统外，需要进一步使用频谱扫描仪和八木天线进行扫频，定位具体的干扰源。

2. 干扰优化实例及解决办法——模三干扰

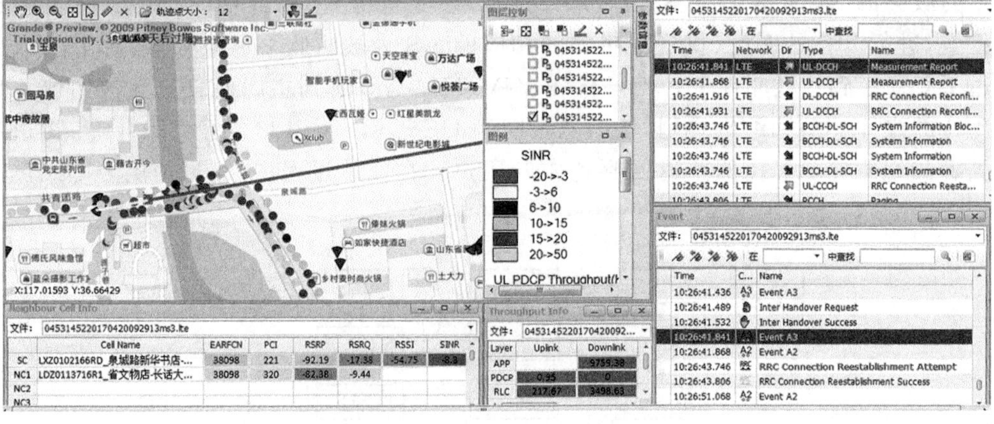

图 4 SINR 检测存在模三干扰

LDZ0113716R1_省文物店-长话大楼分裂机房(PCI 320)与 LXZ0102166RD_泉城路新华书店-明湖小区(PCI 221)存在模三干扰。PCI 指的是物理小区 ID,用来区分小区,因为目前 LTE 组网是同频组网,所以用不同的 PCI 来区分小区,其中 PCI 共有 504 个,从 0 到 503 进行编号。PCI＝3×SSS＋PSS,其中 SSS 是辅同步信号,共 168 组,从 0 至 167 编号,PSS 是主同步信号,共 3 个,即 0、1、2。那么通过公式得到 504 个 PCI,将 PCI 的数值与 3 取模,模三干扰就是 PCI 除 3 之后的余数相同的概念,也就是 PSS 信号相同导致的干扰。

LDZ0113716R1_省文物店-长话大楼分裂机房与 LDZ0113715R1_省文物店-长话大楼分裂机房,PCI 调换。

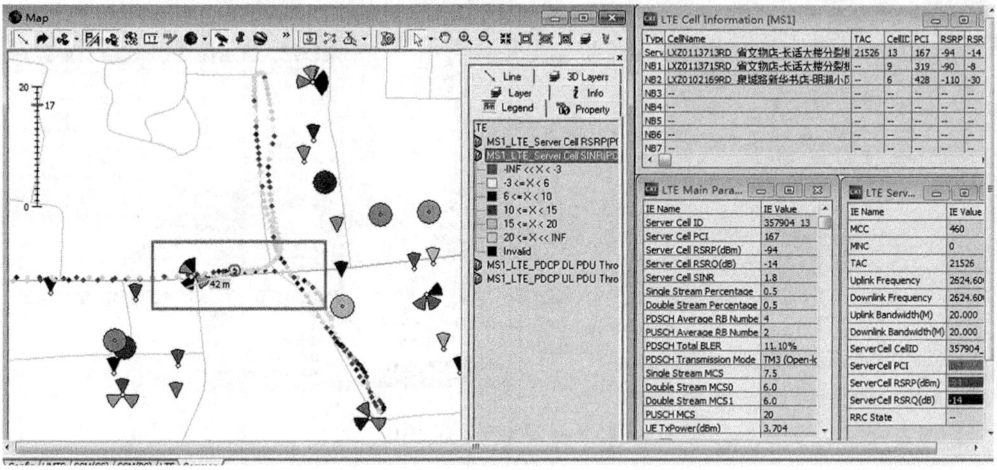

图 5　复测 SINR 干扰消失

3. 切换失败的原因及优化

切换失败将影响掉话率、平均意见值 MOS(Mean Opinion Score)等关键指标。切换优化是一个长期的持续性的工作,需要做好覆盖优化和邻区优化,而不是靠个别参数的调优或启用某些特定功能就能有较大幅度的提高或改善,需要不断地做精做细。

切换问题优化可以通过以下方法开展:

(1)邻区优化需要重点关注漏配邻区的问题:通过路测软件来分析邻区漏配问题;通过 CNO 或健康卫士核查和优化漏配邻区;通过 OMC 统计切换请求次数并结合小区经纬度,批量优化漏配邻区;开启 ANR 功能,完善邻区配置。

(2)切换参数优化:涉及同频/异频/异系统邻区是否完善、邻区参数是否正确、切换参数是否合理或漏配等,需要纳入日常性的核查与优化工作中。

(3)通过 RF 手段优化切换问题,关键在于控制切换区的位置和长度,并尽量保证在切换区里参与切换的信号强度能够平稳地变化,通过调整天线方向角和下倾角来改变切换区的位置和信号分布,优化时要根据实际的环境加以调整。

4. 切换优化实例及解决办法——低 MOS

主叫 UE 占用 LEZ0113379E1_趵北路与黑虎泉路交叉口监控杆 1-郑老师教育西(PCI 271),与邻区频繁切换导致低 MOS。MOS 值常以衡量通信系统语音质量的重要指标。在

MOS 方法中，0 分代表最差的质量，5 分为最高分。标准 PCM 的质量约为 4.4 分。目前，对于 DT 方面的 MOS 测试方法主要通过一个语音盒单元将主、被叫手机的语音链路相连。对于主叫手机的下行 MOS 值是通过被叫手机端发一个标准的声音波形，经过网络达到主叫手机，测试软件对收到的波形与发出的波形进行比较、计算后得出下行 MOS，上行 MOS 为相反过程。对于主叫手机的下行 MOS 值也为被叫手机的上行，因此主、被叫手机的 MOS 值是一样的。

优化该处覆盖情况，减少重叠覆盖。

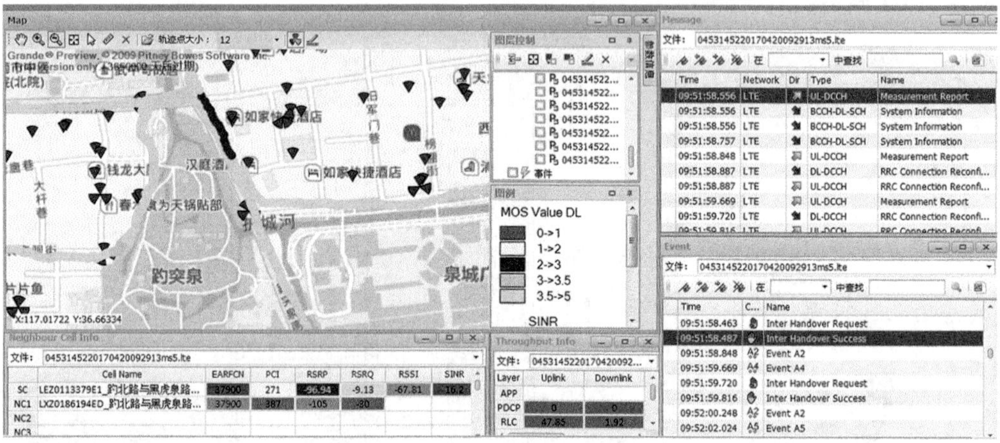

图 6　主叫侧参数检测

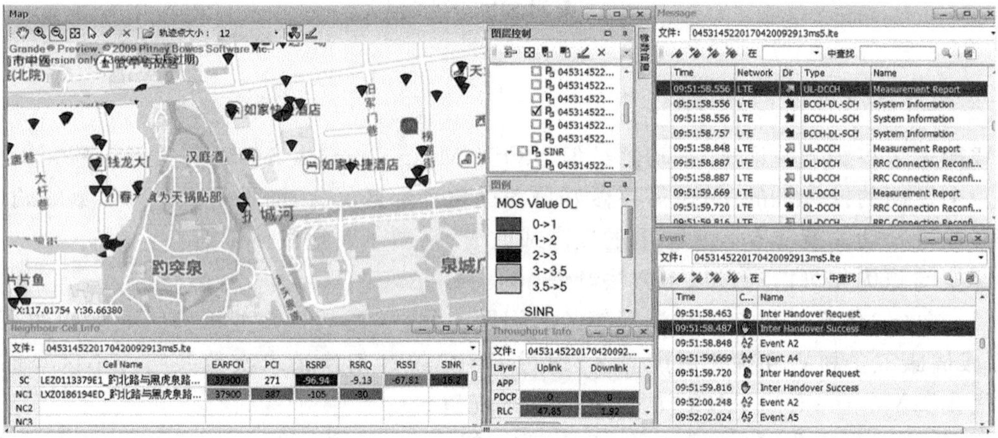

图 7　被叫侧参数检测

四、结束语

随着 4G 网络的全面铺设，LTE 技术商用逐渐趋于完善，国内运营商也加大了给 LTE 用户提供语音业务的研究和验证的力度。其中，CSFB 技术作为一种过渡技术，能够充分利用现有 2G/3G 网络资源，同时也是不少国际运营商选择使用的方案，预计未来商用的可能性比较大；SRVCC 技术相对比较复杂，但是相较于 CSFB 的优势是巨大的。VoLTE 技术作为LTE语音的目标解决方案，最终将替代2G/3G传统语音业务，被各个运营商广泛采纳和部署。

本文提出了一种基于TD-LTE的VoLTE语音技术方案，旨在为VoLTE技术的优化提出更好的改进。首先对VoLTE的现实背景和优势进行了阐述，又详细的分析了VoLTE架构和设计了通话建立流程，掌握了流程中各自指标、参数的用途及标准，接着我组在济南市进行了实地的工程验证，将路测过程中遇到的问题及解决方案与我组的优化方案进行了验证比对，给案例进行了详细分析与优化，通过具体实例佐证了我组方案的可行性。

本文所作研究可以为相关理论分析和实际应用提供参考。

参考文献

[1] 阎秀山，周晓津. LTE语音解决方案和信令流程[J]. 电信技术，2013(12):48-51.

[2] 许慕鸿. LTE语音目标解决方案——VoLTE技术[J]. 现代电信科技，2013(11):33-40+45.

[3] 肖清华. VoLTE能力研究及分析[J]. 移动通信，2015(20):30-34.

[4] 吴琼，薛楠. SRVCC在VoLTE中的应用[J]. 邮电设计技术，2014(02):26-30.

[5] 李华，吴雷雷，于雅静. 浅谈eSRVCC在VoLTE中的实现[J]. 中国高新技术企业，2016(13):76-77.

[6] 张长青. TD-LTE终极语音技术VoLTE应用分析[J]. 移动通信，2014(Z1):52-56.

[7] 文新懿. TD-LTE终极语音技术VoLTE的应用研究[J]. 中国新通信，2016(05):69.

作者简介

张皓月，男，本科生，就读于北京信息科技大学信息与通信工程学院通信1401班。

李泽中，男，本科生，就读于北京信息科技大学信息与通信工程学院通信1401班。

魏琳慧，女，本科生，就读于北京信息科技大学信息与通信工程学院通信1401班。

单雅茹，女，本科生，就读于北京信息科技大学信息与通信工程学院通信1401班。

刘雪，女，本科生，就读于北京信息科技大学信息与通信工程学院通信1401班。

王亚飞，男，高级实验师，研究生导师，北京信息科技大学信息与通信工程学院，长期从事信息通信类专业的教学与科研，多次获得北京市教学成果奖。

李金领，男，讲师，北京中兴协力科技有限公司，长期从事信息通信类专业的教学。

PTN在运营商网络中的设计与实现①

黄　佳　林俊辉　吴嘉敏　孙会芳　潘雨婷　李振松
（北京信息科技大学信息与通信工程学院，北京，100101）

摘　要：分组传送网技术是一个多业务的统一的传输技术，也是一种先进的技术形式，它可以更好地满足IP业务特性的传输需求。PTN不仅支持面向连接和统计复用功能，还具有可扩展性。它能够提供电信级的服务质量（QoS），并具有优良的管理维护（OAM）功能和网络可生存性，同时支持TDM业务和ATM业务。PTN作为IP化演进的主流技术，未来将会发挥其不可替代的作用。

本文研究了PTN关键技术以及其组网原则，在此基础上以北京市朝阳区为例设计出PTN组网方案。根据PTN组网设计要求，通过朝阳区的面积大小与基站覆盖面积的计算确定出朝阳区所需要的3G、4G的基站数量，对基站进行IP与VLAN配置。通过计算核心层、汇聚层、接入层的带宽确定各层环的基站数量，最后用统计复用方法计算总带宽需求。并对该方案用户业务用量需求、带宽需求、设备需求进行了详细的分析，验证了设计方案的合理性和可行性。

关键词：分组传送网　第四代移动通信技术　基站　组网

Design and implementation of PTN in operator network

Huang Jia, Lin Junhui, Wu Jiamin, Sun Huifang, Pan Yuting, Li Zhensong
(School of Information and Communication Engineering, Beijing Information Science and Technology University, Beijing, 100101)

Abstract: Packet transport network technology is a multi service unified transmission technology, is also an advanced technology form, it can better meet the transmission requirements of IP service characteristics. PTN not only supports connection oriented and statistical multiplexing functions, but also has scalability. It can provide quality of service (QoS) at telecom level, and has excellent management maintenance (OAM) capabilities and network survivability, while supporting TDM services and ATM services. As the mainstream technology of IP evolution, PTN will play an irreplaceable role in the future.

In this paper, the key technologies of PTN and its networking principle are studied. On this basis, the PTN networking scheme is designed by taking Beijing, Chaoyang District as an example. According to the PTN network design requirements, through the size of Chaoyang District and the calculation of base station coverage area, determine the number of base stations required for 3G and 4G in Chaoyang District, and configure the base station for IP and VLAN. By calculating the bandwidth of the core layer, convergence layer and access layer, the number of base stations of each layer is determined. Finally, the total bandwidth requirement is calculated by the statistical multiplexing method. The user's service requirement, bandwidth demand and equipment demand are analyzed in detail, and the rationality and feasibility of the design are verified.

① 项目来源类别：2017年北京“实培计划”大创深化项目。

Key words: Packet Transport Network　The 4 Generation mobile communication technology　Base station　Networking

一、引言

随着通信的发展,要求传送的信息已经不仅仅是语音,还有文字、数据、视频、图像等,同步数字体系(Synchronous Digital Hierarchy,SDH)由此诞生,它解决了当时的用户业务需求。随着人们有了更高的需求,业务向全 IP 转型对承载网的需求加大,城域传送网不仅需要承载 2G/3G 的语音和数据业务,还有集团客户和家庭业务的需求。然而,目前国内运营商采用的城域传送网 MSTP/SDH 是以电路交换为核心,承载 IP 业务效率差,即 MSTP 无法彻底解决 IP 业务在传送网的承载问题,所以 MSTP 逐步向 PTN 发展已是必然趋势。

PTN 技术是一种先进的技术形式,它可以更好地满足 IP 业务特性的传输需求,PTN 也即分组传送网,是一个多业务的统一的传输技术。PTN 技术包含了 IP/MPLS、以太网和传送网三种技术,能够较好地传送电信级分组数据业务,同样也支持传统的语音业务。PTN 不仅支持面向连接和统计复用功能,还具有可扩展性。它能够提供电信级的服务质量(QoS),并具有优良的管理维护(OAM)功能和网络可生存性,同时支持 TDM 业务和 ATM 业务。PTN 保留了 IP 技术的可复用原则和简单快速灵活的优点,摒弃了 IP 技术易拥塞以及不易管理和不可控的缺点。当前的 PTN 技术主流主要是 T-MPLS 以及 MPLS-TP,一般来说,MPLS-TP 更加先进,当然 T-MPLS 可以通过软件升级的方式变为 MPLS-TP。

本文在深入研究 PTN 技术的原理及其组网规则的基础上,为北京市朝阳区建设 PTN 城域传送网提供规划方案,建设高性能的传送网络,提高网络的覆盖范围和业务承载能力。能够为大客户、集团用户和家庭用户提供快速高效的服务。

二、项目实现和具体方案

随着目前用户对通信业务的需求及其通信网络的发展,3G 和 4G 网在移动运营商网络中还会共存一段时间。从几年来数据业务流量发展形势分析,采用 PTN 建设城域网,一方面,支持以语音业务到数据分组业务的转型,实现移动业务平台的转型;另一方面满足 3G、4G 业务和流量的需求,提供效率高、可靠性高、高质量的时分复用传送技术,有助于推动运营级以太多业务汇聚层和传送层的平滑演进。

1. PTN 城域网组网要求

(1) 核心骨干层 PTN 组网要求

PTN 设备具备强大的端到端保护功能,可以在核心节点配置 PTN 设备作为核心层落地设备,设置大容量的业务盘,通过 1+1 TRUNK 备份发送至相应的 RNC。核心节点下挂汇聚环的 PTN 设备,采用中兴 ZXCTN 6300 设备,在汇聚层采用 10GE 环路需要配置 10GE 接口板卡或插盘,实现 OTN 平台与相对应的每个 RNC 节点的 PTN 设备互联互通,需要配置大容量的 GE 业务板卡,互联互通的 GE 设备的数量则根据接入点的带宽需求。当 OTN 平台不能覆盖至城区骨干节点,可以通过在核心节点与城区骨干节点组建 PTN

10GE城区骨干环，在骨干节点下挂10GE汇聚环，完成汇聚环的接入问题。

(2) 汇聚层PTN组网要求

在汇聚层PTN进行组网时，PTN汇聚节点不但需要覆盖现有的汇聚层节点，而且需要覆盖全业务汇聚层的节点，其配置原则根据4G基站建设和全业务发展规划进行；一个10GE的汇聚环一般需要考虑6～8个汇聚节点，这些汇聚节点可以挂在单个核心层节点或者两个核心节点两端PTN设备之间组成环网，有利于进行电路和业务的保护。汇聚层汇聚节点配置原则：

考虑每个PTN汇聚节点平均接入Node B的数量在50个，每个Node B的接入带宽为20M，接入层的带宽收敛比按照1∶2进行设置，那么对应的每个PTN设备汇聚节点的Node B业务接入量为0.5GE，比如每个汇聚环上节点数量按照6～8个分配，一个10GE的汇聚环路中Node B业务占用带宽为3GE～4GE。随着全业务的开展，PTN汇聚环中接入大量的综合信息接入点。其中综合接入业务主要包括：专线接入和普通互联网接入。专线业务接入带宽为10M，20M，在接入层带宽不进行收敛；普通互联网业务的接入带宽为100M，带宽的收敛比考虑50∶1。

带宽计算如下：

综合信息接入点的接入带宽＝专线接入带宽＋普通互联网带接入带宽

综合信息接入点的带宽为20M～30M，考虑汇聚层为10GE的汇聚环，那么可供综合信息接入点所用带宽计算如下：

可供综合信息接入点所有带宽＝汇聚层带宽－NodeB业务所占带宽

可供综合信息接入点所用带宽为6GE～7GE，因此每个汇聚环可接入综合信息接入点为(6GE～7GE)/(20M～30M)为230～300个。综上所述，Node B的带宽设定为20M，已考虑了4G基站带宽的业务需求。按照一个汇聚环6～8个汇聚节点组成一个10GE的汇聚环，在中期及远期发展角度分析即可以满足综合信息的接入，也可以满足4G基站的业务需求。

(3) 接入层PTN组网要求

PTN接入层考虑业务和电路的保护需求，根据用户接入点地理位置分布情况的原则，以小型PTN设备组成GE接入环。当节点数量少于3个，可以下挂支链形式；当节点数量较多时，考虑组成环网，有利于业务和电路的保护。接入层基站峰值带宽为20M，接入数量考虑8个，带宽计算如下：

接入环带宽＝环上4G站点×基站峰值站带宽×2(APS保护)

当考虑收敛比时，实际接入环上的业务流量远小于规划带宽，可以满足接入业务的需求。

2. PTN组网模式分析

PTN完全独立组网

PTN完全独立组网模式是指从接入层、汇聚层至核心层全部采用PTN设备。形成分组传送平面，由于采用PTN完全独立组网模式，势必与现有的网络MSTP长期共存，在业务侧规划和电路侧配置时需要进行单独设计，在网管配置时可以统一管理和维护，原有的3G业务继续在原来网络MPLS平面进行传送，新增4G业务包括语音、数据等业务在新建的PTN网络中传送。

在 PTN 独立组网模式下，其中接入层采用 GE 速率组环，汇聚层节点和核心层节点采用 10GE 速率组环，一方面在大型城域网中，由于核心节点较多，尽管网络接口使用 GE 光口，但是由于核心层节点与 RNC 节点进行连接时，环路上节点较多，使剩余量很低，如果考虑进行设备侧扩容，会导致需要将整个网络进行扩容，这样增加了成本和额外的投资。另一方面采用 PTN 独立组网，网络结构清晰，管理和维护方便，但是占用较大的光缆纤芯资源，同时还要考虑电源系统的配置。

PTN 独立组网图如图 1 所示。

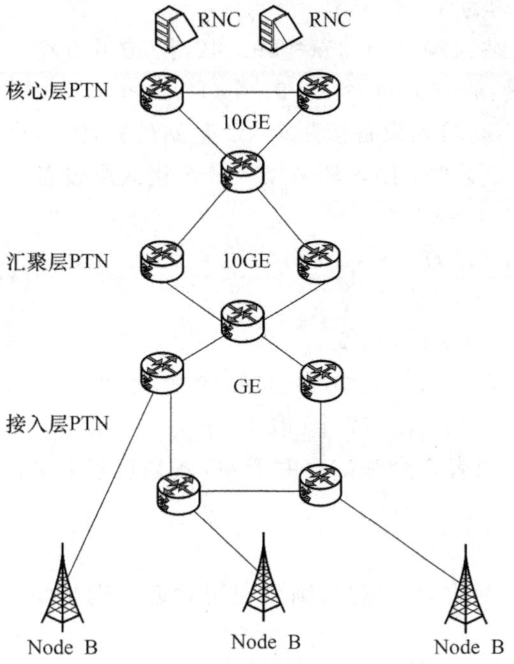

图 1　PTN 独立组网图

在 PTN 完全独立组网模式下，具有以下优缺点，如表 1 所示。

表 1　PTN 完全独立组网模式优缺点

序号	优点	缺点	应用领域
1	组网清晰、维护便利，有利于业务的开通和维护	占用较多的网络光缆纤芯资源	规模中小型城域传输网
2	中后期随着组网规模的扩大、成本的降低，相应成本会大幅度降低	初期需要部署核心层和汇聚层，建网成本较高	
3	严格隔离基本业务承载和高等级业务承载互相的冲击		

3. 北京市 PTN 网络拓扑规划

在以下规划中，我们小组会主要以朝阳区作为网络规划的目标，然后其他几个区的网络规划就与朝阳区类似，最后再将每个区的核心层设备再连接到一起，经核心落地层，相关服务器连接到以太网。

(1) 准备工作

以朝阳区为例，朝阳区面积为470.8平方千米，主要有19个地区、24个街道。

此次规划主要考虑4G业务、3G业务、集团大客户业务和家庭宽带业务（在分配基站、相关设备以及带宽计算时，都是按照43个主要街道地区进行均分）：

① 4G业务

4G基站覆盖面积大约为0.25π km^2，

所以大约需要4G基站：470.8/0.25π≈598.42个（取600个）。

每个地区的基站数量：n=600/43≈13.95个（取14个）。

按照一个ZXCTN 6150接入设备接两个4G基站计算，需7个接入设备，就按照8个设备计算（可以留作备用），需要两个接入环来接入8个接入层设备。

所以共需接入环：43×2=86个。

接入层设备(ZXCTN 6150)：43×8=344个。

② 3G业务

3G基站覆盖面积约为0.36π km^2，

大约需要3G基站数量：470.8/0.36π≈416.49个（取420个）。

每个地区基站数量：420/43≈9.77个（取10个）。

一个接入层设备接1或者2个基站。由于4G规划已经有86个环，344个设备，可以支持接入所有3G基站。

③ 专线集团用户

假设每个地区有2个专线集团用户，则可利用就近原则将集团用户接入到就近的接入层设备。

④ 家庭用户

目前PTN网络接入家庭用户的代价较高，需要的带宽也很大，但是考虑到PTN网络的可靠性以及相关优点，我们规划在每个地区只接入200户PTN网络的家庭用户。按照地区分布，连接相关设备之后再接入到接入层设备中。

(2) 朝阳区网络拓扑图

根据以上计算，可规划出如图2所示的网络拓扑图。

(3) 带宽计算

我们此次网络规划考虑到未来建网扩网的方便性，在接入层采用10GE，汇聚成采用40GE，核心层采用100GE的PTN网络，且带宽收敛比采用接入层∶汇聚层∶核心层=8∶6∶4。

接入层：

每个4 G基站需带宽80 M，共80×600=48 000 M，

每个3 G基站需带宽12 M，共12×420=5 020 M，

专线用户共需100×43=4 300 M，

家庭用户每户分配带宽20 M，共200×43×20=172 000 M。

所以接入层共需带宽约为24 G。

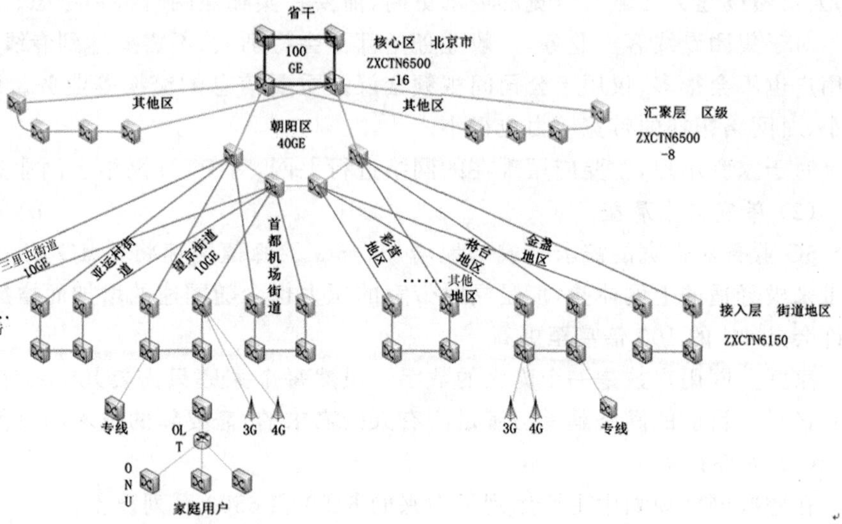

图 2　网络拓扑图

每个接入环需约 3 000 M，

3 000 M<10 G，带宽足够，且留有很大冗余。

汇聚层：

需带宽 24 G×0.75=18 G，

18 G<40 G，汇聚层带宽足够。

核心层：

需带宽 24 G×0.5=12 G，

12 G<100 G，核心层带宽足够。

（4）资源统计

根据以上分析，统计出此网络拓扑结构所需要的设备数量，如表 2 所示。

表 2　网络设计资源统计表

网络结构	成环数	每环节点数	带宽	设备型号	设备数量
接入层	86	6	24 G	ZXCTN 6150	344
汇聚层	1	6	18 G	ZXCTN 6500-8	4
核心层	1	1	12 G	ZXCTN 6500-16	4

4. 扩充设计部分

（1）业务使用人群、用量分析

随着 4G 业务使用的人数急剧增加，3G 业务使用的人数就会相应减少，并且未来几年内 5G 业务将可能投入使用，这也是网络发展的必然趋势。目前用户对 4G 业务的需求相对较高，4G 的网络速度不仅能够满足日常简单地使用，并且在观看直播以及相关视频业务的时候也提供了很大便利，不用必须依赖于无线 Wi-Fi。北京市是一个人口和建筑都十分密集的城市，理论性的覆盖范围与实际情况必然有出入，4G 基站的覆盖范围随建筑密集而减小，人口密度超大区域对带宽的需求更高，需要在实际建网时特别考虑。

对于集团专线客户业务，一般业务量都不会特别大，不需要达到专线带宽。需要专线带宽用户也不会很多，仅用于公司间视频会议及重要信息的交换等业务。所以这方面的用量较小，对网络拓扑的带宽压力也很小。

对于家庭用户，主要应用现在的网络进行上网，对PTN网络上网业务的需求比较小。

（2）带宽需求展望

5G业务对带宽的需求会成倍地增加。5G的峰值网速将是4G的100倍，虽然会给用户带来极舒适的上网体验，但是同时带宽的压力也会随网速的增加而增加。5G基站的带宽也许会是4G的100倍甚至更高。

家庭上网用户数是一个庞大的数字。虽然每个家庭只需要几十兆带宽，但是总带宽将达到亿级。目前的网络是无法满足所有人的需求的，需要新的技术和设备来实现这一目标。

（3）设备分析

在此次网络规划中主要用到了中兴的6150和6500系列设备。

ZXCTN 6150交换容量60～90G，定位于大容量接入；提供6～9路10GE高速接口，同时支持E1、STM-1、FE、GE等低速接口；支持CEP和层次化QoS。

将ZXCTN 6150设备主要用于接入层，并且接入10GE带宽接口。当前10GE留有足够冗余，但考虑到网络的发展，当5G基站接入以及大量的PTN网络的家庭用户接入时，对带宽的需求将增高，所以接入了10GE环。

ZXCTN 6500是业界首款100GE/100G信道化系列产品，采用统一交换，支持MPLS-TP分组业务和CBR（TDM等）业务的混合承载，具备多业务承载能力，支持E1，ch/CEP STM-1/4，FE，GE，10GE，40GE，100GE/OTU4等多种业务接口，支持L1/L2/L3业务的统一高效承载和面向SDN的控制架构。ZXCTN 6500系列具有T级别超大容量、300 mm深、高低速槽位分区加解耦合设计，提供全方位保护、高精度1588V2时间同步等功能，产品性能卓越。ZXCTN 6500系列产品的推出有效地解决了承载网面向IP化、带宽化、综合业务化的方向发展的技术难题。

对于汇聚层和核心层，它将要处理的业务量和带宽需求都是更大的，是接入层的几十倍、几百倍。因此对设备的要求特别高，因此我们选择了目前性能更好的6500系列设备，用于核心层和汇聚层的数据处理。在汇聚层接入40GE环，在核心层接入100GE环，都是考虑到层次越高，业务量越大，带宽需求大，并且考虑网络的发展，为未来扩容建一个良好的硬件基础，我们做出了上述选择。

三、总结与展望

本文以北京市朝阳区为例，做了组网规划，通过朝阳区的面积大小以及4G基站的工作范围计算出了朝阳区需要多少基站，计算接入环带宽以确定每个接入环接入基站的数量，最后按统计复用方式检查汇聚环和核心环带宽是否够用，对每个基站配置它的IP地址和VLAN，并对整个组网进行保护，检查这些保护是否正常运行。在此基础上确定了设备选择和业务设置问题。

PTN的演进之路才刚刚起步，其未来的发展趋势还需看应用平台上的需求。随着移动互联网、IMS、LTE 等业务的蓬勃发展，大量视频和数据 IP 化业务不断涌现，使得基于 SDH/MSTP 的城域传送网面临巨大挑战。大容量、高效率、低成本的运营需求和移动回传、大客户专线等高品质业务的综合承载需求，迫使城域传送网实现从传统的电路交换型传送网向新一代分组化承载网络的全面演进。

参考文献

[1] 李建强. PTN 在城域传送网中的应用研究[D]. 南京：南京理工大学. 2012.

[2] 孙焘. 移动城域传送网 PTN 组网设计与实施[D]. 北京：北京邮电大学. 2011.

[3] 金家炜. PIN 技术在移动城域传送网中的应用及建设策略研究[D]. 上海：上海交通大学. 2012.

[4] 严令玲. PTN 在城域传送网中的应用研究[D]. 北京：北京邮电大学. 2011.

[5] 杨保磊. PTN 传输网在枣庄移动的应用研究[D]. 南京：南京邮电大学，2011.

[6] 季海峰. 南京移动 PTN 网络组网规划技术及其应用的研究[D]. 南京：南京邮电大学，2012.

[7] 张欣. PTN 网络演进中的 OAM 研究[D]. 北京：北京邮电大学，2012.

[8] 石峰. 全业务下本地传输网与宽带接入网及 IP 城域网协调建设研究[D]. 北京：北京邮电大学，2010.

[9] 饶玉柱. PTN 与其他传送网互联互通的研究与测试实现[D]. 北京：北京邮电大学，2010.

[10] 尹晓. SDH/WDM/PTN 在移动通信中应用的研究[D]. 天津：天津大学，2010.

[11] 宋鹏穗. 分组传送网在城域网中应用[D]. 南京：南京理工大学，2013.

[12] 乐垠. 上海移动 PTN 网络技术研究[D]. 上海：上海交通大学，2013.

作者简介

黄佳，男，本科生，就读于北京信息科技大学信息与通信工程学院通信 1402 班。

林俊辉，男，本科生，就读于北京信息科技大学信息与通信工程学院通信 1401 班。

吴嘉敏，女，本科生，就读于北京信息科技大学信息与通信工程学院通信 1401 班。

孙会芳，女，本科生，就读于北京信息科技大学信息与通信工程学院通信 1401 班。

潘雨婷，女，本科生，就读于北京信息科技大学信息与通信工程学院通信 1405 班。

李振松，男，讲师，北京信息科技大学信息与通信工程学院实验师，长期从事通信工程专业的本科教学，曾获北京市高等学校教学成果奖。

面向 LTE 的 PTN 承载网络的设计与实现①

王　耀　朱逸峰　姜　欢　纪银辉　盖贝贝　李振松

（北京信息科技大学通信学院，北京，100101）

摘　要：随着 LTE（Long Term Evolution，下一代移动无线网络）的发展，IP（Internet Protocol，网络之间互连的协议）/Ethernet（以太网）类业务成为占统治地位的主导业务类型，网络结构趋于扁平化，原有 2G/3G 承载网络已无法满足 LTE 承载需求。为满足 LTE 承载网络的 X2 接口需求、S1 接口需求以及承载带宽等需求，面向 LTE 的 PTN（Packet Transport Network，分组传送网）承载网络的设计与建设势在必行。本次毕业设计根据 PTN 原理、LTE 承载网络需求等内容进行 PTN 承载网络方案的设计。

本次毕业设计以 PTN 的端到端的伪线仿真、多业务统一承载等关键技术为基础，根据 LTE 承载网络 X2 接口、S1 接口以及带宽等需求，进行“Mesh 形”组网，搭建“日字形”网络拓扑，设置隧道 1∶1 的隧道级保护、Wrapping 的环网保护，DNI 的伪线级保护、FRR（Fast Reroute，快速重路由）的路由保护等，最后选择中兴 6220、9004 和 6500 设备作为承载网络接入、桥接和核心设备并配置业务侧与管理侧 IP 地址和 VLAN（ Virtual Local Area Network，虚拟局域网）。

本文首先介绍了研究背景，然后具体说明 PTN 技术原理，接着阐明 LTE 网络变化与需求，再根据需求及技术特点设计 PTN 承载网络并进行保护机制配置，最后在中兴设备上再现网络设计方案，最终设计方案得以验证。

关键词：PTN　LTE　组网　规划

Design and implementation of PTN bearing network for LTE

Wang Yao, Zhu Yifeng, Jiang Huan, Ji Yinhui, Gai Beibei, Li Zhensong

(School of Information and Communication Engineering, Beijing Information Science and Technology University, Beijing, 100101)

Abstract: As the LTE (Long Term Evolution, the next generation of mobile wireless networks), the development of IP (Internet Protocol, the network interconnection agreement between)/Ethernet (Ethernet) business to become the dominant leading business types, tend to flat network structure, the original 2G/3G hosted network have been unable to meet the demand of LTE bearing. To meet the demand of bearing Network LTE X2 interface, S1 interface needs, and carry the bandwidth requirements, such as LTE oriented PTN (Packet Transport Network and Packet Transport Network) hosted Network design and construction is imperative. The design of PTN bearing network scheme is based on PTN principle and LTE bearing network demand.

The graduation design in PTN end-to-end pseudo line simulation, more uniform load of the key technology as the foundation, according to the LTE hosted Network X2 interface, S1 interface, and bandwidth re-

① 2017 北京“实培计划”大创深化项目。

quirements, such as "Mesh shape" Network, set up "stud" Network topology, level set tunnel 1 : 1 tunnel protection, Wrapping ring Network protection, DNI pseudo level line protection, FRR (Fast Reroute, Fast Reroute) routing protection, finally choose ZTE 6220, 9004 and 6500 equipment as hosted Network access, bridge, and the core equipment and configure business side and management side IP address and VLAN (Virtual Local Area Network, Virtual Local Area Network).

This article first introduces the research background, and then specify PTN technology principle, and then clarify LTE network changes and demand, according to demand design and technical characteristics of PTN bearing network configuration and protection mechanism, finally reproduce on ZTE equipment network design, final design scheme to verify.

Key words: PTN　LTE　Network　planning

一、绪论

本章介绍了面向 LTE 的 PTN 承载网络的研究背景、网络现状以及面临的挑战，并给出了本文的章节安排。

1. 研究背景

随着移动网络的不断发展，以及终端上网用户数量的大幅增加，运营商网络中 IP 流量的需求呈爆炸式增长。与以往相比，业务需求类型也大有不同。移动通信技术由早期的 2G/3G 发展到目前的 LTE，其终端下行的峰值速率已能达到 100 Mbps。我国随着 2013 年 12 月 4G 牌照的发放，LTE 网络进入高速建设时期。

中国移动在 3G 时代承担起具有我国自主知识产权的时分同步码分多址即 TD-SCDMA(Time Division-Synchronous Code Division Multiple Access)网络的建设与运营。随着大众对移动业务高服务质量的需求与要求，多媒体、互联网等多种技术融合，移动互联网业务高速发展，LTE 的时代到来了。中国移动于 2013 年完成了 TD-LTE 商用测试，并在多个省市大规模商用。

随着 LTE 的发展，IP/Ethernet 类业务成为占统治地位的主导业务类型，面对这种业务传送需求，传输网作为基础网络，起到了承载运营商各种业务的作用。早期的 SDH(Synchronous Digital Hierarchy，同步数字系列)/MSTP(Multi-Service Transmission Platform，多协议标签交换)技术，由于使用时分复用技术，现主要负责小颗粒 TDM 的 2G 基站业务。随着 3G、LTE 通信技术发展，IP 流量的爆炸式增长，以时分复用技术为基础的 SDH/MSTP 已经无法满足新的业务承载需求。而 PTN 网络以 MPLS-TP 协议为核心，以电信级标准高效传送以太网业务为根本，既具备数据通信网组网灵活的特点和统计复用传送的特性，又继承了传统光传送网络面向连接、快速保护、OAM(Operation，操作；Administration，管理；Maintenance，维护)能力强等优点。面对目前移动接入网 IP 化及业务需求多样化的变化趋势，现阶段分组传送网 PTN 具有多业务承载能力，对 IP 分组业务承载效率高；具有强大的保护能力，完善的 OAM 机制和网管功能；具有统计复用和 QoS(Quality of Service，服务质量)能力；提供精确时间和频率同步能力等优势，现阶段同路由器/IP RAN (Ip Radio Access Network，无线接入网 IP 化)相比，具有很强的成本优势。综合以上的优点，面向 LTE 的 PTN 承载网络必将成为运营商的首选。

总之,PTN具有多业务承载、提供端到端的区分服务、全程电信级保护机制等突出特点,在LTE时代必将成为承载网络的中坚力量,对PTN承载网络的研究势在必行。

2. PTN网络现状和面临的挑战

随着IP化的趋势,对于分组技术的选择国内的运营商都是一样的。当前,中国移动以建设PTN为主的回传网络为主,中国电信建设以IP RAN为主,中国联通大规模建设IP RAN,同时部分引入了PTN。中国移动已经开始研究在PTN基础之上,启用三层路由功能的承载方案。在中国移动的现网中,PTN已经广泛应用并大规模推广,目前已经成为中国移动承载网的主流技术。

PTN技术已经得到了广泛的应用,目前PTN的新的要求和挑战主要有两大方面:

一是LTE的承载问题,LTE需要更加扁平化的回传网络,不仅核心层的PTN需要支持L3 VPN以达到LTE业务承载的要求,对于快速发展的带宽需求也随之而来。PTN对多业务承载和运维性能要求较高,如今PTN的规模越来越大,承载的业务也越来越多,这也就意味着市场对PTN网络的多业务承载和运维性能的标准也随之增高,LTE业务的带宽需求越来越大,所以根据计划汇聚层PTN的10GE线路侧接口已经不能满足所需了,衡量承载网设备产品的主要标志变成易维护性和便携性。

二是PTN的省干和国干的需求问题,通过引入PTN干线来解决大客户业务承载的需求。另外,体型小,接口速度快,容量更大的PTN产品将会变成主流,所以让PTN网络给省干和国干网络当作集客承载网络也是必定的趋向。与此同时,想要满足全业务运营的网络融合的要求,就需要深入发展承载网,全业务的运营需求加快了OTN和PTN的合并发展,繁衍出全新的光传送网的产品POTN为产物。许多世界领先的运营商和设备制造商都在积极的合作,加快了POTN的商业化过程。

PTN作为承载设备,能够提供多种接入能力,更高的端口速率和更大的端口容量。运营的主要需求就是容量大,效率高、成本低,而综合承载需求主要就是移动回传、大客户专线等高品质业务,正是这些需求促使了城域传送网从传统的电路交换网络到新一代分组承载网络的全面进化。

3. 论文结构

本文首先对PTN和LTE的关键技术进行简介,然后通过分析LTE承载需求及特点进行承载网的网络规划,输出对PTN演进方案的研究,最后应用PTN设备进行组网设计方案的模拟再现,给出见解和展望。

本文共分五章:

第一章:绪论。本章介绍了面向LTE的PTN承载网络的研究背景、网络现状及面临的挑战,并给出了论文的章节安排。

第二章:PTN技术简介。围绕PTN进行技术简介。说明PTN原理及其技术特点。对本章进行总结。

第三章:LTE承载需求及关键技术。首先通过LTE网络与2G/3G网络比较,表明4G网络的需求差异,然后具体分析LTE承载网络需求、需求特点和关键技术。对本章进行总结。

第四章:PTN承载网络方案设计与实现。针对LTE网络需求,进行PTN演进方案研究及承载网络方案设计，最后在中兴设备上进行配置，并做出本章总结。

第五章：总结与展望。对全文进行概括总结，阐述对未来的展望。

二、PTN 技术简介

1. PTN 概论

PTN 是指一种光传送网络的架构和具体的传送技术，即在底层的光传输介质和上层的 IP 业务之间单独设定一个层面，这项设计把分组业务作为核心业务，专门为解决分组业务流量的特殊性需求如突发性和统计复用传送等服务，并且支持其他多种业务，总体的使用成本更加低廉，却传承了光传输本身的所有优点，比如安全性较高，可以扩展，可用性较高，可靠性较高，带宽管理的机制非常高效，OAM 和网管十分便携等。

2. PTN 原理

作为一种主要工作于分组业务的传送网络和技术，PTN 主要用于城域网汇聚接入层，把分组业务作为中心业务，并且支持其他多种业务，不仅拥有统计复用传送和数据通信网络组网灵活的特性，而且光传送网的那些传统的优点也得到了继承，如快速保护和 OAM 能力高等优点。

PTN 面向连接的高速转发是经过标签交换的机制完成的；各种端对端的模拟是由 PWE3 技术来完成的；端对端的 QOS 的控制是由 DiffServ 模型实现的；统计复用是由保证带宽机制和突发带宽机制两种机制完成的；精准的时间同步和频率同步是由同步以太网和 TOP 技术以及 IEEE1588v2 这些技术完成的；拥有所有设备的维护，线性复用段的维护和 MPLS Tunnel APS、LAG 等这些多种多样的保护方式，OAM 的能力也和 SDH 的电信级近似。这么多的技术整合成了 PTN，他为能高质量、高效率地承载 3G 基站和全业务做了很好的奠基。

作为一种新型的设备制式，PTN 和 SDH 不管是在工作原理还是可能承载的各类业务都有很大的区别，我们要把 PTN 的优点全部发挥出来，让以后新的 PTN 可以更适合于 3G 以及全业务的工作。

在 3G 时代，对带宽的要求一般会比 2G 时代的要求高过 10 倍，所以在组网模型时，让骨干层网络和核心层网络的带宽的压力快速上涨。但是如果还使用 SDH/MSTP 网络那样依旧采取 10 Gbit/s 环的方法解决这个问题，那么核心骨干环的带宽就很快会被用完并且需要额外的容量，但是因为环形的结构本身灵活性就比较差，扩容需要的资金也就更高，因此改善 PTN 网络结构中核心层网络和骨干层网络就成了重中之重。最后是简化 PTN 结构是通过采用 OTN 的大容量业务以及电信级保护能力来达成的。

如图 1 所示，能看到使用 PTN 设备进行组装网络时，接入层与汇聚层的系统依然是使用环形结构来搭建的，此中，接入层是使用的 GE 速率组环，汇聚层使用的是 10 Gbit 的以太网来组环，为了防止骨干节点与汇聚节点无效，所以选用了双节点挂环的有效结构。但是骨干层中不继续使用环形结构，而是用 OTN 提供的 GE 或者 10 Gbit 的以太网链来连接每一个骨干层节点和与它关联的那个核心层节点。与此同时，核心机房内全都配有两套大型的 PTN 设备，用来调度这个机房内各项业务以及接入的各个设备端口，并分担实现安全。

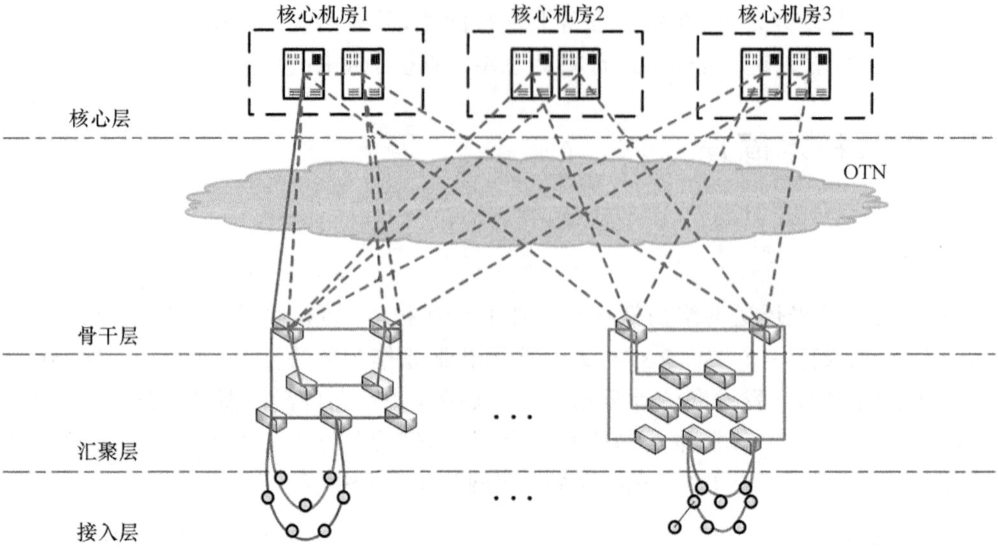

图1 大中型城域网的PTN组网方案

对于保护来说，为了实现SDH网络SNCP这种方式的保护，它建立了端对端的MPLS Tunnel保护系统，并且，为了防止由于端对端的保护路径间隔过长从而导致主体和备用Tunnel同时发生无效事故，就使用FRR保护去保护核心层，使用PW双归保护进行保护接入层。而3G RNC，它采用了GE接口，为了防止单接口实现从而引发大批的业务终止，所以在PTN的核心层设备在接入RNC接口时引入了ECMP保护。

PTN在结构上和现有的SDH/MSTP网络最大的区别就是其核心层节点与骨干层的组网不使用环形结构了，是使用了结构优化十分优秀的直接链路连接。

3. PTN技术及特点

(1) PTN技术特点

① 多业务承载

如图2所示，此技术对于汇聚型业务的承载有很大优势，可使骨干层的PTN节点的业务穿通花费有效减少，并且使PTN节点的利用率大大提高。

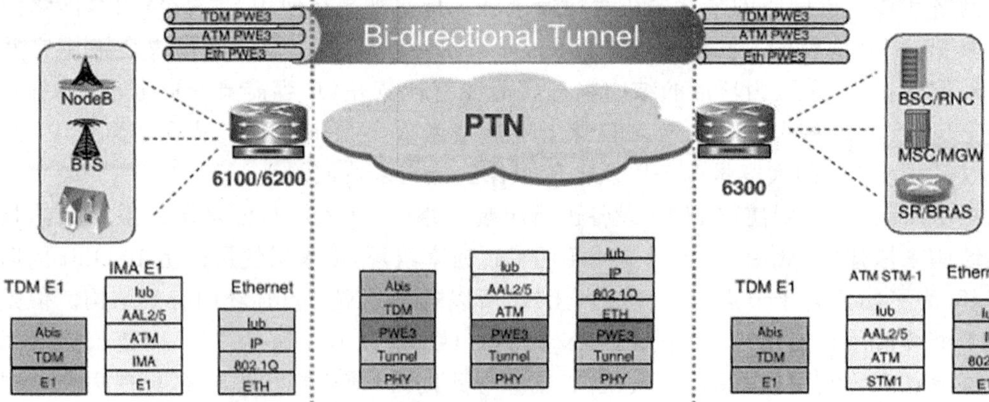

图2 多业务统一承载

端到端的伪线仿真，即 PWE3，是一种端对端的二层业务承载技术，它能真实模拟 ATM、FR、ETH、TDM、SDH 等各种业务的特性和行为，通过以 LDP 为命令，模拟并透明传递 CE 端的各类二层业务，把分组交换网络和传统网络连接起来，达到网络扩展和资源共享的目的。同时能兼容 TDM E1/IMA E1 / POS STM-n / chSTM-n / FE / GE / 10GE 等各类接口，实现 TDM 和 ATM 以及 Ethernet 的多业务统一承载。

② 提供端到端的区分服务

如图 3 所示，当某一节点中的一个方向出现了带宽不满足需求的问题时，可以直接让 OTN 加上一条额外的链路，从而简单快捷地实现骨干层带宽的扩容。

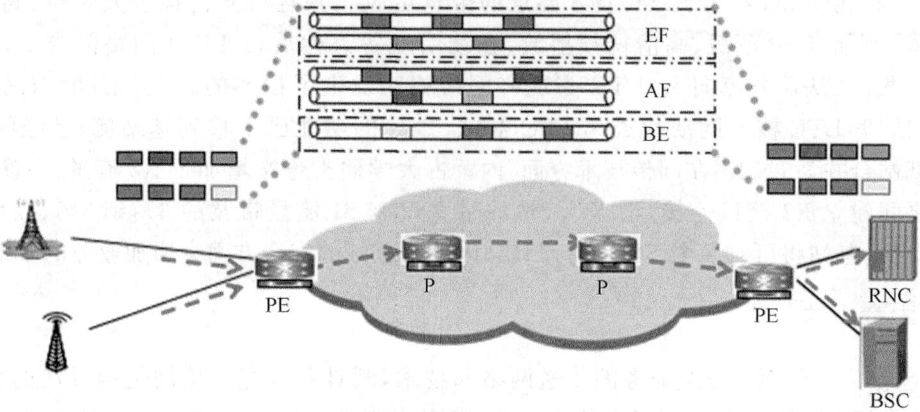

图 3　提供端到端的区分服务

网络入口：用于区分业务优先级并映射到隧道。

转发节点：通过 PQ、PQ＋DRR、PQ＋WFQ 等方式根据隧道优先级顺序进行调度。

网络出口：去除隧道层标签，还原业务的 QoS 信息。

③ 全程电信级保护机制

如图 4 所示，全程电信级保护机制有效减少了业务调度的层次，达到了网络扁平化的效果。

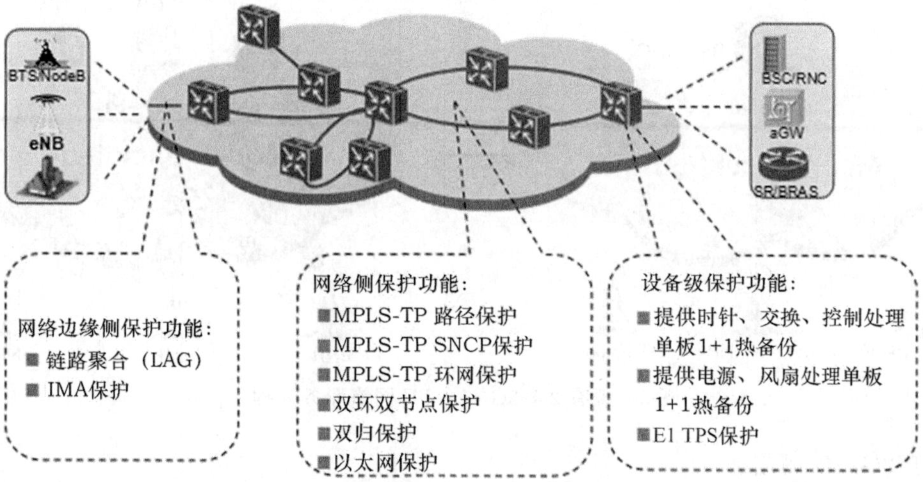

图 4　全程电信级保护机制

业务汇聚至骨干节点后，只需经过一跳便可到达目标核心节点，有效减少了许多穿通节点，大大提高了路由管理的效率以及业务的安全性。

(2) LTE移动回传技术

所谓的移动回传(Mobile Backhaul)就是从移动核心网至基站间信息两传输过程。它在移动通信网络中，充当着重要的角色。回传技术通过多种物理媒介，从基站控制器侧(BSC)到基站(BTS)间建立一个安全可靠的信号传送通道。从TDM技术、ATM技术，移动回传技术已经发展到IP技术。基站多样化的上行接口也应运而生。相比于2G/3G网络，移动回传技术对LTE承载网提出了更高的要求。

首先，相比于3G技术，LTE技术要求的带宽更宽。并且可支持很多大颗粒、高带宽的业务需求，例如：P2P下载、高清视频播放、在线游戏等。然后，LTE在网络需求上，网络延时更低。最后，从业务流向上，LTE与现有网络相比发生了根本的改变。目前当网络发展到LTE阶段，LTE核心网演化成为EPC，RNC/BSC的功能已下移到基站侧，已经将RNC/BSC和基站合并为eNB。在回传技术方面，内蒙古大学硕士论文增加了X2流量，在基站侧与基站侧之间建立X2接口连接，而X2流量的带宽仅有S1流量带宽的3%到5%。后期引入Flex接口后，基站将可对多个EPC进行归属，因此从基站的安全方面会增加业务的多维度。

4. 本章小结

PTN作为一种面向分组业务的传送网络和技术，既具备数据通信网组网灵活的特点，又具备统计复用传送的特性，还继承了传统光传输网络的各方面优点。PTN同时具备多业务统一承载、提供端到端的区分服务、全程电信级保护机制等特点，为LTE承载网络提供有效保障。

三、LTE承载需求及特点分析

1. LTE网络与现有2G/3G网络结构差异

(1) 业务架构变化

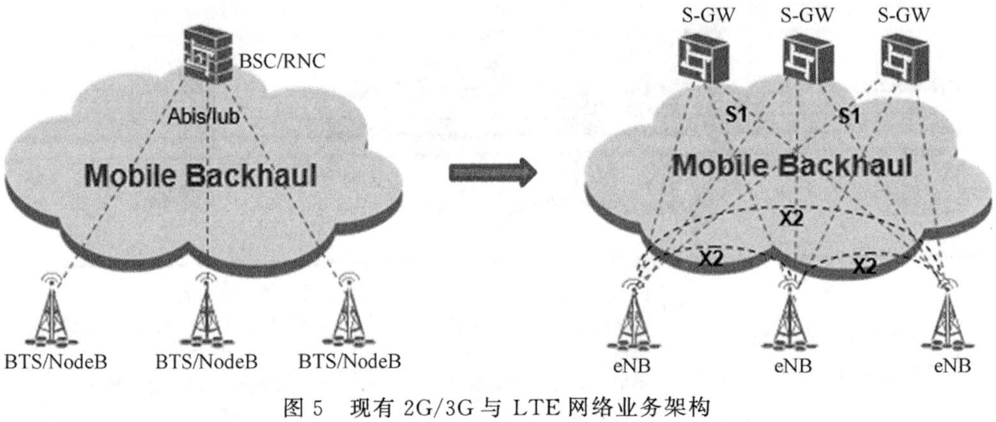

图5　现有2G/3G与LTE网络业务架构

对于2G/3G网络：

一个BTS/NodeB只可以被一个BSC/RNC所拥有；

相邻 BTS/NodeB 之间无网络连接；
汇聚核心层 10GE 承载，接入层一般 GE 承载；
核心层 9008 设备跟 RNC 对接。
对于 LTE 网络：
一个 eNB 同时归属于多个 S-GW/MME；
X2 接口把两个 eNB 连接起来，流量呈“MESH”状；
汇聚核心层 40GE，甚至 100GE 承载，接入层 10GE 承载；
核心层 9008，6500 设备跟 S-GW 对接。
(2) 网络架构变化

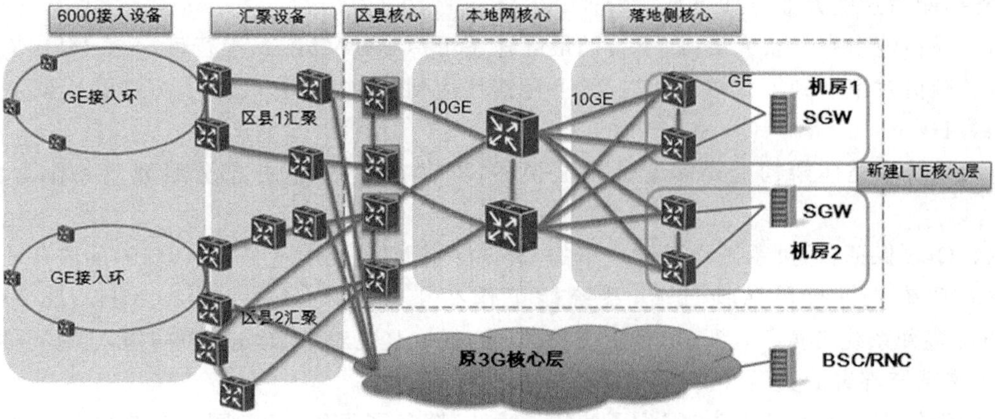

图 6　现有 2G/3G 与 LTE 网络架构

网络架构方面有如下变化：
LTE 实现了控制与承载的分离；
核心网取消了 CS(电路域)，只有 PS(分组域)，实现了网络的全 IP 化；
取消了 RNC，eNB 直接接入 EPC，让 LTE 网络结构变得扁平化；
接口引入 S1-Flex 和 X2 接口，主要用于用户移动性管理和提高网络冗余性及实现负载均衡；
传输带宽需求增加 10 倍。
(3) 业务部署变化

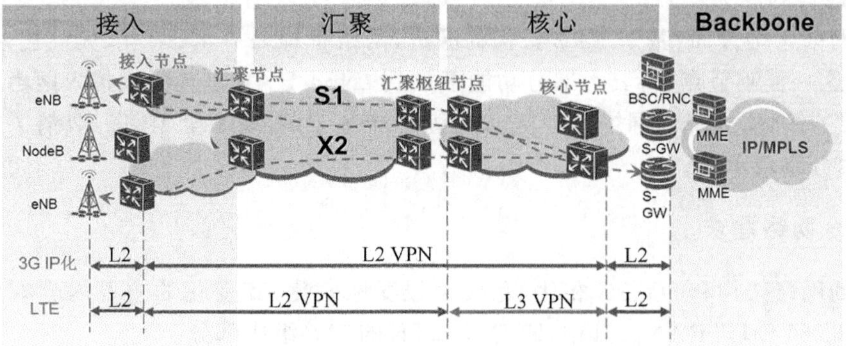

图 7　现有 2G/3G 与 LTE 业务部署

因为S1流量高达97%占用率，而X2流量却仅仅不到3%占用率，因此如果能满足所需的时延指标，就不必为少量的X2流量而进行全方位改动线性接入和汇聚网络架构与配置方式了。统一调度是通过LTE业务承载的核心层完成的，依旧使用了2G/3G时代的Backhaul架构作为总体架构。由于LTE存在S1-Flex，X2等接口，需根据目的IP地址进行转发，故要求承载层支持L3功能，以满足业务接口承载要求。

2012年，中国移动经过将近2年的实验室测试、外网承载测试，最终决定采用在PTN核心层启用L3 VPN的方式解决LTE承载问题，即PTN原有的接入、汇聚层保持不变，在PTN核心层启用L3 VPN。即PTN接入汇聚层L2 VPN + PTN核心层L3 VPN。

综上所述，与2G/3G相比，LTE在系统在网络架构与性能要求以及网络的部署场景、业务支持能力这些方面有如下技术特征。

(1)通信速率有了较大提高，下行的最高速率可达100 Mbit/s、上行可达50 Mbit/s。

(2)频谱效率得到了大幅度的提高，下行链路达到了5(bit/s)/Hz；上行链路达到了2.5(bit/s)/Hz。

(3)系统在整体架构上是基于分组交换的，不存在电路域，并把分组域业务作为主要目标。

(4)QoS保证，通过系统设计和严格的QoS机制，保证实时业务(如VoIP)的服务质量。

(5)系统能进行灵活地部署，系统能工作在1.4 MHz、5 MHz、10 MHz、15 MHz、20 MHz多种系统带宽下，频谱分配的方法可用“paired(成对)”和“unpaired(非成对)”的，保证了未来系统部署的灵活性。

(6)无线网络的时延下降：因为子帧的长度小，降低了网络时延，同时有效解决了向下兼容的问题。

(7)有效提高了小区临界的通信质量，在目前基站位置和数量不变的情况下增加了小区边界比特速率。

(8)向下兼容为题得到了重视，并可以让现有的3G系统和非3GPP系统同时运行，基础业务的覆盖得到保障。

(9)与3G相比，LTE技术在网络架构和无线接入方面进行了全面地变革。

LTE在无线接入方面：为了支持更高速率和更大带宽，下行选择OFDMA作为多址技术，上行采用SC-FDMA，同时结合MIMO多天线技术、AMC、HARQ等提升系统覆盖和容量，系统性能得到巨大提升。

LTE网络架构方面：基于SAE架构的演进，网络呈现扁平化、IP化，无线接入网部分取消了RNC这一控制节点，将其大部分功能下放到eNodeB中，实现无线接入网由三层(包含UE)到两层的简化，为降低网络时延奠定了基础；核心网实现了全IP化，取消了电路域，所有业务通过分组域承载。

2. LTE网络需求

LTE的网络架构和2G/3G相比，有很大程度地变化，其变化的主要内容有两个，分别是LTE EPC和E-UTRAN。其中，EPC是LTE的核心组成部分。

网络扁平化是LTE最主要的特点，LTE取消了基站侧和核心侧的RNC，用eNodeB取而代之，而eNodeB最主要的功能为原RNC的功能与原NodeB的功能之和。LTE回传原理是通过eNodeB直接回传至EPC核心部分，以降低用户对网络延迟的感知，提升用户直观感触。eNodeB主要功能如下：进行无线资源调度、性能管理和无线承载控制。LTE当前网络架构下，引入了X2流量接口和S1流量接口以提升对数据灵活调度的能力，并且需要基于原有承载网的基础上。

（1）X2接口承载需求

X2接口属于eNodeB接口，它的主要作用即是产生信令和承担不超过3%的本地网内业务量，因为eNodeB和相邻基站均有X2流量且传输时都是用直达电路，成本太高，所以，在本地网层面中一定要有3层PTN设备实行路由和疏导相邻的X2流量。

X2接口以降低转发延时以及提高网络性能为主要目标，主要是用于小区间的流量回转和交互的管理，它在支持Mesh网络模式的同时，还在基站之间建立X2的逻辑链接。X2接口的业务模式是典型的"多对多"，接口数量与eNodeB数量成正比。

（2）S1接口承载需求

将S1接口建立在eNodeB和S-GW中间，大部分流量都会通过S1。在网络建设的初级阶段，考虑到网络扁平化和成本等因素，省会城市一般将S-GW/MME集中进行设置，这样，Sl就会通过PTN网络承载。基于对网络安全的考虑，可以组建POOL(池区)。

S1接口的主要作用是提升网络可靠性和提高网络的利用效率，根据所承载业务的不同，可将Sl接口分为连接LTE基站eNodeB与MME之间的S1-MME接口和连接LTE基站eNodeB和S-GW的S1-U接口两种。而S1-MME主要是对控制层的数据进行承载，而S1-U主要对用户层的数据进行承载。

综上所示，针对PTN来说，在LTE和2G/3G网络中，最关键的区别就是，2G或3G网络是点到点的需求，而LTE网络是MESH需求，并且为了支持PTN网络，需要使用L3功能。

（3）承载带宽需求

如图8所示，在LTE为主导的时期，新兴的各种各样的移动应用对带宽的需求不断加大，呈现移动宽带化趋势。

根据单个基站业务流量来计算：

① 模型：建立的早期，每一个LTE基站有80 MHz带宽，带宽的峰值速率为320 Mbps；到了中期，LTE基站带宽就达到了150 MHz；接入环一般有不超过12个节点，汇聚环一般有6个节点，且成对使用；大型城市早期一般有四千个基站，到了中期就发展到一万个；而中小型城市早期有两千个基站，到了中期有六千个基站；链路的有效带宽一般为80%。

② 汇聚比：按照集团要求考虑（核心环承载带宽：汇聚环承载带宽：接入环承载带宽=8：6：4）。

③ 接入环带宽：采用GE组环或者环带链的方式，对于PTN来说，为了安全起见接入环数量不应多于12个。

④ 汇聚环：6个节点，每两个节点成对带接入环，每对汇聚节点带的接入环不多于8个。汇聚环带宽为接入环带宽之和的3/4。如果汇聚环需要2×10GE的链路用来组环网，那么一般会使用40GEPTN进行组网，这样每个单链路就能满足带宽的要求了。反之，假设汇聚环带宽为1×10GE，则一个汇聚环可带10G/80M=125个基站。对于现有汇聚环，可根据现网汇聚环剩余带宽，每增加一个LTE基站汇聚环增加80M来综合评估现有汇聚环可带LTE基站的数量。

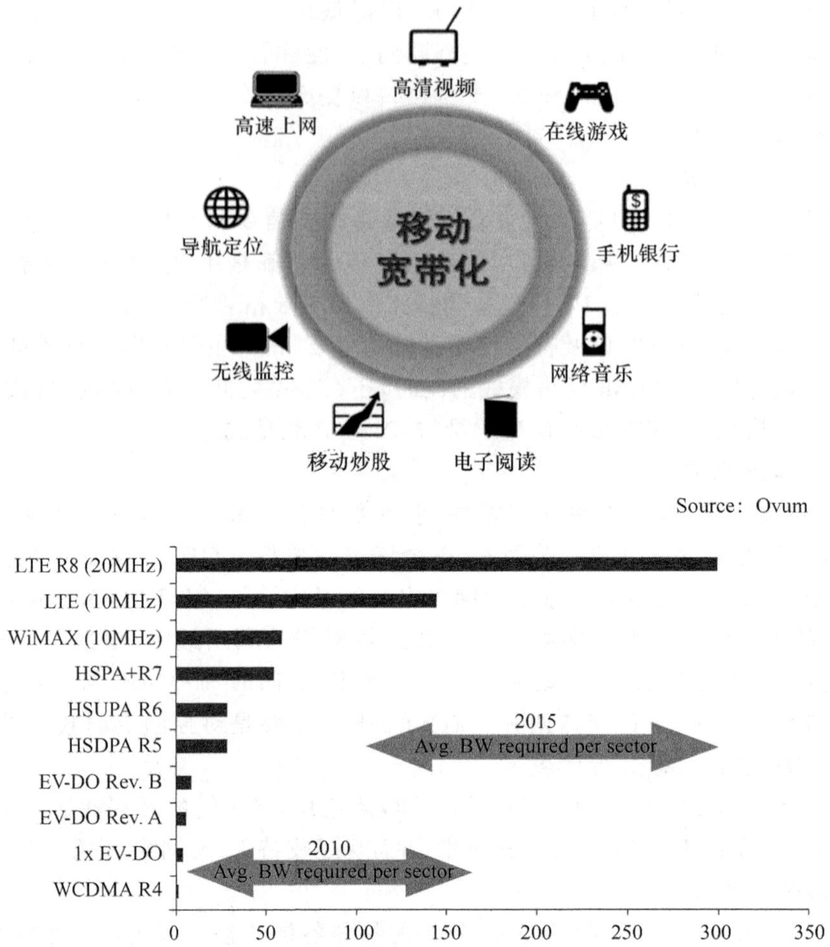

图 8 移动应用带宽化

⑤ 核心层容量分析：大型城市初期 4 000×80×(2/4)=160 GHz，中期 10 000×150×(2/4)=750 GHz；中小城市初期 2 000×80×(2/4)=80 GHz，中期 6 000×150×(2/4)=450 GHz。希望大型城市的核心层部署能够使用容量为 T 级别甚至更高的设备，中小城市核心层部署能够使用 640 GHz 以上容量的设备，来保证业务上下行流量以及保护的正常运作。

3. 承载需求特点

(1) 带宽需求

根据有效的数据表明，LTE 基站在早期单扇区带宽是 10～160 MHz，估计到 2017 年底将增长至 5 到 10 倍。

(2) 接口 IP 化

相比于传统 2G/3G 网络模式的端到端的连接方式，LTE 是点到多点的 IP 化的连接方式。LTE 的主要接口为 S1 接口与 X2 接口。S1 接口用于连接 eNodeB 和 S-GW，占总流量的 95%～97%，而 X2 接口用于相邻 eNodeB 之间的互通(信令切换及少量数据)，仅占总流量的 3%～5%。

(3) 网络规模

LTE 需要实现深度覆盖，网元节点数约为现网 2G/3G 网元的 2～3 倍。且在组网结构上，LTE 趋于扁平化，采用基站间的 MESH 逻辑组网，eNodeB 与网管之间采用多结构复杂归属的组网方式。

(4) 网络保护

对于 LTE 承载网，必须提供可靠性较高的电信级保护，同时要求倒换时间小于 50 ms。

(5) 网络同步

不论是采用 FDD-LTE 模式还是 TDD-LTE 模式，都需要同时满足频率同步和时间同步。

1)频率同步：从线路码流内部提取时钟，同步以太网技术。

2)时间同步：承载网需要向 LTE 基站提供准确无误的 IEEE1588V2 的时间同步信号，让 GPS 选址更简单并降低成本，系统更安全。

4. 本章小结

本章介绍了 LTE 网络与现有 2G/3G 网络结构相比，业务架构、网络架构和业务部署等方面的变化。同时对 LTE 特点进行总结，提出 X2 接口承载需求、S1 接口承载需求、带宽需求等主要需求，总述承载需求特点，为后面 PTN 承载网络方案设计打好理论基础。

四、PTN 承载网络方案设计与实现

1. 承载网关键技术

(1) LTE 业务需要承载网三层功能

处理二层数据的时候，其实质与 3G 网络中 RNC 的方法是一样的，由于 X-GW/P-GW 的能力有限，只能支撑少量的 VLAN ID，影响了接入基站的总量。因此，对于上述问题，提出引入两台 CE 路由器设备的构思，这样，既可以满足网络的业务需求，也可以梳理业务流量。将每一个在网络基站群中的 eNodeB 基站，看作是具有独立 IP 地址的网络通信单元，实现在基站与基站间越区终端流量切换的要求。同时通过使用 X2 流量(接口)的三层路由转发协议能力，达到相邻基站间路由转发功能，对基站群间的灵活调度能力有着提高的作用。并要求在每个 eNodeB 基站与众多 S-GW 和 P-GW 之间进行通信，从而对网络流量进行冗余和众网元间的负载分担。

(2) LTE 承载主要技术

① PTN 技术

PTN+CE 路由器方案：S-GW/MME 的无线回传组网场景，保持城域网结构不变，对 PTN 网络进行分层，在 S-GW/MME 前部署两端 CE 路由器。通过对增加的两端 CE 路由器的 L3 VPN 功能的启用，进行灵活调度和转发 Sl 和 X2 接口流量。

PTN+L3 VPN 方案：在 PTN 核心层侧，启用 PTN L3 传输技术，可实现原 L2 层现网端到端的组网。通过启用 PTN 的三层路由功能协议，对 IP 数据包进行转发，实现 S1 和 X2 接口流量灵活地调度。

S1流量：从PTN接入层为源节点，流量传送到PTN核心层，再通过PTN核心层对照L3 VPN路由转发表，进行目的IP地址查找，同时封装LSP和L3VPN的标签，通过核心侧L3层设备的流量转发，最终归属到核心侧S-GW/MME。

X2流量：从PTN的接入侧统一进行流量传送，传送至PTN核心层，再通过PTN核心侧目的IP地址转发，通过查找L3 VPN的路由表来联通相邻基站。

② IP/MPLS技术

IP/MPLS技术使用了信令协议和路由协议相结合的方式，同时IP RAN的核心是IP/MPLS，是将静、动态路由配置、故障检测等组合成一个架构，且兼容静态IP的配置。

MPLS技术在业务层，通过开展业务标签与隔离来进行连接，通过标签转发技术的寻找LSP路径进行连接。MPLS技术的一个很大的优点就是可通过配置QoS值，实现良好的服务质量管理，并严格保证数据传输。并且在例如TE、VPN等的增值服务，MPLS也可通过其所具备的多层标签封装协议来实现。IP RAN通过CE路由器定制专门的技术，它的主要功能一是表现在支持IP或者MPLS的协议转发，二是在于其优秀的同步技术，三是基于SDH网管图形化管理，四是能在同构型网络和异构型网络之间展开互联互通。

综上所述，IP RAN的核心技术与PTN不同，主要特征是IP RAN中IP/MPLS转发技术支持LDP或RSVP—TE的协议建立动态LSP，而PTN是通过MPLS通过开展业务标签与隔离来进行连接，通过标签转发技术的寻找LSP路径进行连接。

2. 网络设计原则

为了避免相邻基站之间因X2连接而产生的N平方连接问题，避免组网的高度复杂性需要实现基站归属调整功能，需要在网络中部署L3VPN，以实现IP流量的灵活转发。传输网主要采用如下两种方案。

(1) 核心层PTN支持L3

"LTE L2+L3桥接方案"如图9所示。

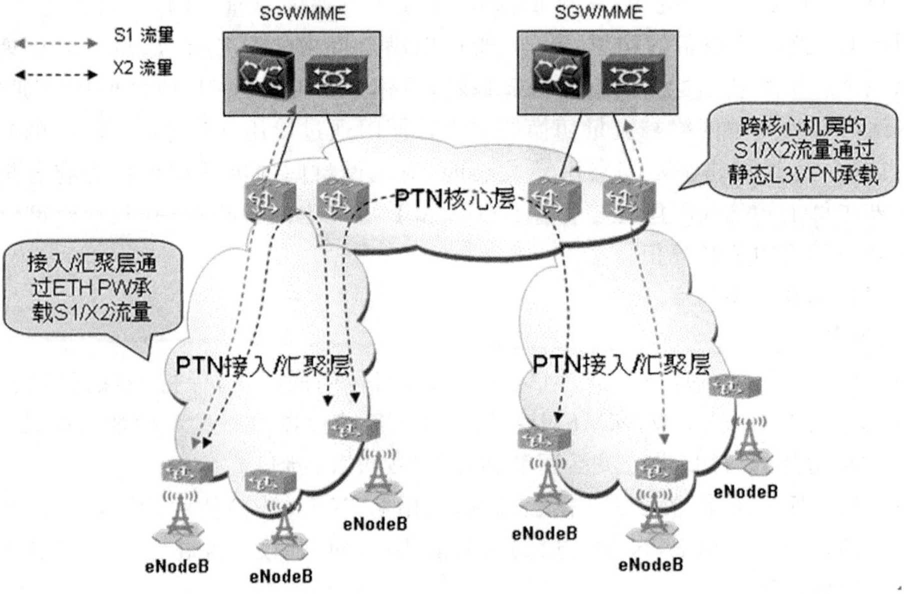

图9　LTE L2+L3桥接方案

汇聚接入层 PTN 采用 L2 静态隧道，核心层 PTN 主要采用静态 L3 VPN。PTN 汇聚接入设备沿用现有 L2 VPN 分组转发功能，采用 ETH PW 方式为基站提供到核心层 PTN 节点的 2 层传输管道；PTN 核心设备应支持 L2 到 L3 的桥接功能和静态 L3 VPN 功能，来满足 LTE 移动回传中本地的 S1 和 X2 业务承载，并提供 OAM 和网络保护。

(2) PTN＋CE 方案

"LTE PTN＋CE 方案"如图 10 所示。

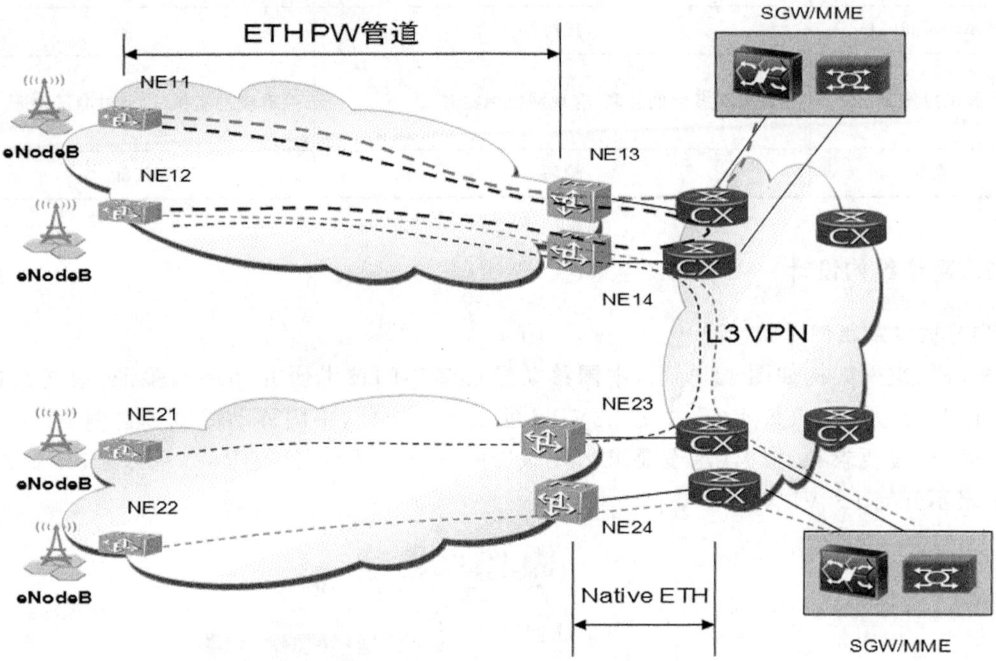

图 10　LTE PTN＋CE 方案

PTN 端到端采用 L2 静态隧道，在核心层 PTN 外接 CE 路由器，提供多点到多点连接。PTN 核心汇聚接入设备沿用现有 L2 VPN 分组转发功能，采用 ETH PW 方式为基站提供到核心层 PTN 节点的 2 层传输管道；PTN 核心设备和 CE 设备之间基于 Native ETH 方式，采用"口"字形连接，支持 OAM 和双归保护。目前该方案已经不再使用。

综上所述，从需求和端到端操作的便捷性、运行维护的难易程度等方面分析，决定采用 L2＋L3 桥接方案。"核心层 PTN 支持 L3"与"PTN＋CE 方案"对比总结如表 1。

表 1　"PTN＋CE 方案"与"核心层 PTN 支持 L3"对比

项目	PTN＋CE 方案	核心层 PTN 支持 L3
设备能力	对 PTN 设备不需要改造，与 CE 互通的保护机制尚不完善	现有核心层 PTN 设备需升级
设备配置	引入路由器，增加了系统的处理环节	简单(PTN 统一组网)
网络规模适应性	强	强
网络保护	① 传输、数据分专业维护，对各自专业维护人员要求低； ② 故障定位有一定难度	① 只涉及传输专业，对维护人员要求较高，需掌握一定数据知识； ② 故障定位容易

续表

项目	PTN+CE 方案	核心层 PTN 支持 L3
网络管理系统	分段管理,图形化管理系统	端到端管理,图形化管理系统
时延	较小	小
保护	需要 PTN 和路由器进行配合,缺乏端到端的保护能力	采用 PTN 端到端组网,保护能力强
频率和时间同步	支持	支持
技术成熟度	成熟设备之间互联,有现网应用实例	有现网实例,已通过测试验证
成本	较高	较低

3. 网络结构设计

(1) 核心层组网原则

核心层组网架构如图 11 所示,中国移动经过多年的技术研究和现网验证,最终选择了 PTN L3VPN 承载 LTE 业务,并把 L3VPN 明确纳入企标《中国移动城域传送网 PTN 设备规范》和《建设要求》。根据《建设要求》,在城域网核心层开启 L3 VPN 以承载 LTE 业务;接入、汇聚不开启 L3 VPN。

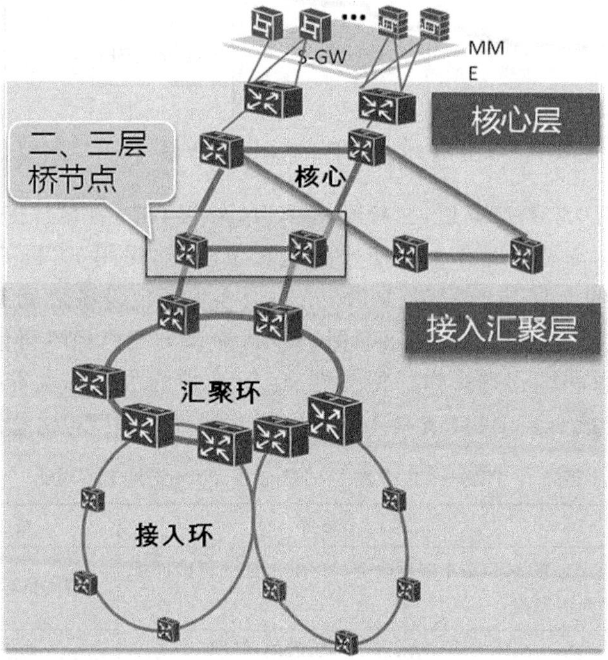

图 11　核心层组网架构图

核心环上节点数量建议 10 个左右,不大于 20 个。每个核心节点接入汇聚环数量建议为 6～8 个,不大于 12 个。

核心站点带汇聚环的能力主要取决于汇聚环带宽(GE/10GE/40GE)、核心节点带基站能力以及设备光口数量。(以一个汇聚环带宽为例,基站带宽为 80 M,则一个 10GE 汇聚环可带 10 G/80 M=128 个基站;按照设备能力,6500-16 核心点可带 2 000 个基站,6500-32 核心点可带 3000 个基站,相当于可带(2 000/3 000)/128≈15/23 个汇聚环;则需要 30/46 个 10GE 口跨接汇聚环。其他情况可据此方法分析。)

通过将桥接节点跟业务落地节点分开部署,减少后续无线核心设备扩容对业务配置的影响。考虑到环形组网带宽共享的特点,无法满足未来 LTE 的带宽需求,所以建议后续新建核心层采用 10GE/40GE 链组口字型网,同时选择汇聚环中的两个节点连到桥接节点。对于原有核心层,继续承载 2G/3G 等业务。

L2/L3 桥接点选择 ZXCTN 9004 设备,对于无 ZX CTN 6500 的地方,采用 ZXCTN 9004 建设新的核心层进行 LTE 业务的调度。

ZXCTN 6500 和 ZXCTN 9008 可以混合组网,但是有工程约束条件,ZXCTN 9004 和 ZXCTN 6500 不要作为双归节点或 L2 与 L3 桥接点配对使用。

(2) 汇聚层组网原则

考虑到 LTE 未来带宽需求,未来扩容可以使用 40GE 组环。对于 40GE 光模块,目前产业链成熟技术传输距离为 40 km。

对于业务量大的热点区域,采用新建/叠加的方法扩容承载 LTE 业务,原有汇聚层仍然承载已有 2G/3G 业务,不需重新组网。对于部分非热点区域,若现有设备存在扩容空间则可直接采用叠加的扩容方式建设,否则可直接建设使用 40GE 光模块的 LTE 网络。

新建汇聚环的理由:

如果 2G/3G/LTE/OLT 上联等都共用汇聚环,那么汇聚环将是 PTN 网络中最大的带宽瓶颈,后期随着 LTE 流量的增加需要频繁扩容,且有可能通过扩容依然无法满足 LTE 带宽需求。

LTE 的大带宽需求将对现网业务造成冲击。

现网汇聚层设备无法升级 POTN。

现网汇聚层设备容量只考虑了 2G/3G 业务需求,无法满足 LTE 时代需求。

(3) 接入层组网原则

热点区域,在 1GE 接入环的基础上新建 10GE 接入环或局部部署能升级到 10GE 的设备。

根据光纤资源情况,部分现网 GE 环可采取裂环或跳点组环的方式满足近期 LTE 流量需求。接入环上节点数量建议不多于 12 个,接入环带宽需要满足至少 1 个 LTE 基站可达到峰值的带宽,即 320 MHz。

(4) 核心网侧网络拓扑

核心网 X-GW/MME 对接主要采用双归对接方式,以实现节点保护,如图 12 所示。

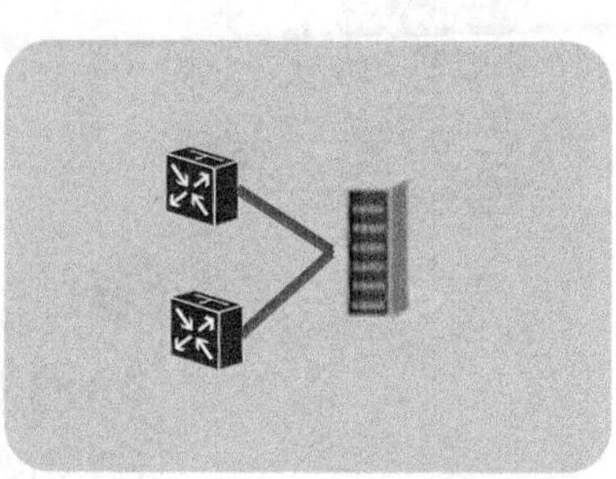

图 12　核心网对接拓扑

4. 承载规模设计

LTE 承载规模主要考虑两个因素:

(1) 核心设备带基站能力

LTE承载，在L2/L3桥接主节点，针对每基站需要配置2条PW(1条为基站业务、1条为基站网管)、2条LSP(1主1备)、1个线性保护组、4个快速OAM，每26位掩码下的基站针对基站网管和基站业务分别配置1个三层虚接口、1个VRRP组、1个VLAN汇聚业务实例。

根据上述原则，如需承载2 000个LTE基站业务，在L2/L3桥接主节点，需要4 000条PW、4 000条LSP、2 000个保护组、4 000个OAM、34个VRRP组(26位掩码)。

设备在支持基站能力时，需要考虑设备的降额应用，即设备相关资源(如内存、OAM实例数、PW/LSP数量、各种业务实例数、CPU利用率)需要预留以应对大量告警性能保护倒换处理。因此，ZXCTN6500作L2/L3桥接点时推荐带2 000个基站，工程应用最大不超过3 000个基站。ZXCTN 9008最大推荐带1 000个基站。核心落地PE设备无限制，主要取决于设备的端口带宽。

(2) 设备线卡带基站能力

考虑LTE每基站平均80 M流量，当前设备每槽位40 G处理能力，建议每线卡带基站数不超过500个。

根据容量计算所需接入基站数(仅以东城区为例)：

东城区面积为：43 km^2，

4 G基站覆盖半径为：0.3～0.5 km，

4 G基站覆盖面积为：0.282 6～0.785 km^2。

所需基站数为：55～153个基站(这里取80个4 G基站)。

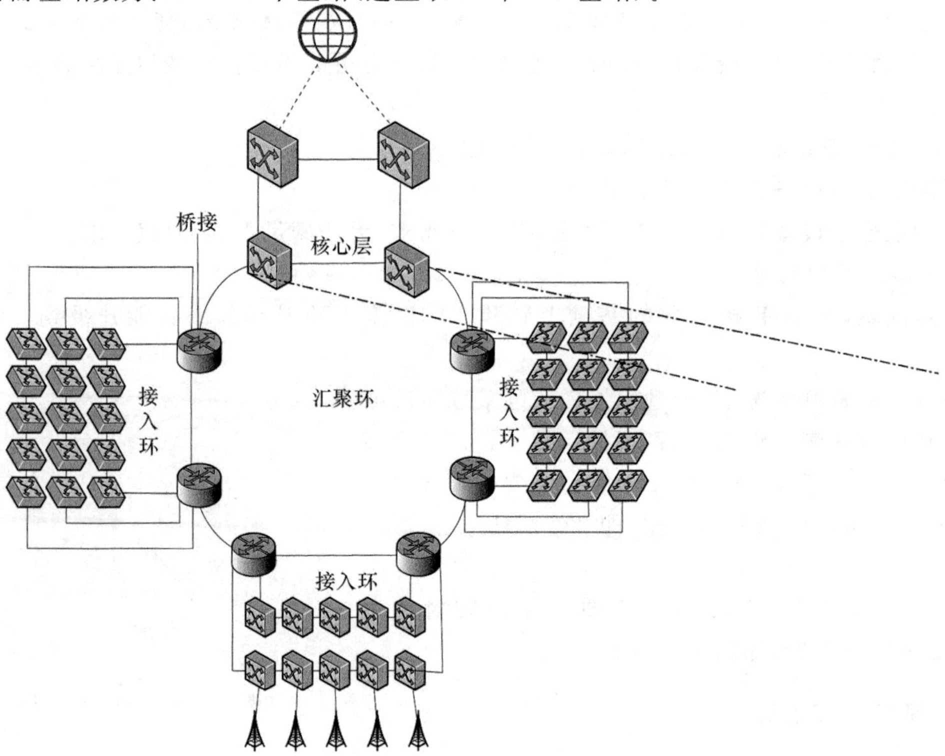

图13 网络设计拓扑图

设计方案如图13所示，共80个LTE基站接入，核心设备成对使用，接入两个汇聚环，(以上为一个汇聚环，另一个汇聚环通过间断线连接到核心设备)每个汇聚环共6个节点，成对使用，每个汇聚环带8个接入环，每个接入环接入5个接入设备，每个接入设备接入一个基站。汇总如表4。

表2　网络设计说明

网络结构	成环数	每环节点数	带宽计算(MHz)	带宽(MHz)
接入层	8×2	5	8×5×80+320	3 520
汇聚层	1×2	6	(8×5×80+320)×3/4	2 640
核心层	1	2	(8×5×80+320)×3/4×2	5 280

5. VLAN和IP规划

(1) 方案选择

方案A:一对一方案。

方案A为一个IP子接口对应一条2层PW，如图14所示。由于方案A的L2/L3桥接点要配置大量IP地址，所以此方案下IP地址、路由规划较复杂。

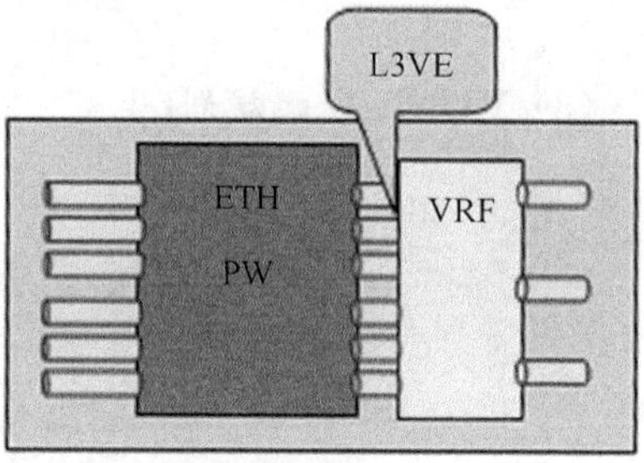

图14　方案A图

方案B:多对一VSI方案。

方案B为一个IP子接口对应多条2层PW，如图15所示。PW终结后采用VSI将业务进行汇聚收敛，对应于相应的IP子接口。

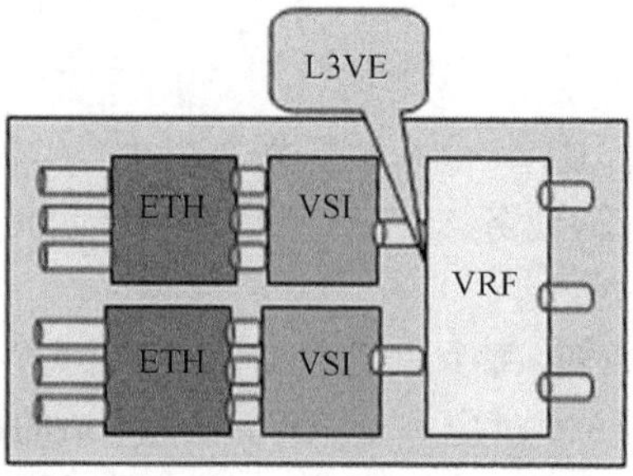

图15　方案B图

虽然此方案可有效节省IP子接口配置，但是VSI内部存在广播风暴问题。

方案C:多对一VLAN汇聚方案。

一个IP子接口对应多条2层PW。

此方案一个基站配置一个独立的VLAN，用于承载IP，避免广播；在L2/L3桥接点处建立三层逻辑子端口，把多个VLAN汇聚后，配置一个IP地址进行网管。

相比较，决定使用方案C。原因由以下得知。

方案A:需配置大量IP子接口，规划和配置较为复杂。

方案B:存在广播风暴问题。

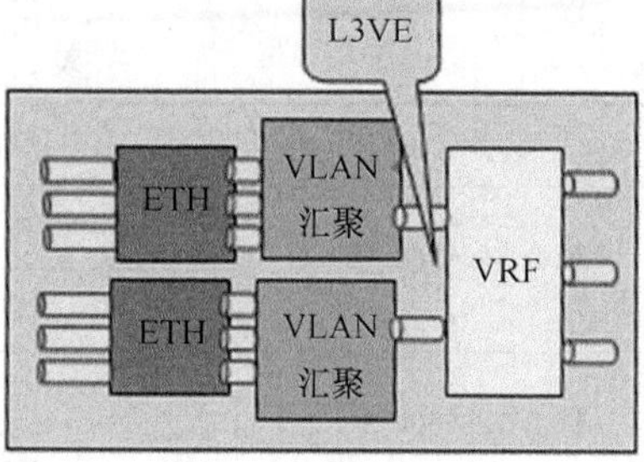

图16　方案C图

(2) 方案C的IP地址规划

① LTE基站采用私网地址，第一个8位为固定值(10或者172)，基站地址全国唯一；

② 第二个8位用来区分省，每个省分配两个值，比如广东分配10.8.*.*和10.9.*.*；

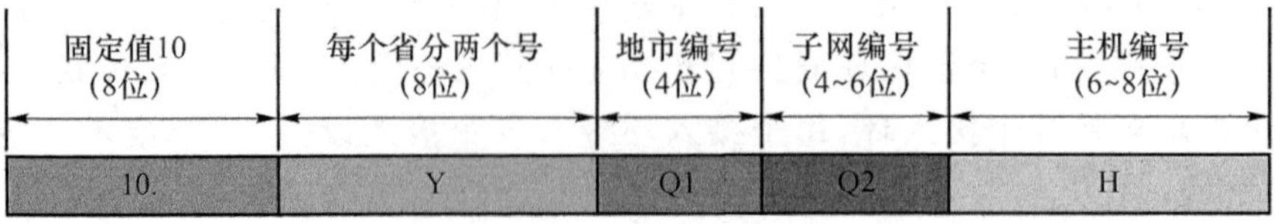

图 17 IP 地址规划原则

③ Q1 分配 4 位，每个省最多支持 32 个地市编码；

④ Q2 为子网编号，为避免 X2 业务的 ARP 广播，建议分配 6 位；

⑤ H 为子网内的主机编号，建议分配 6 位；

⑥ 如未来跨地市流量有上 IP 专网的需求，则建议 Y 段取值 8～255(10.0. *. * ～10.7. *. * 为 IP 专网保留互联地址，考虑到其他业务系统占用，由网络部统一协调，Y 暂定 8～39)。

(3) VLAN 分配规划

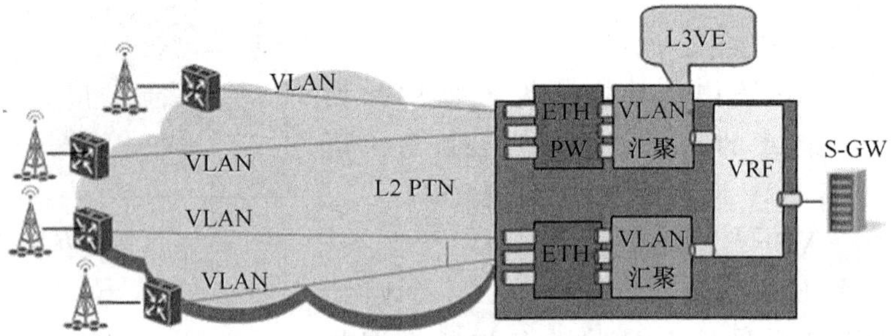

图 18 VLAN 规划

① 一个基站规划 2 个 VLAN 组，一个 VLAN 组分配给业务，另一个 VLAN 组分配给网管，业务 VLAN ID 范围为 1 000～3 000，网管 VLAN ID 范围为 4 000～4 096，且连续规划。

② 每个三层虚拟子接口配置一个与相应基站在同一网段的 IP 地址。原则上，一个 VLAN 对应一个 PW，一个基站的两个 PW 对应两个 LSP。

③ VLAN 号与基站 IP 规划采用一定形式的对应关系。

④ 不同 IP 子接口下的 VLAN 值可以重复使用。

(4) IP 及 VLAN 业务侧具体规划

表 3 业务侧设备 IP 及 VLAN 规划

设备名称	端口	IP	VLAN
核心一(6500-1)	3/8(接 EPC)	1.1.1.5/30	
	11/1(接 6500-2)	1.1.1.1/30	
核心二(6500-2)	8/8(接 EPC)	1.1.1.9/30	
	11/1(接 6500-1)	1.1.1.2/30	
EPC		100.1.1/32	

表 4　业务侧网管设备 IP 及 VLAN 规划

汇聚节点网管	L3 虚拟以太网接口	IP	VLAN
1	VLAN4001	192.168.1.62/26	4001
2	VLAN4002	192.168.1.126/26	4002
3	VLAN4003	192.168.1.190/26	4003
4	VLAN4004	192.168.1.254/26	4004
5	VLAN4005	192.168.2.62/26	4005
6	VLAN4006	192.168.2.126/26	4006
7	VLAN4007	192.168.2.190/26	4007
8	VLAN4008	192.168.2.254/26	4008
8	VLAN4009	192.168.3.62/26	4009
10	VLAN4010	192.168.3.126/26	4010
11	VLAN4011	192.168.3.190/26	4011
12	VLAN4012	192.168.3.254/26	4012
13	VLAN4013	192.168.4.62/26	4013
14	VLAN4014	192.168.4.126/26	4014
15	VLAN4015	192.168.4.190/26	4015
16	VLAN4016	192.168.4.254/26	4016

表 5　业务侧基站 IP 及 VLAN 规划(汇聚环一)

接入环名称	基站名称	IP	VLAN
1	1001	192.168.1.1	1001
	1002	192.168.1.2	1002
	1003	192.168.1.3	1003
	1004	192.168.1.4	1004
	1005	192.168.1.5	1005
2	1065	192.168.1.65	1065
	1066	192.168.1.66	1066
	1067	192.168.1.67	1067
	1068	192.168.1.68	1068
	1069	192.168.1.69	1069
3	1129	192.168.1.129	1129
	1130	192.168.1.130	1130
	1131	192.168.1.131	1131
	1132	192.168.1.132	1132
	1133	192.168.1.133	1133
4	1193	192.168.1.193	1193
	1194	192.168.1.194	1194
	1195	192.168.1.195	1195
	1196	192.168.1.196	1196
	1197	192.168.1.197	1197

续表

接入环名称	基站名称	IP	VLAN
5	2001	192.168.2.1	1301
	2002	192.168.2.2	1302
	2003	192.168.2.3	1303
	2004	192.168.2.4	1304
	2005	192.168.2.5	1305
6	2065	192.168.2.65	1365
	2066	192.168.2.66	1366
	2067	192.168.2.67	1367
	2068	192.168.2.68	1368
	2069	192.168.2.69	1369
7	2129	192.168.2.129	1429
	2130	192.168.2.130	1430
	2131	192.168.2.131	1431
	2132	192.168.2.132	1432
	2133	192.168.2.133	1433
8	2193	192.168.2.193	1493
	2194	192.168.2.194	1494
	2195	192.168.2.195	1495
	2196	192.168.2.196	1496
	2197	192.168.2.197	1497

表6　业务侧基站IP及VLAN规划(汇聚环二)

接入环	基站名称	IP	VLAN
9	3001	192.168.3.1	1001
	3002	192.168.3.2	1002
	3003	192.168.3.3	1003
	3004	192.168.3.4	1004
	3005	192.168.3.5	1005
10	3065	192.168.3.65	1065
	3066	192.168.3.66	1066
	3067	192.168.3.67	1067
	3068	192.168.3.68	1068
	3069	192.168.3.69	1069
11	3129	192.168.3.129	1129
	3130	192.168.3.130	1130
	3131	192.168.3.131	1131
	3132	192.168.3.132	1132
	3133	192.168.3.133	1133

续表

接入环名称	基站名称	IP	VLAN
12	3193	192.168.3.193	1193
	3194	192.168.3.194	1194
	3195	192.168.3.195	1195
	3196	192.168.3.196	1196
	3197	192.168.3.197	1197
13	4001	192.168.4.1	1301
	4002	192.168.4.2	1302
	4003	192.168.4.3	1303
	4004	192.168.4.4	1304
	4005	192.168.4.5	1305
14	4065	192.168.4.65	1365
	4066	192.168.4.66	1366
	4067	192.168.4.67	1367
	4068	192.168.4.68	1368
	4069	192.168.4.69	1369
15	4129	192.168.4.129	1429
	4130	192.168.4.130	1430
	4131	192.168.4.131	1431
	4132	192.168.4.132	1432
	4133	192.168.4.133	1433
16	4193	192.168.4.193	1493
	4194	192.168.4.194	1494
	4195	192.168.4.195	1495
	4196	192.168.4.196	1496
	4197	192.168.4.197	1497

(5) IP及VLAN管理侧具体规划

表7 管理侧设备IP及VLAN规划

设备名称	端口	IP	VLAN
核心一(6500-1)	3/8(接EPC)	11.1.1.5/30	
	11/1(接6500-2)	11.1.1.1/30	
核心二(6500-2)	8/8(接EPC)	11.1.1.9/30	
	11/1(接6500-1)	11.1.1.2/30	
EPC		100.1.2/32	

表8 管理侧网管设备IP及VLAN规划

汇聚节点网管	L3虚拟以太网接口	IP	VLAN
1	VLAN4001	10.168.1.62	4001
2	VLAN4002	10.168.1.126	4002
3	VLAN4003	10.168.1.190	4003
4	VLAN4004	10.168.1.254	4004
5	VLAN4005	10.168.2.62	4005
6	VLAN4006	10.168.2.126	4006
7	VLAN4007	10.168.2.190	4007
8	VLAN4008	10.168.2.254	4008
8	VLAN4009	10.168.3.62	4009
10	VLAN4010	10.168.3.126	4010
11	VLAN4011	10.168.3.190	4011
12	VLAN4012	10.168.3.254	4012
13	VLAN4013	10.168.4.62	4013
14	VLAN4014	10.168.4.126	4014
15	VLAN4015	10.168.4.190	4015
16	VLAN4016	10.168.4.254	4016

表9 管理侧基站IP及VLAN规划(汇聚环一)

接入环	基站名称	IP	VLAN
1	11001	10.1.1.1	1001
	11002	10.1.1.2	1002
	11003	10.1.1.3	1003
	11004	10.1.1.4	1004
	11005	10.1.1.5	1005
2	11065	10.1.1.65	1065
	11066	10.1.1.66	1066
	11067	10.1.1.67	1067
	11068	10.1.1.68	1068
	11069	10.1.1.69	1069
3	11129	10.1.1.129	1129
	11130	10.1.1.130	1130
	11131	10.1.1.131	1131
	11132	10.1.1.132	1132
	11133	10.1.1.133	1133
4	11193	10.168.1.193	1193
	11194	10.168.1.194	1194
	11195	10.168.1.195	1195
	11196	10.168.1.196	1196
	11197	10.168.1.197	1197

续表

接入环名称	基站名称	IP	VLAN
5	12001	10.168.2.1	1301
	12002	10.168.2.2	1302
	12003	10.168.2.3	1303
	12004	10.168.2.4	1304
	12005	10.168.2.5	1305
6	12065	10.168.2.65	1365
	12066	10.168.2.66	1366
	12067	10.168.2.67	1367
	12068	10.168.2.68	1368
	12069	10.168.2.69	1369
7	12129	10.168.2.129	1429
	12130	10.168.2.130	1430
	12131	10.168.2.131	1431
	12132	10.168.2.132	1432
	12133	10.168.2.133	1433
8	12193	10.168.2.193	1493
	12194	10.168.2.194	1494
	12195	10.168.2.195	1495
	12196	10.168.2.196	1496
	12197	10.168.2.197	1497

表 10　管理侧基站 IP 及 VLAN 规划(汇聚环二)

接入环	基站名称	IP	VLAN
9	13001	10.168.3.1	1001
	13002	10.168.3.2	1002
	13003	10.168.3.3	1003
	13004	10.168.3.4	1004
	13005	10.168.3.5	1005
10	13065	10.168.3.65	1065
	13066	10.168.3.66	1066
	13067	10.168.3.67	1067
	13068	10.168.3.68	1068
	13069	10.168.3.69	1069
11	13129	10.168.3.129	1129
	13130	10.168.3.130	1130
	13131	10.168.3.131	1131
	13132	10.168.3.132	1132
	13133	10.168.3.133	1133

续表

接入环名称	基站名称	IP	VLAN
12	13193	10.168.3.193	1193
	13194	10.168.3.194	1194
	13195	10.168.3.195	1195
	13196	10.168.3.196	1196
	13197	10.168.3.197	1197
13	14001	10.168.4.1	1301
	14002	10.168.4.2	1302
	14003	10.168.4.3	1303
	14004	10.168.4.4	1304
	14005	10.168.4.5	1305
14	14065	10.168.4.65	1365
	14066	10.168.4.66	1366
	14067	10.168.4.67	1367
	14068	10.168.4.68	1368
	14069	10.168.4.69	1369
15	14129	10.168.4.129	1429
	14130	10.168.4.130	1430
	14131	10.168.4.131	1431
	14132	10.168.4.132	1432
	14133	10.168.4.133	1433
16	14193	10.168.4.193	1493
	14194	10.168.4.194	1494
	14195	10.168.4.195	1495
	14196	10.168.4.196	1496
	14197	10.168.4.197	1497

6. 保护设计

(1) 保护分类

如表11所示，保护分类可分为设备级保护、隧道级保护、环网保护、伪线级保护、路由保护。

表11　保护分类表

保护分类	具体类型
设备级保护	主控，交换，时钟，电源和TPS保护
隧道级保护	隧道1∶1
环网保护	Wrapping
伪线级保护	DNI
路由保护	FRR

(2) 保护内容

1)设备级保护

所选设备 6200、6500-32、9004 的主控、交换、时钟、电源、TPS 等设备级保护方式如表 12所示：

表 12 设备级保护方式表

冗余单元	6200	6500-32	9004
主控	1+1	1+1	1+1
交换	1+1	4+2	1+1
时钟	1+1	1+1	1+1
电源	1∶1	4∶4	1∶2
TPS	1∶1	NA	NA

2)隧道级保护

采用 1∶1 隧道级保护，如图 19 所示，PE 点检测 TMP 层的 OAM 报文，每 3.33 ms 或 10 ms 发送 OAM CC 检测帧；如果本端在 3.5 个周期未收到远端的 CC 报文，则会触发本端隧道保护倒换；倒换和桥接点都是 PE 节点。隧道 1∶1 单发双收，应用 APS 协议进行双向倒换。

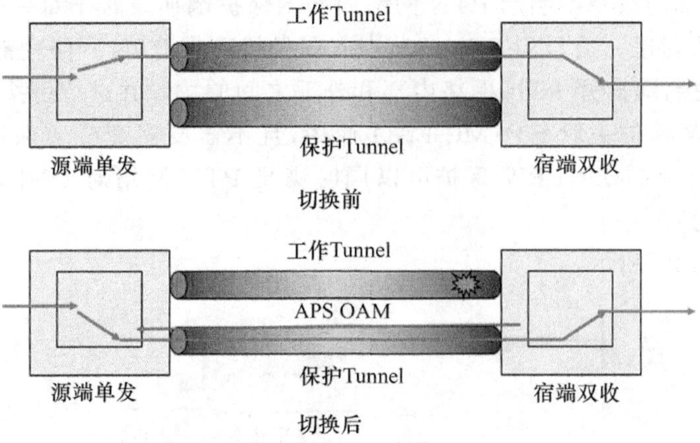

图 19 隧道 1∶1 保护原理

隧道保护配置和测试流程如图 20 所示。

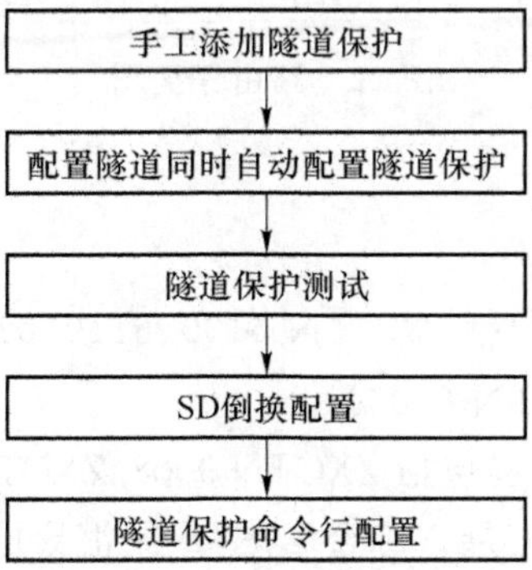

图 20 隧道保护配置和测试流程图

3)环网保护

检测到缺陷的节点通过APS发送请求到与缺陷相邻的节点。当一个节点检测到缺陷或接收到发送给本节点的APS请求,发往缺陷Span的业务将被倒换到相反的方向(远离缺陷)。业务将沿着环的长径到另一个倒换节点,然后重新被倒换回工作方向。

4)伪线保护

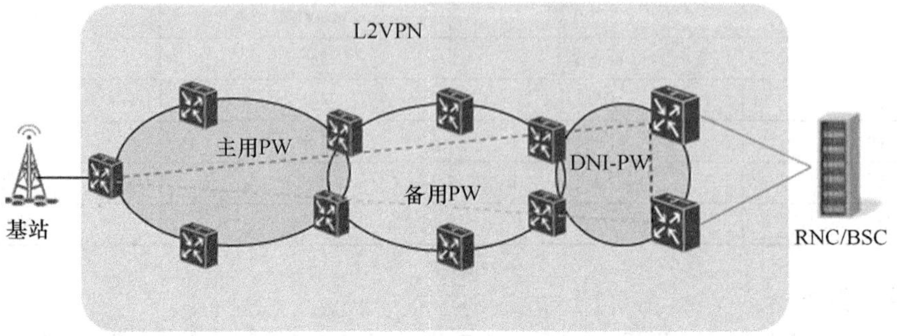

图21　伪线保护拓扑图

采用DNI-PW双归保护是为了在双归保护场景下隔离PTN网络内部和外部的故障,使得PTN网络外部的故障不引起PTN网络内部的保护倒换。对于每一个PW保护组,就是在双归节点之间创建一条DNI-PW(双节点互联伪线),当PTN网络内部或外部发生故障时,对业务进行绕接,隔离开PTN网络内部和外部之间的故障并进行倒换动作。

另外,DNI-PW保护一般配合MC-LAG使用,且不需要嵌套隧道保护,而是通过启动PW OAM CC进行保护,DNI-PW保护可以同时满足PTN网络对UNI端口失效、内部故障、节点失效的保护。

路由保护如图22所示。

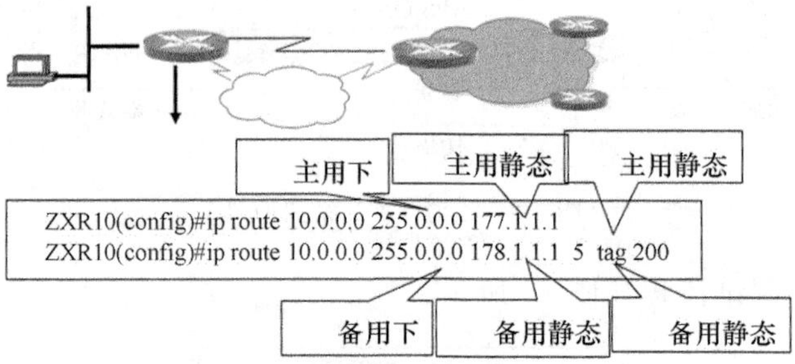

图22　路由保护图

7. 设备选型

接入层:ZXCTN 6000系列包括ZXCTN 6100、6110、6120、6200、6300系列产品。综合考虑,最终接入层设备选定ZXCTN 6200。

核心层:ZXCTN 9000系列目前包括ZXCTN 9008、ZXCTN 9004两款产品。ZXCTN 9000系列设备主要用于网络的汇聚核心层。综合考虑,最终汇聚层设备选定ZXCTN 9004。

汇聚层:ZXCTN 6500系列目前包括ZXCTN 6500-32、6500-16L、6500-8。其中6500-

16L、6500-32 和 ZXCTN 9000 系列一起组成网络的汇聚核心层。综合考虑，最终核心层设备选定 ZXCTN 6500。

各网络层设备选型如表 13 所示。

表 13　设备选型及应用层汇总表

设备类型	版本信息	适用位置	备注
ZXCTN 6200	V1.10P01B15(含)以上	接入层	建议 V1.10P01B16
ZXCTN 6500	V1.0R1P02B5I8(含)以上 R2 版本	汇聚层	
ZXCTN 9004	V2.08.32R3B70(含)以上	核心层	即 V2.08.32R1B56P002 以上

8. 实验过程

(1) 实验方案及流程

实验流程如图 23 所示，实验具体设备连接如图 24 所示。

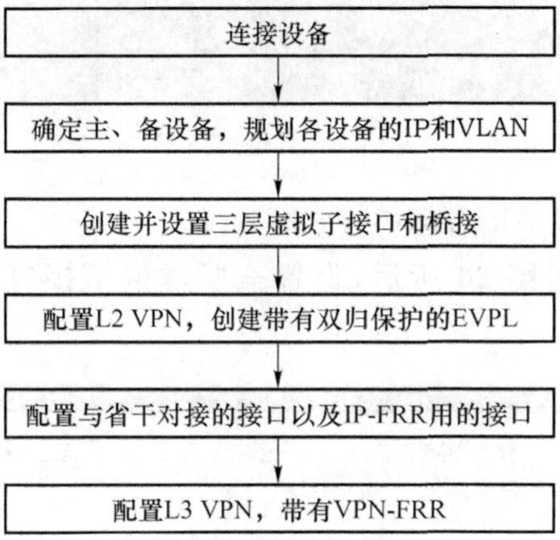

图 23　实验流程图

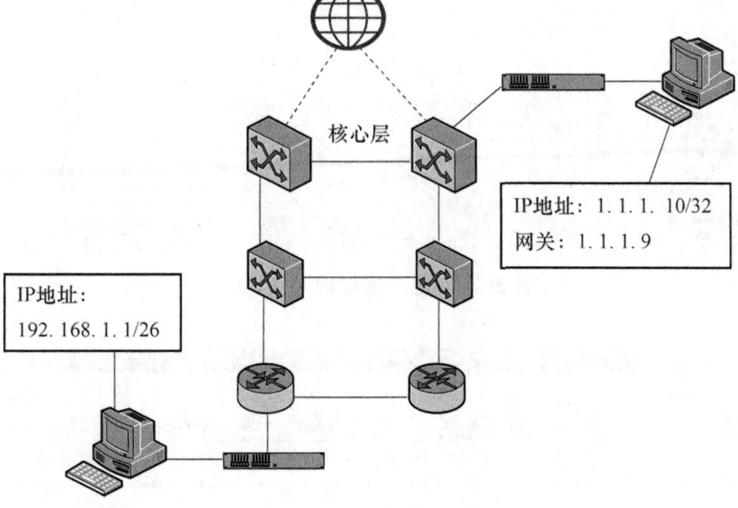

图 24　实验设备连接图

（2）实验过程

1）实验拓扑

接入一、接入二设备分别为 6200-1、6200-2；桥接一、桥接二设备分别为 9004-1、9004-2；核心一、核心二设备分别为 6500-1、6500-2。具体拓扑如图 25 所示。

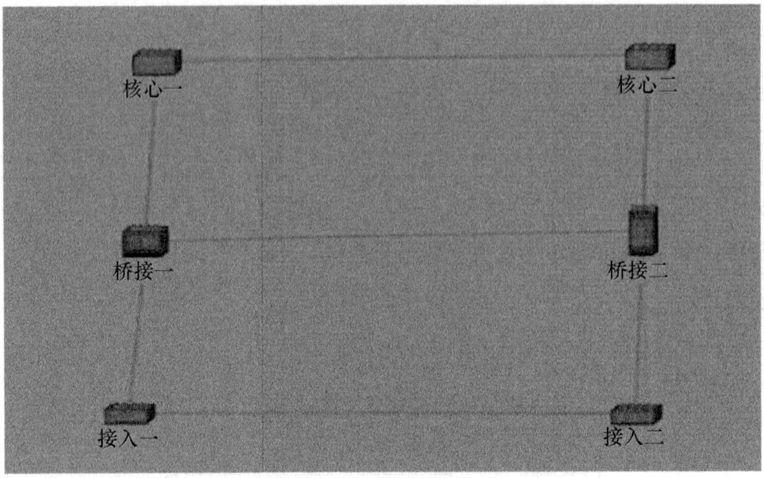

图 25　实验拓扑图

2）创建并设置三层虚拟子接口和桥接

创建三层虚拟子接口如图 26 所示，设置三层虚拟子接口如图 27 所示，桥接过程如图 28 所示。

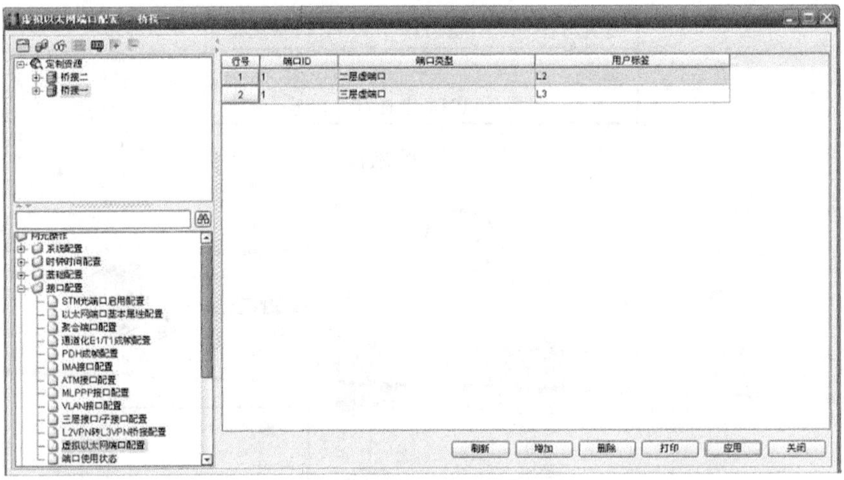

图 26　创建三层虚拟子接口

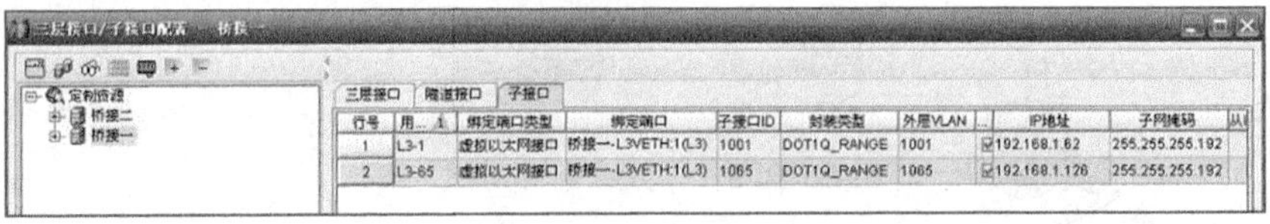

图 27　三层子接口 IP 配置

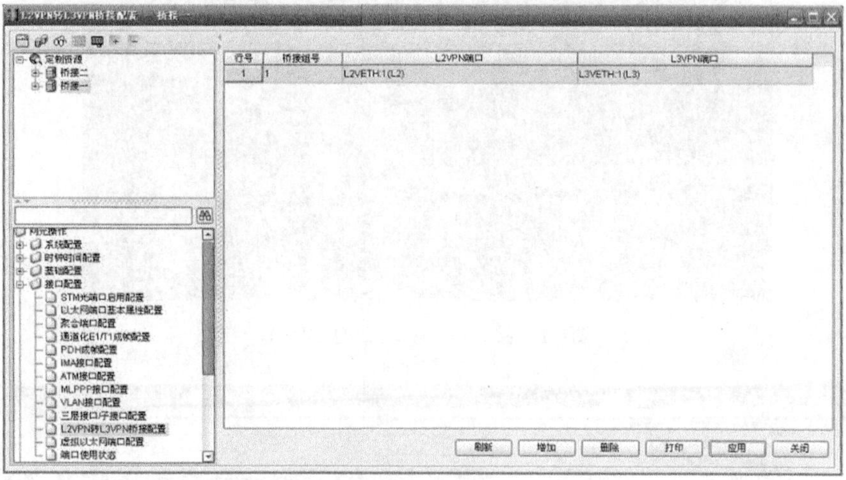

图 28　桥接

3)配置 L2VPN,创建带有双归保护的 EVPL

接入一与桥接一间的隧道保护如图 29 所示,接入一与桥接二间的隧道保护如图 30 所示,接入一、接入二的带有双归的 EVPL 的建立如图 31 所示,接入一、桥接一、桥接二的流分类设置如图 32 所示。

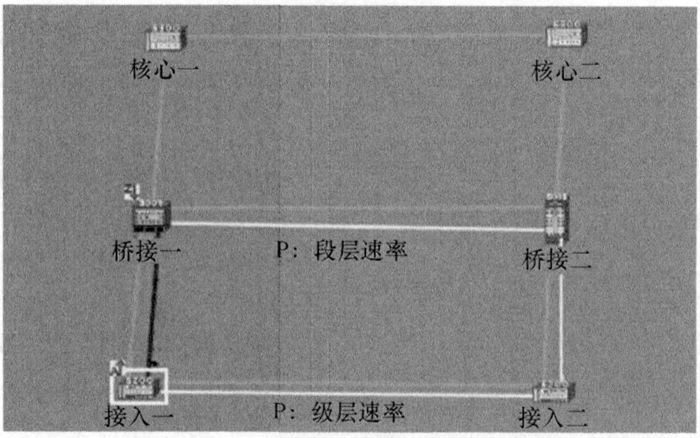

图 29　接入一与桥接一间的隧道保护

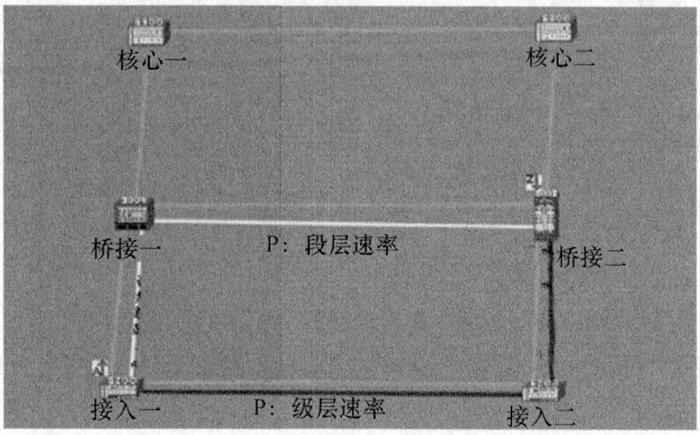

图 30　接入一与桥接二间的隧道保护

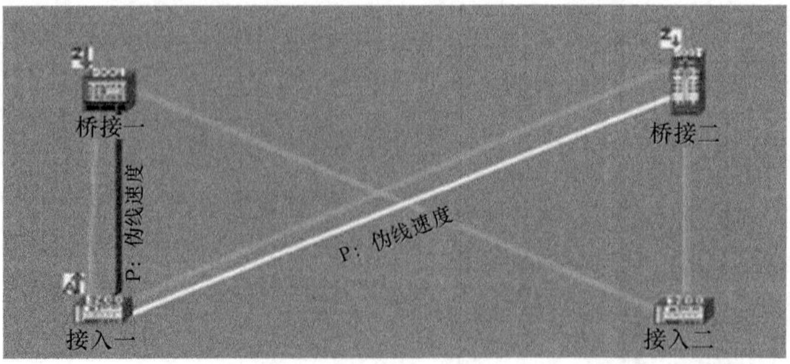

图 31　接入一、接入二的 EVPL

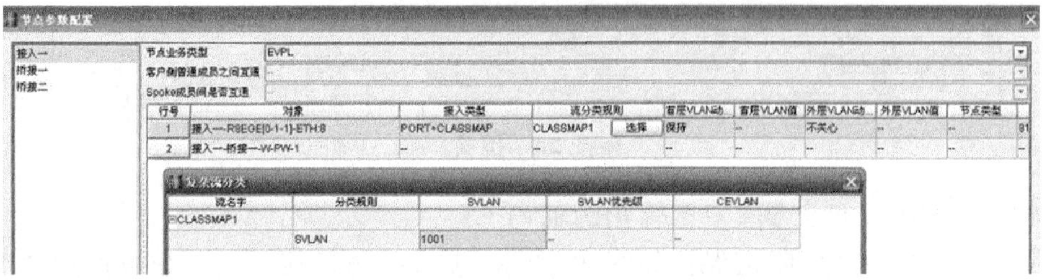

图 32　接入一、桥接一、桥接二的流分类

4)配置与省干对接的接口以及 IP-FRR 用的接口

核心一的接口 VLAN 设置如图 33 所示，核心一的接口 IP 设置如图 34 所示。

接口ID	用户标识	交换属性	ARP检查	...	端口组	接入模式
⊟101	段层	☐	☐			
					R1EXG[0-1-12]-ETH:1	干线
⊟102	段层	☐	☐			
					R1EXG[0-1-11]-ETH:1	干线
⊟400	核心一	☐	☐			
					R8EGE[0-1-3]-ETH:8	接入

图 33　核心一的接口 VLAN

以太网端口基本属性配置 | VLAN接口配置 | 三层接口/子接口配置 | 静态MAC地址配置 | ARP配置

三层接口 | 隧道接口 | 子接口

行号	用户标签	绑定端口类...	绑定端口	...	...	指定IP地址	IP地址	子网掩码	从IP
1	IP_FRR	VLAN端口	核心一-VLAN端口:1000(IP_FRR)	--	NI	☑	1.1.1.1	255.255.255.252	
2	段层	VLAN端口	核心一-VLAN端口:101(段层)	--	NI	☑	1.0.1.1	255.255.255.0	
3	段层	VLAN端口	核心一-VLAN端口:102(段层)	--	NI	☑	1.0.2.1	255.255.255.0	
4	核心一	VLAN端口	核心一-VLAN端口:400(核心一)	--	NI	☑	1.1.1.5	255.255.255.252	

图 34　核心一的接口 IP

5)配置 L3 VPN，带有 VPN-FRR

L3 VPN 节点配置如图 35 所示，L3 VPN 的 EPC 侧路由配置如图 36 所示，L3 VPN 的基站侧路由配置如图 37 所示，L3 VPN 的基站侧汇聚路由配置如图 38 所示，L3 VPN 的 IP_FRR 配置如图 39 所示。

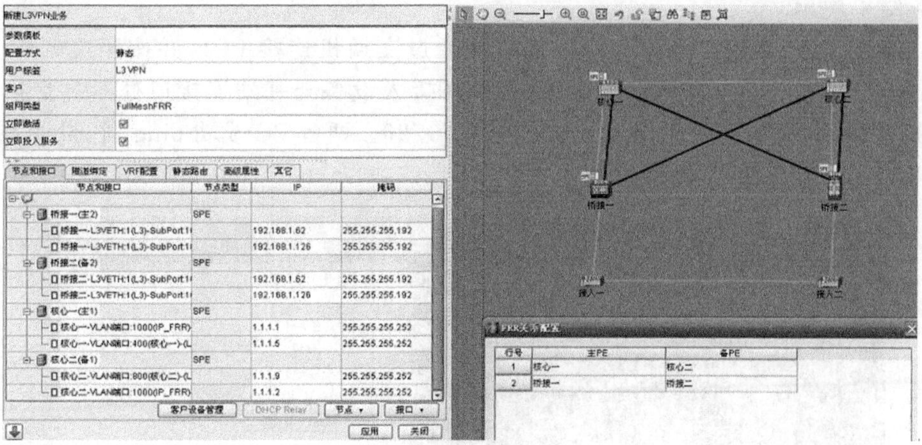

图 35　L3 VPN 节点配置

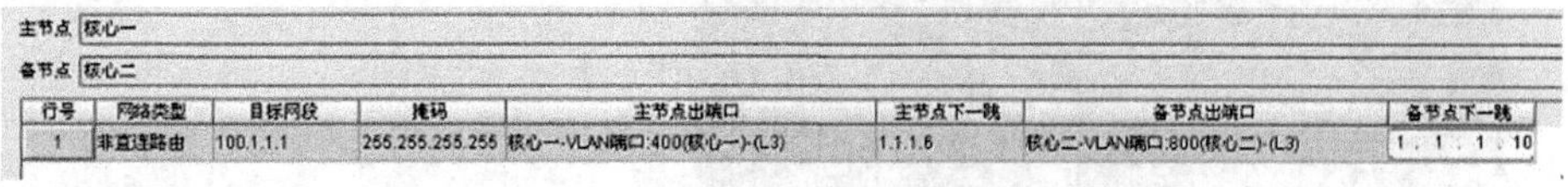

图 36　L3 VPN 的 EPC 侧路由配置

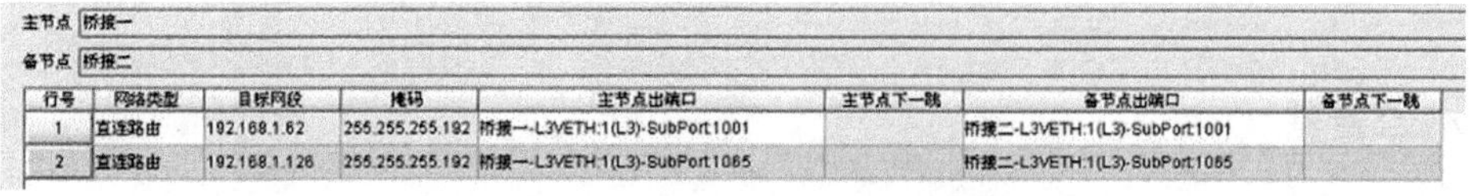

图 37　L3 VPN 的基站侧路由配置

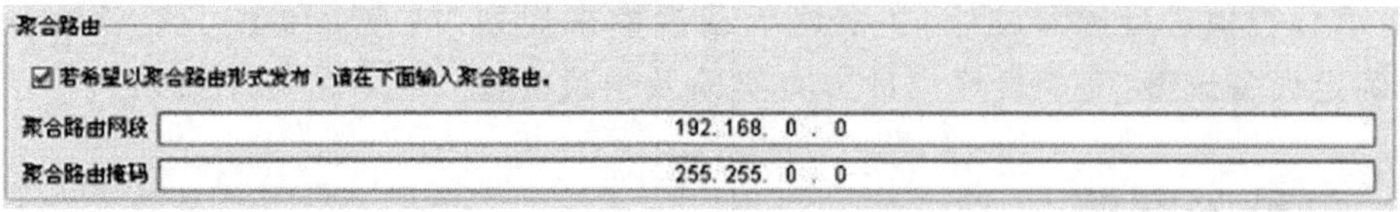

图 38　L3 VPN 的基站侧汇聚路由配置

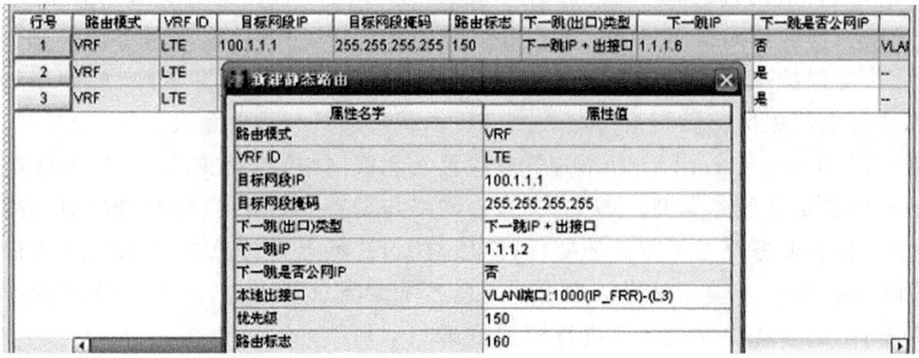

图 39　L3 VPN 的 IP_FRR 配置

实验结果展示

最终测试结果，在核心设备与外网接口处通过交换机连接PC1，并按照规划将PC1设定IP地址：1.1.1.10/30，默认网关：1.1.1.9；在接入设备与基站连接口处通过交换机连接PC2，按照规划将PC2设定IP地址：192.168.1.1/26。两台PC成功ping通，设计方案的有效性得以验证。验证结果如图40所示。

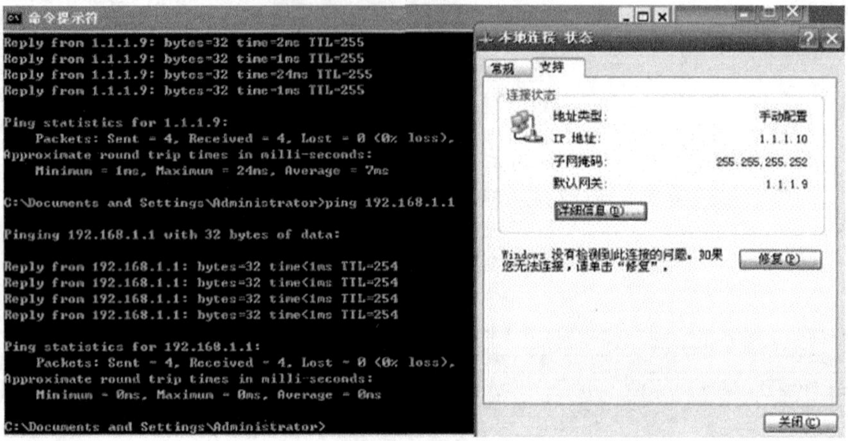

图40 核心网侧ping通基站侧

9. 小本章结

本章首先阐述承载网关键技术，通过L3 PTN方案和PTN+CE方案两个方案说明网络设计原则，然后从核心层组网、汇聚层组网、核心网侧网络拓扑等方面进行网络结构设计，紧接着对承载规模进行选型设计，并根据承载规模来规划VLAN和IP。最后结合设计原则、规划确定设备选型，完成最终设计方案实验及结果验证。

五、总结与展望

PTN(分组传送网，Packet Transport Network)作为一种面向分组业务的传送网络和技术，既具备数据通信网组网灵活的特点和统计复用传送的特性，又继承了传统光传送网络面向连接、快速保护、OAM能力强等优点。同时PTN还具备多业务承载、提供端到端的区分服务和全程电信级保护机制等特点，对LTE承载网络具有重要意义。

随着LTE(Long Term Evolution，下一代移动无线网络)的发展，IP/Ethernet类业务成为占统治地位的主导业务类型。本文从LTE网络与现有2G/3G网络结构的对比得出业务架构、网络架构和业务部署等方面的变化，然后对LTE特点进行总结，提出X2接口承载需求、S1接口承载需求、带宽需求等主要需求，总述承载需求特点，然后根据需求特点进行网络分析和设计，最后在中兴设备上进行模拟测试。

本文首先从研究背景、PTN网络现状和面临的挑战以及技术发展等方面进行阐述，然后对PTN技术原理具体说明介绍，再通过LTE与2/3G网络的对比，说明4G网络变化与需求，接着根据需求及技术特点设计 PTN 承载网络并进行保护，最后在中兴设备上根据设计再现面向 LTE 的 PTN 承载网络，验证设计方案。

PTN 规模部署已成为城域网的主流技术，实现 PTN 平滑演进、支持 LTE 的移动回传承载对 LTE 承载网络具有重要意义。同时也应看到，LTE 对承载网络提出了前所未有的大带宽需求。按 TD-LTE 规模技术的带宽规划，汇聚环未来将面临极大的容量压力，无论是通过改变 PTN 汇聚环单环结构，引入新的网络拓扑来提升汇聚环容量，还是采用新的技术提升数据网络容量，将承载网络架构调整成扁平化，都需进一步研究。通过建立精准的 LTE 业务模型，设定空口带宽、传输带宽的恰当的收敛比也具有非常现实的意义。

六、结束语

时光飞逝，四年的大学生活即将画上句号。在这四年时光里，我学到了很多，也成长了很多。当然，这离不开老师和同学们的帮助、关心和陪伴。

感谢我的指导老师李振松老师，李老师在担任我们的辅导老师时，工作热情，治学严谨，精益求精，始终严格要求我们，在学习和工作当中给予我们重要的指导。在实习期间也多次帮助我解决工作中遇到的问题，让我学会了许多处理事务的方式方法。

感谢我的校外指导老师郑壬老师，我的毕业设计是在郑老师的悉心指导下完成的，从毕设的开题到方案的设计以及最后设计方案的验证的整个过程中，郑老师始终耐心指导、有问必答，花费了郑老师许多的宝贵时间和精力，为我能按时完成毕业设计提供了很大的帮助。

感谢北京信息科技大学为我提供了舒适的学习环境，很荣幸能够进入到这个大家庭进行学习生活。

感谢信息与通信工程学院的全体教职员工，他们日夜辛苦地备课，不辞辛苦地为我们讲解专业知识，使我们在四年的本科生活中受益匪浅。

还要感谢通信 1401 班、通信 1405 班，物联 1401 的同学们，大家辛苦了！

参考文献

[1] 夏云军. LTE 承载网策略探讨[J]. 科技与企业. 2014.

[2] 孙达，韩毅. PTN 承载 LTE 解决方案研究及验证[J]. 电信科学. 2011.

[3] 李学敏. PTN 承载网络的规划及性能提升探讨[J]. 通信世界. 2012.

[4] 王峥. 基于 PTN 的 TD-LTE 传输承载方案研究[D]. 内蒙古：内蒙古大学，2015.

[5] 周恒. PTN 技术在城域网中的应用研究[D]. 重庆：重庆邮电大学，2013.

[6] 贺立中. PTN LTE 移动承载解决方案研究分析[D]. 内蒙古：内蒙古大学，2015.

[7] 林福新. PTN 技术在多业务承载网中的应用[D]. 厦门：厦门大学，2012.

[8] 龚倩，邓春胜. PTN 规划建设与运维实战[M]. 北京：人民邮电出版社，2010.

[9] 王元杰，杨宏博. 电信网新技术 IP RAN/PTN[M]. 北京：人民邮电出版社，2014.

[10] 彭国庆. LTE 网络规划设计手册[M]. 北京：人民邮电出版社，2013.

[11] 戴源. TD-LTE 无线网络规划与设计[M]. 北京：人民邮电出版社，2012.

作者简介

王耀，男，本科生，就读于北京信息科技大学信息与通信工程学院通信 1401 班。

朱逸峰，男，本科生，就读于北京信息科技大学信息与通信工程学院通信1405班。
盖贝贝，女，本科生，就读于北京信息科技大学信息与通信工程学院物联1401班。
姜欢，女，本科生，就读于北京信息科技大学信息与通信工程学院通信1401班。
纪银辉，女，本科生，就读于北京信息科技大学信息与通信工程学院通信1403班。
李振松，男，北京信息科技大学信息与通信工程学院教师，长期从事通信工程专业教学工作。

基于 PON 的 PTN 组网设计①

李　艳[1]　李　彤[1]　轩辕诗垚[1]　程朝勋[1]　房贺鸣[1]　杨　玮[1]　郑　任[2]

（1. 北京信息科技大学信息与通信工程学院，北京，100101

2. 北京中兴协力科技有限公司，北京，100044）

摘　要：近年来，人们对高性能传输技术的需求日益提升。与同步数字系统、光传输网络等传统传送网相比，新的网络传输技术能够有效兼容基于数据包和基于电路的数据，并且具有极大容量、高可靠性、相容性、足够的操作维护管理能力等特点。

本文基于对 PON 和 PTN 的理论分析，研究了关于 PON 和 PTN 联合组网问题。项目实施的技术路线，首先要建在对于 PON，PTN 及组网的了解之上。把这些技术相融合，从而最终实现基于 PON 接入方式下 PTN 组网的设计与实现。本文通过介绍以太网技术和多协议标签交换技术在内的概述，并提供了包分组交换技术的详细介绍。然后，对开通以太网业务进行了分析，最后总结了现网的问题及其日后的发展方向。

关键词：PTN　PON　T-MPLS　分组传输　IP 网络

Joint networking with PON and PTN

Li Yan, Li Tong, Xuanyuan Shiyao, Cheng Zhaoxun, Fang Heming, Yang Wei, Zheng Ren

（1. School of Information and Communication Engineering, Beijing Information Science and Technology University, Beijing, 100101

2. Beijing ZTE-CE Technology Co., Ltd., Beijing, 100044）

Abstract: In the recent years, as the demand for network transmission technology is increasing, new technologies begin to emerge. Based on the analysis of PON and PTN, the paper studies the problem of joint networking with PON and PTN. Compared to traditional transport network, such as synchronous digital system or optical transmission network, transmission network requirements of the new technology can effectively compatible with packet-based and circuit-based data, and has a great capacity, high reliability, compatibility, adequate operation and maintenance capabilities.

This paper studies the problem of joint networking between PON and PTN. The technical line of project implementation should first be built on the understanding of PON, PTN and networking. These technologies will be integrated so that the design and implementation of PTN networking based on PON access mode will be realized. This paper provides a research and technology, including Ethernet and Multiprotocol Label Switching (MPLS) packet transport technology, including an overview and provides MPLS-TP (package

① 项目来源类别：2017 年“实培计划”大创深化项目。

packet switching technology) for details. Then, the opening of Ethernet services were analyzed. At the end of this paper, concluded the current network problems and future direction of development.

Key words: PTN PON T-MPLS Packet transmission IP network

一、引言

PTN(Packet Transport Network,分组传送网),是指这样一种传送网络架构和技术:在IP业务和底层光传输媒质之间设置了一个层面,该层面针对分组业务流量的突发性和统计复用传送的要求而设计,以分组业务为核心,支持并实现多业务承载,具有更低的总体使用成本(TCO)。同时秉承光传输的传统优势,包括高可用性和可靠性、高效的带宽管理机制和流量工程、便捷的OAM和网管、可扩展、较高的安全性等。

PTN技术是IP/MPLS、以太网和传送网3种技术相结合的产物,它保留了这3类产品中的优势技术。首先,PTN顺应了网络的IP化、智能化、宽带化、扁平化的发展趋势,以分组业务为核心,增加了独立的控制面,以提高传送效率的方式拓展有效带宽,并且支持统一的多业务提供;其次,PTN保持了适应数据业务的特性,包括分组交换、统计复用、采用面向连接的标签交换、分组QoS机制、灵活动态的控制面等;再其次,PTN继承了SDH传送网的传统优势,包括丰富的操作管理和维护、良好的同步性能、完善的保护倒换和恢复以及强大的网络管理等。

二、基于PON的PTN组网技术方案

1. 设计思路

(1) 业务类型

PTN以太网业务主要包括6种:以太网专线业务(EPL),以太网虚拟专线业务(EVPL),以太网专网业务(EPLAN),以太网虚拟专线业务(EVPLAN),树型以太网业务(EPTree)和以太网虚拟树型业务(EVPTree)。

而PTN+PON组网用于固网主要向上接入SS(Soft Switch,软交换)网和通过BAS(Broadband Access Server,宽带接入服务器)接入IP承载网。因为PON的业务主要以二层业务为主,需要通过VLAN进行划分,要求PTN透传二层业务。所以可根据需要主要开通虚拟的树形或者线形的业务。

(2) 业务配置

PON网络需要具有VLAN规划功能,以便对业务进行隔离。

创建VLAN(虚拟局域网),可以使用基于端口的划分方案总共包括3个配置操作任务:

① 创建所需的VLAN:用以区分不同的业务和不同的用户。

② 配置端口类型:基于端口构建VLAN时,设备可以加入Access、Trunk和Hybrid这三种二层以太网端口。在这里要注意的是:在使用某些交换机时,如果二层以太网端口是处在于缺省的状态下的Hybrid类型时,需要使用不带标签方式加入VLAN 1,当然也可以通

过命令修改。另外还要注意的是 Access、Trunk 和 Hybrid 这 3 种二层以太网端口的用途及对数据帧的收、发处理规则。

③ 把端口加入 VLAN 中：这是用已创建好的 VLAN 对用户的计算机、网络电视和电话三种不同的业务连接的交换机二层以太网端口进行绑定。

一般情况下，一个 OLT 设备可以插入 16 块线卡，一块线卡最多可以接入 8 个端口，一个端口可以连接 64 个 ONU ，所以每个 OLT 设备在不考虑带宽的情况下至少可以接入 16×8×64=8192 个用户。在对每个 OLT 规划 VLAN ID 时，为了便于管理，一般按照由低到高排列的规则，不同的 OLT 下的 VLAN 允许重叠，这需要与不同的业务网协商后再进行规划。

(3) 组网思路

对于 PTN 组网部分，根据现网的情况来看，一般按照网络规模的大小，划分为小型城域网、中型城域网和大型城域网制定组网模型。

大型城市：接入端数量较大，数据流量大，网络结构复杂，层次多。

中型城市：接入端数量适中，数据流量较大，网络结构复杂。

小型城市：接入端数量较小，数据流量小，网络结构简单，层次一般只有两层。

因此，就要需要根据不同的需要，灵活地搭建城域网，最合理的方法就是搭建网状网。除此之外，在数据流向的终端节点同样需配置 PTN 设备，这样做不但能实现对业务点到点的监控管理，还能够将相应的业务配置到相应的 LSP 通道中。

汇聚层的功能是完成一定范围内各种数据的汇聚与传送，所以要求汇聚层具备一定程度的业务汇聚功能和多业务传输功能。一般选用 10GE 的组环，节点的数量控制在 4～8 个较为合适。

接入层应具有适应性高的、快速的多业务接入功能。选用 GE 组网，在搭建 PTN 网络时，出于对安全的考虑，节点应控制在 15 个以内。但是在现网中，因为有现实不可抗因素的存在，节点数很多时候无法保障。

对于 PON 组网部分规划如下。

密集型高档住宅楼：光纤到家，若干用户共用分光器。

低密度、分散型用户：ONU 放置在用户家中或室外壁挂，分光器放置在交接箱中以节省空间，交接箱放置在别墅区的接入机房或中心地带以节省光纤。

连体排屋或连体别墅：多个用户可共用一个室外型 ONT 进行覆盖。

分散型小区：因为可以对现有双绞线资源加以利用，所以工程上可采用光纤到路边或者单独设立小型交接箱，完成 ONU 对较多客户端的集中及全面覆盖，从而节省初期建设成本；ONU 放置在室外机柜或者挂杆，交接箱或分光器放置在多个小区的中心位置，便于节省布线成本。

商务楼宇用户：接入方式可根据实际情况灵活变动。例如同一楼层采用一个或者多个 ONU 进行接入；若干楼层共用同一 ONU 来进行接入；同一栋楼采用同一 ONU 来进行接入。ONU 可壁挂、安装在弱电井、放于楼道或地下室。

2. 方案背景介绍

宽带的接入网是指城域网向宽带用户端延伸的网络，大体上可以分为两种，即宽带接入网和用户侧的驻地网。宽带接入网是为满足近年来对带宽接入的爆炸性需求而单独搭建的。它面向已有的和未来的各类集团用户、家庭用户，为他们提供所需的宽带，并向上接入网络。宽带接入网的位置在城域网的接入层，并向下延伸到用户楼宇或住宅区。而用户驻地网不属于城域网的范畴，它是指在用户楼宇或住宅区内搭建的网络，用于连接带宽接入网的末端和用户的终端。

随着网络接入形式的不断变迁，以往的固网运营商全都在落实"光进铜退"方案，同时由于以太网扩展功能的欠缺而不能组织大面积的接入网络。基于这两个问题，在将来的全业务运营情况下，应直接采用光纤接入，防止再出现相似的问题，室外的部分不再以传统的方式铺设电缆。在驻地网内可按照用户的实际情况选用相应的电缆技术或者无线技术来实现用户的接入以及快速覆盖。

无线接入技术中的PON拥有强大的覆盖能力、带宽高、节约成本、绿色环保和便于维护管理等优点，是光纤成熟有效的接入方式。PON技术发展至今，两种技术的标准和产品都已经相对完善，虽然EPON和GPON两种技术各有各的优势和不足，但都能够满足一定带宽的接入需求。由于应用PON技术时没有互通的需求，工程人员可结合不同的业务需求和资金的状况来选择最佳的技术配置策略。

普通集团客户和高档社区对于安全性的要求相对不高，可综合考量投资的成本与业务的不同需求，采用以PON＋VLAN进行接入。

3. 平台及设备

仿真软件——中兴NetNumen U31网管软件

中兴PTN系列设备主要有ZXCTN 9004、9008、6100、6200和6300等。ZXTN系列PTN产品重要单板采用冗余保护，设备采用层次化OAM设计，尤其注重电信级端到端的网络保护设计和实现，提供目前业界领先的时间同步解决方案。

其中，ZXCTN 6200为业界最紧凑的10GE PTN设备，服务器外部尺寸为3U。既可作为小规模网络中的汇聚边缘设备，也可在大规模网络或全业务场景中作为高端接入层设备，满足发达地区对10GE接入环的需求。

ZXCTN 9008为业界交换容量最大的PTN设备，交换容量达到双向1.6T，也是业界最早支持320G接入容量的PTN商用产品，全面满足全业务的落地需求。

中兴通信ZXCTN系列PTN产品和解决方案的特点有：产品商用款型全面且集成度高、强大的组网能力和业务支撑能力、完善的保护机制、最全面的层次化OAM功能、设备稳定性好且指标优异、绿色低碳设计、设备功耗小和支持LTE功能。

三、具体实现

1. PTN＋PON组网策略

PON组网部分以小区A和小区B业务接入为例进行组网，家庭用户的网络一般用来学习、娱乐和休闲，所以开通用户的语音、上网和网络电视业务。

小区A有用户1到用户40共计40个用户，小区B有用户41到用户80共计40个用户。

用户的业务主要有以下 3 种：

语音业务：用户的电话业务，每户都需要，占用带宽为 1M，因为业务本身的特点，不能发生断线的情况，所以对 QoS 的要求很高。

IPTV 网络电视业务：普通的高清电视占用带宽为单频道 10M，4K 的超清电视占用的带宽为单频道 30M～50M，但是不是每个用户都要开通，用户可根据需求自主选择，对 QoS 的要求也比较高。

上网业务：用户可根据自身的需求自行选择带宽，不同上网业务对带宽的需求不尽相同，对 QoS 的要求比较高。

总之，两小区需要一个高带宽、灵活性高、可靠性高的多业务接入网络。基于 PON 技术的接入网不仅能够满足其要求，在后期网络维护管理和升级方面相比传统的网络更加容易，因此本课题选用 PON＋PTN 技术对 A、B 两小区做出了组网规划的设计。

为了方便不同区域的管理和保障相应的安全性，我们要进行 VLAN 划分，这样也提高了整个网络运行的稳定性。表 1 显示了两小区部分用户的 VLAN 划分及带宽需求。

表 1　用户 VLAN 划分及带宽规划详情

对象	用户	业务	VLAN 规划	带宽需求	对象	用户	业务	VLAN 规划	带宽需求
小区 A	用户 1	语音	VLAN200	1M	小区 B	用户 21	语音	VLAN200	1M
		上网	VLAN500	100M			上网	VLAN520	100M
		视频	VLAN100	0M			视频	VLAN100	30M
	用户 2	语音	VLAN200	1M		用户 22	语音	VLAN200	1M
		上网	VLAN501	30M			上网	VLAN521	50M
		视频	VLAN100	0M			视频	VLAN100	0M
	用户 3	语音	VLAN200	1M		用户 23	语音	VLAN200	1M
		上网	VLAN502	20M			上网	VLAN522	30M
		视频	VLAN100	10M			视频	VLAN100	0M
	用户 4	语音	VLAN200	1M		用户 24	语音	VLAN200	1M
		上网	VLAN503	50M			上网	VLAN523	20M
		视频	VLAN100	0M			视频	VLAN100	0M
	用户 5	语音	VLAN200	1M		用户 25	语音	VLAN200	1M
		上网	VLAN504	50M			上网	VLAN524	50M
		视频	VLAN100	10M			视频	VLAN100	0M
	用户 6	语音	VLAN200	1M		用户 26	语音	VLAN200	1M
		上网	VLAN505	30M			上网	VLAN525	20M
		视频	VLAN100	50M			视频	VLAN100	30M
	用户 7	语音	VLAN200	1M		用户 27	语音	VLAN200	1M
		上网	VLAN506	20M			上网	VLAN526	100M
		视频	VLAN100	0M			视频	VLAN100	10M

续表

对象	用户	业务	VLAN 规划	带宽需求
小区 A	用户 8	语音	VLAN200	1M
		上网	VLAN507	100M
		视频	VLAN100	10M
	用户 9	语音	VLAN200	1M
		上网	VLAN508	100M
		视频	VLAN100	0M
	用户 10	语音	VLAN200	1M
		上网	VLAN509	20M
		视频	VLAN100	0M
	用户 11	语音	VLAN200	1M
		上网	VLAN510	30M
		视频	VLAN100	10M
	用户 12	语音	VLAN200	1M
		上网	VLAN511	50M
		视频	VLAN100	0M
	用户 13	语音	VLAN200	1M
		上网	VLAN512	30M
		视频	VLAN100	30M
	用户 14	语音	VLAN200	1M
		上网	VLAN513	20M
		视频	VLAN100	10M
	用户 15	语音	VLAN200	1M
		上网	VLAN514	50M
		视频	VLAN100	30M
	用户 16	语音	VLAN200	1M
		上网	VLAN515	100M
		视频	VLAN100	0M
	用户 17	语音	VLAN200	1M
		上网	VLAN516	20M
		视频	VLAN100	40M
	用户 18	语音	VLAN200	1M
		上网	VLAN517	30M
		视频	VLAN100	0M
	用户 19	语音	VLAN200	1M
		上网	VLAN518	50M
		视频	VLAN100	10M
	用户 20	语音	VLAN200	1M
		上网	VLAN519	100M
		视频	VLAN100	0M
小区 B	用户 28	语音	VLAN200	1M
		上网	VLAN527	30M
		视频	VLAN100	10M
	用户 29	语音	VLAN200	1M
		上网	VLAN528	100M
		视频	VLAN100	10M
	用户 30	语音	VLAN200	1M
		上网	VLAN529	100M
		视频	VLAN100	10M
	用户 31	语音	VLAN200	1M
		上网	VLAN530	20M
		视频	VLAN100	0M
	用户 32	语音	VLAN200	1M
		上网	VLAN531	30M
		视频	VLAN100	0M
	用户 33	语音	VLAN200	1M
		上网	VLAN532	30M
		视频	VLAN100	10M
	用户 34	语音	VLAN200	1M
		上网	VLAN533	20M
		视频	VLAN100	50M
	用户 35	语音	VLAN200	1M
		上网	VLAN534	50M
		视频	VLAN100	0M
	用户 36	语音	VLAN200	1M
		上网	VLAN535	50M
		视频	VLAN100	10M

VLAN 配置实际操作流程:根据交换机配置 VLAN 的协议,首先要对第一台设备进行配置。第一步进入全局配置模式,在全局配置模式下首先进入端口配置模式,给虚拟链路 VLAN1 命名,之后进入第一个端口(与交换机之间相连接的端口)的配置模式,将它与 R2(另一台路由器)连接的端口配置上 IP,然后退出当前的端口配置模式。接着进入第二个端口的配置模式,给 PC1(连接到 R1(当前配置的交换机)的设备)配置 IP,之后退出端口配置模式,再退出全局配置模式。这时候分别将连接到 RI 上的 PC1 和连接到 R2 上的 PC2 之间配置上 VLAN 协议。R2 的配置和 R1 同理,操作不同。最后可针对交换机使用 show ip route 命令查看路由器是否设置正确。

2. 整体 PTN+PON 网络结构

PTN 作为整个组网的传送网,接入层采用 ZXTN 6200 设备,汇聚层采用 ZXTN 6300 设备。接入层到汇聚层采用双上联保护,核心层采用 ZXTN 9008 设备。用户侧则通过 PON 设备接入,PON 网络的 OLT 设备通过 PTN 网络的汇聚与 BAS(宽带接入服务器)连接,BAS 负责接入 IP 承载网。然后根据需求开通树型或者线型业务。

3. PON 规划部署方案

OLT 可以提供 2.5G 光口,整个小区所有的用户的所有的业务都需要接入一个 OLT 设备中,这使得 OLT 的上联口的压力十分巨大。同时,OLT 是本方案中 PTN 组网和 PON 组网的中间设备,也不像 PTN 设备一样有双上联的保护方法,因此 OLT 设备的选型和规划在整个组网中显得尤其重要。

OLT 规划的考量标准主要有三个:初期建设的资金是否充足、用户和业务的数量和所占用带宽的多少以及在建设完成以后是否易于操作维护。

决定 OLT 部署所需资金的因素一般情况下有:OLT 设备是否需要单独设立机房以及 OLT 到用户的距离。若要设立机房,最好将机房位置设立于小区中心地带,可减少光缆长度。为了降低投入,一般选用大容量的 OLT 设备。

现在已经成熟的 OLT 的部署办法有两种:集中放置和分散放置。基于前文所述的考量标准,本方案中选择集中放置的方法。虽然这种方法所接入的光缆会比较长,但是可以减少机房的建设,电源的接入难度也会比较低。

ODN 是 OLT 到 ONU 也就是用户侧的中间组成部分,主要组成单元有光纤和分光器等。它们在 OLT 和 ONU 之间建立了双向的业务通道,因此才实现业务的上下行。所谓的光纤到户就是经由 ODN 来实现的,ODN 的建设占到了初期建设成本的五分之三以上,所以 ODN 部署是否合理,是鉴别一个 PON 网络是否优秀的重要参考内容。

常见的 ODN 网络组成形式是:主干网络到配线网络再到入户网络。网络与网络之间的节点涵盖光分配节点以及用户接入节点。ODN 设备经由主干光纤网络向上连接到 OLT 设备,向下通过光纤连接到各个光分配节点。最后由入户光纤完成用户接入点与光纤用户的连接。ODN 网络中的无源器件包括:光纤、光纤插座、光合/分路器、光纤配线架、光终端接收器等。

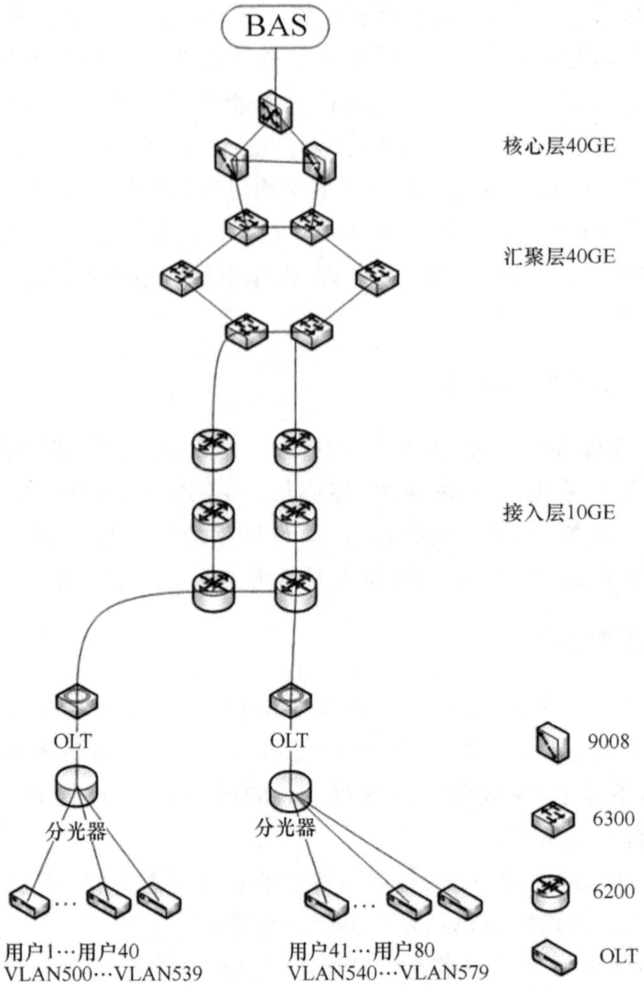

图1　PTN＋PON网络拓扑图

4. 业务的开通及验证

以6台设备为例，演示PTN业务的开通方法。

首先，如图2，接入层设备设置为接入一和接入二，汇聚层设置为汇聚一和汇聚二，核心层设置为核心一和核心二。汇聚层向上接入BAS，接入层下挂PON设备。接入一下挂OLT设备所接入小区A的用户为用户1至用户40，网络业务的VLAN为VLAN500～VLAN539；接入二下挂OLT设备所接入的小区B的用户41至用户80，网络业务的VLAN为VLAN540～VLAN579。

然后，配置隧道保护。以开通核心一与接入一之间端到端的业务为例，分别将核心一与接入一规定为A端点和Z端点，保护策略为完全保护，业务方向为双向，设置完成之后点击计算。主用隧道为图中蓝色标注的隧道，由核心一经过汇聚一到接入一；备用隧道为图中黄色所标注的路径，由核心一经过核心二、汇聚二和接入二，最终连接到接入一。因为隧道是双向的，所以反向也可以走通。

接着，配置业务。PTN＋PON组网需要PTN开通EVPtree业务。因为PON的业务

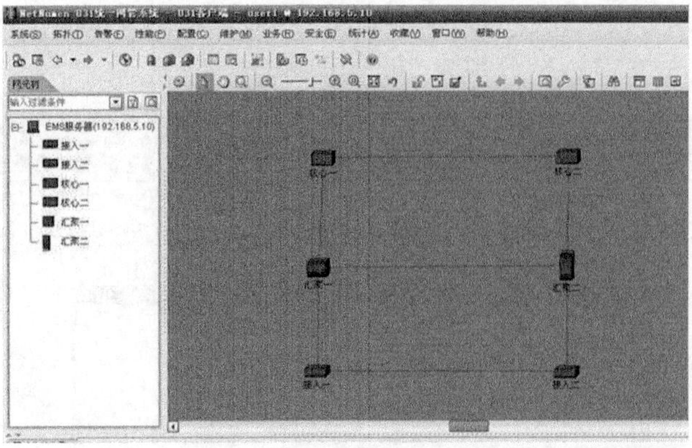

图 2　PTN 业务拓扑图

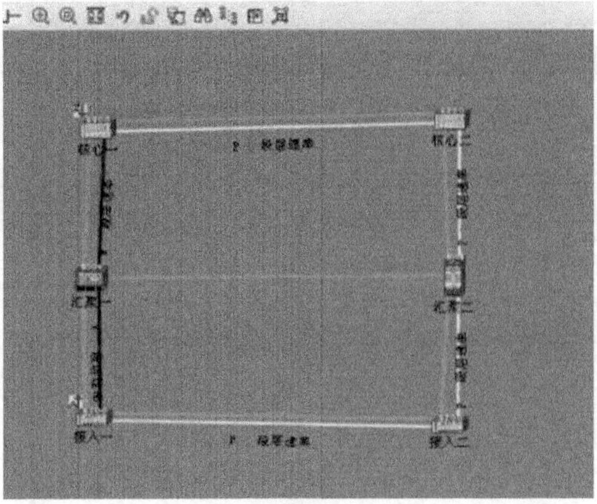

图 3　隧道保护

都是带有 VLAN 的，所以要求 PTN 设备能透传带有 VLAN 的业务。

关于 EVPtree 型业务配置如下：以在核心一与接入一和接入二之间开通树型业务为例，核心一为根网元，接入一和接入二为叶子网元；根网元和叶子网元之间可以透传业务，叶子网元和叶子网元之间不能实现透传业务功能。

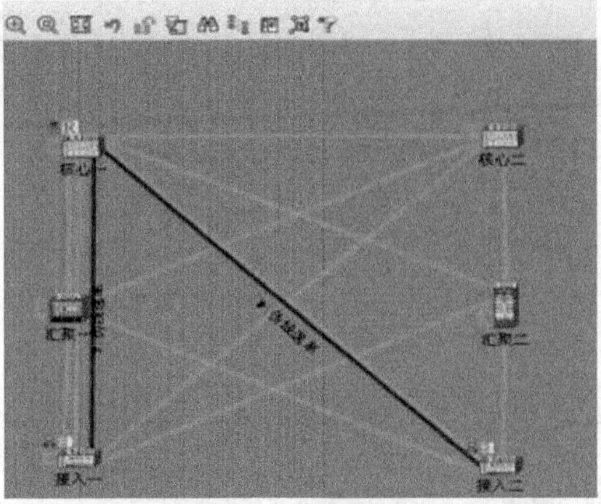

图 4　树型业务的拓扑

核心一的配置：因为根网元要透传所有业务，所以SVLAN配置为500-579。接入一和接入二的SVLAN分别为500-539和540-579。

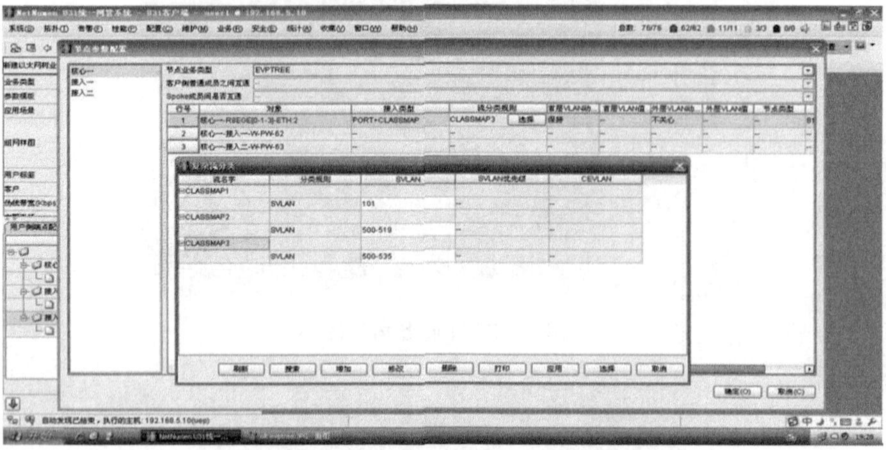

图5　根节点(核心一)的业务流分类

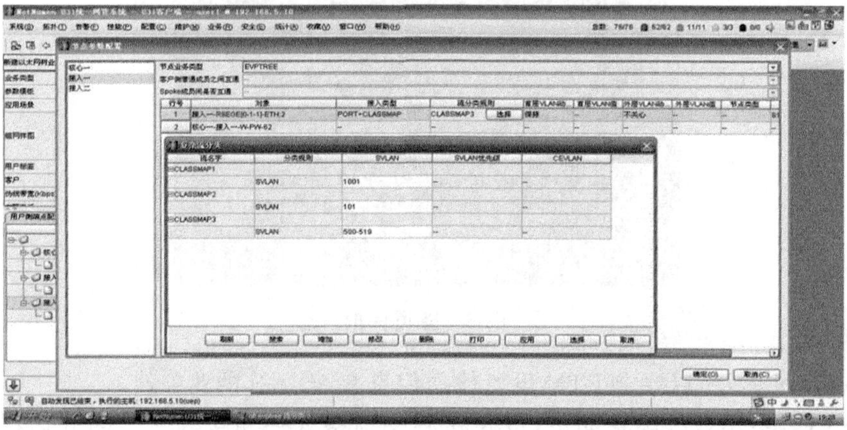

图6　叶子节点一(接入一)的业务流分类

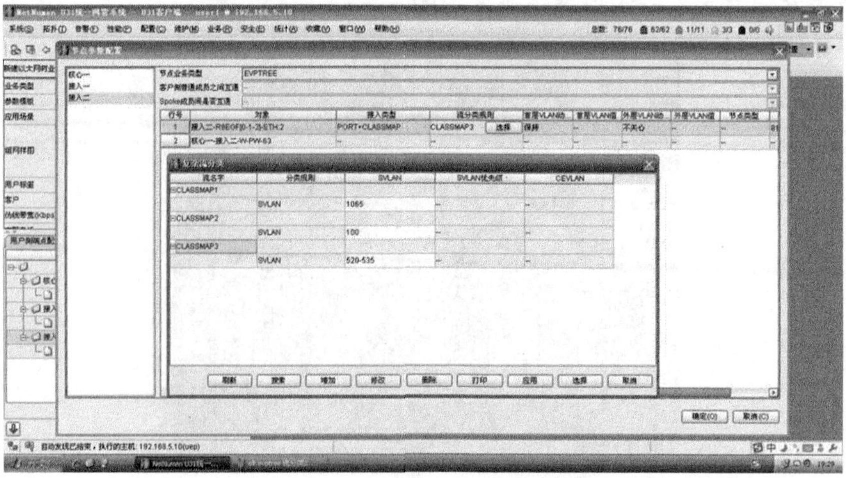

图7　叶子节点二(接入二)的业务流分类

最后，验证结果：

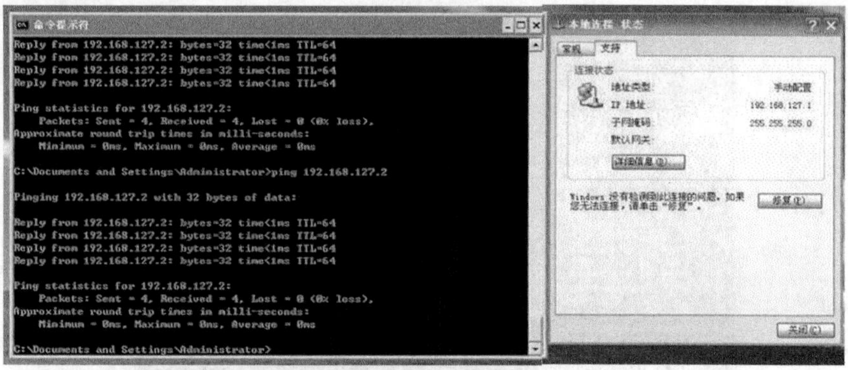

图 8　业务 ping 通

以开通 50M 的上网业务，配置 VLAN500 为例。

第一步，配置 PC 的 IP 地址和子网掩码。（PC 端 IP 为：136.1.1.50，设备端 IP 为：136.1.1.100）

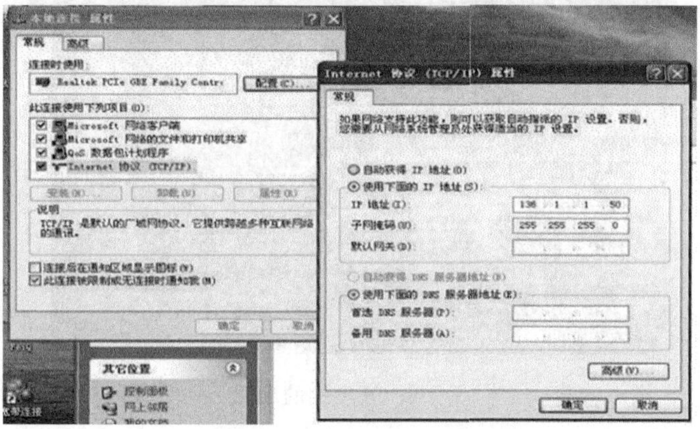

图 9　本地 IP 及子网掩码配置

第二步，将 OLT 端口与 ONU 连接，通过管理配置软件认证 ONU，然后查看认证结果及 ONU 的状态。

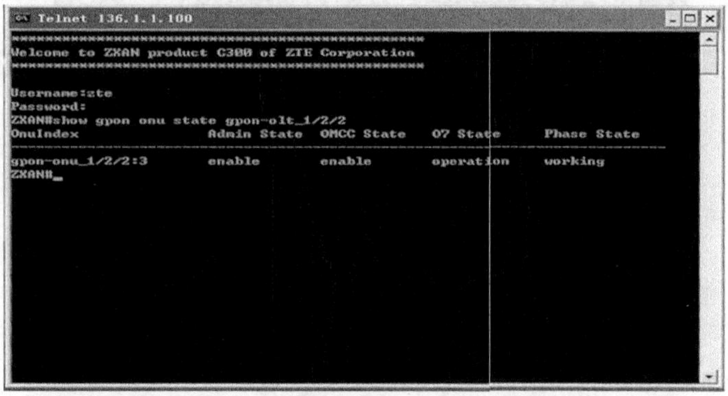

图 10　认证 ONU 设备

第三步，配置ONU的带宽(50M)模版(KD)。

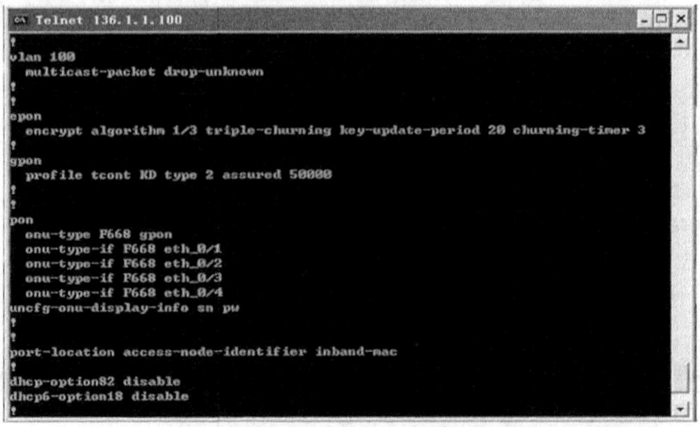

图11　验证ONU的带宽模板

第四步，先进入PON的OLT远程配置模式，端口为1/2/2:3，进行宽带业务映射，再添加KD模板，绑定OLT用户业务VLAN为VLAN500；

图12　OLT侧的配置

然后进入ONU的远程配置模式，端口为1/2/2:3，完成宽带业务映射，ONU用户VLAN也是VLAN500。

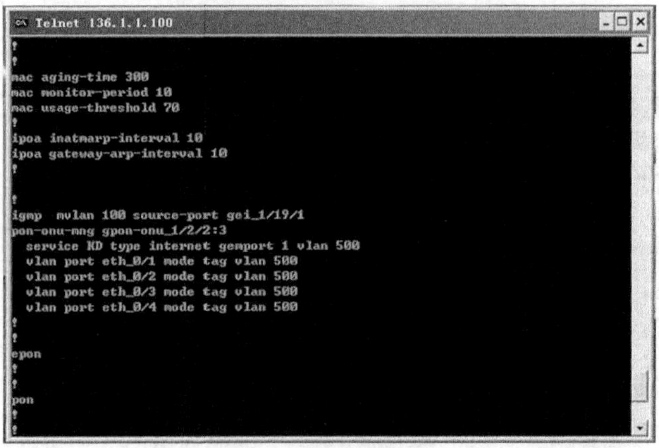

图13　ONU侧的配置

第四步,验证连接是否成功。(用户名为:adsl1@local,密码为:adsl1)

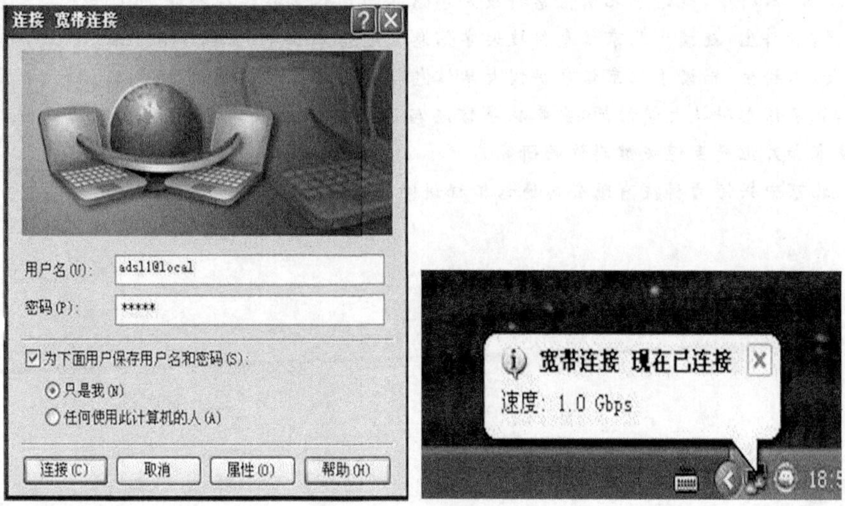

图 14　验证连接成功

四、总结和展望

组网是一个十分烦琐的系统性工程,在技术不断发展变化的今天,在组网过程中要考虑到与现有网络的兼容性问题,同时也要考虑到网络的后续发展和维护需求。网络中丰富的协议也在不断地更新,因此对网络中各个系统的要求也会随之变化,这就要求我们不断去接触新的技术,去探寻新的需求,使得网络建设得更加完备、兼容性更好、集成度更高。随着科技的不断发展,前方会有更大的天地等着我们去开拓,希望我们能够通过学习先进的知识和技术,永远走在科技的前端。

参考文献

[1] 数据通信网络技术实习手册. 中兴通讯 NC 网络学院内部讲义.

[2] 数据通信网络技术. 中兴通讯 NC 网络学院内部讲义.

[3] 胡先志,余少华. 光纤通信基本理论与技术[M]. 武汉:华中科技大学出版社,2007.

[4] 王延尧. 用户接入网技术与工程[M]. 北京:人民邮电大学出版社,2007

[5] 赵煜. 基于 GPON 技术的接入网络应用研究[D]. 北京:北京邮电大学,2010.

[6] 刘晨旭. PTN 技术在城域传送网建设中的应用研究[D]. 北京:北京邮电大学,2012.

[7] 边春雨,谢金龙. 城域传送网中 PTN 的组网模式和引入策略[J]. 电信科学. 2010.

[8] 黄清海. 新颖的下一代无源光网络[D]. 浙江:浙江大学,2011.

[9] 吴江. 基于 PON 技术的接入网及其应用[J]. 数字技术与应用. 2011(8):25-17.

[10] 左晓波,陈雪,邓羽. EPON 系统中 ONU 的自动加入[J]. 光通信研究. 2003,4(6):13-16.

[11] 陈婷. 广西移动桂林地区传输城域网接入层规划研究与设计[D]. 北京:北京邮电大学,2011.

作者简介

李艳,女,本科生,就读于北京信息科技大学信息与通信工程学院通信 1401 班。

李彤，女，本科生，就读于北京信息科技大学信息与通信工程学院通信1401班。

轩辕诗垚，男，本科生，就读于北京信息科技大学信息与通信工程学院物联1401班。

程朝勋，男，本科生，就读于北京信息科技大学信息与通信工程学院通信1501班。

房贺鸣，女，本科生，就读于北京信息科技大学信息与通信工程学院通信1401班。

杨玮，女，北京信息科技大学讲师，主要从事信息与通信系统领域的教学和科研，研究方向为：高速宽带网络先进技术和片上光互连关键器件的研究。

郑任，男，北京中兴协力科技有限公司通信工程讲师。

基于 STM32 的魔方机器人①

孙 统 周华强 马 玺 雷镕嘉 魏明烁 杨 玮
（北京信息科技大学信息与通信工程学院，北京，100101）

摘 要：魔方机器人属于智能仿生机器人的一种。近年来，魔方机器人飞速发展，因其具有科学性强、创意丰富、创新点鲜明的特点，并有良好的经济及社会应用价值，成为国内外众多学者研究的热点，同时相应的产品也层出不穷。

本课题提出了一种基于 STM32 F4 硬件设备，利用“层先法”还原算法的魔方机器人。课题首先从原理出发，探讨魔方机器人的控制策略，确定机器人的控制条件与实现方法，然后进行硬件部分以及软件部分的设计，最后制作出机器人的实验模型。该魔方机器人以 STM32 单片机作为主控制器，采用图像识别算法，获取相应的色块，然后通过 STM32 控制舵机驱动板 PCA9685，驱动 8 路舵机以魔方还原算法进行魔方还原。实验测试结果表明，本课题的设计方案正确，魔方机器人能在较短时间内将一任意打乱的魔方还原，效果较理想。

关键词：魔方机器人 STM32 PCA9685 舵机驱动板 舵机 魔方还原算法 图像识别

Based on the STM32 Cube robot

Sun Tong, Zhou Huaqiang, Ma Xi, Lei Rongjia, Wei Mingshuo, Yang Wei
(School of Information and Communication Engineering, Beijing Information Science and Technology University, Beijing, 100101)

Abstract: Rubik's cube is a kind of intelligent bionic robot. In recent years, Rubik's cube developed rapidly. because of its strongly scientific, creativity rich, innovative features, and a good economic and social application value. It has become a hot spot for many scholars at home and abroad, while the corresponding products are endless.

This paper presents a design and implementation of a Rubik's cube based on the STM32 F4 hardware device, using the "layer first method" reduction algorithm. This paper starts from the principle to discusses the control strategy of the Rubik's cube robot, and then determines the control conditions and implementation of the robot. Meanwhile the hardware part and the software part are designed. Finally the experimental model of the robot is made. The experimental results show that, the design of this project is correct, Rubik's cube robot in a short period of time will be an arbitrary disrupting the cube to restore the effect is ideal.

Key words: Cube Robot STM32 PCA9685 servo drive board steering gear magic square reduction algorithm image recognition

---

① 项目来源类别：2017 北京“实培计划”大创深化项目。

一、绪论

1. 课题背景和意义

进入21世纪，人类科学技术取得突飞猛进地发展，在发展了半个世纪的现代机器人中，仿生机器人作为热门研究课题，是机器人学研究的一个重点。通过模仿动物的各种生物功能及人类大脑思维功能从而全面提升机器人的自主能力及智能水平是仿生机器人学研究的一个重要内容。

随着信息技术的飞速发展，智能机器人技术受到了广泛的关注，并且越来越多地应用到日常生活中。在很多领域都出现了由智能机器人代替人类执行任务，特别是在很多高难度、高危领域，对机器人智能化的要求更高。因此，本课题为了适应机器人智能化的发展趋势，采用益智类机器人作为研究对象，研究设计了三阶魔方的还原过程。

研究设计解三阶魔方机器人，能够为提高竞技类机器人的智能化水平做出贡献，具有科学性强、创意丰富、创新点鲜明的特点，并有良好的经济及社会应用价值。

设计解魔方机器人的目的就在于，能够为提高竞技类机器人的智能化水平做出贡献，具有科学性强、创意丰富、创新点鲜明的特点，并有良好的经济及社会应用价值。解魔方机器人是一个偏硬件的项目，目的也是要大大地锻炼项目实施者的动手能力，解魔方机器人，顾名思义，就是解魔方的机器人，也就是不需要我们自己动手去绞尽脑汁的还原魔方，只需要将还原魔方的程序算法烧入到八路舵机中，让舵机操控机械爪来完成全部还原魔方的操作。这样做可以批量地还原魔方，相比于手动还原魔方，工作量就小了很多。

2. 魔方机器人的发展现状

魔方这种风靡全球的玩具，以其变化多样、复杂烧脑让很多人为之着迷。也因此，各路竞速魔方的高人们眼花缭乱的复原过程就让人感到格外的炫酷。今年才21岁的Feliks拥有多项魔方世界纪录并不断超越自己。2016年12月11号在澳大利亚墨尔本举行的竞赛中，他仅用4.73秒便复原了一个三阶魔方，打破了之前荷兰人Mats Valk的纪录。

然而，即使是如此敏捷的大脑和灵活的手指，在电脑程序和机械手面前也只能甘拜下风。魔方的变化极为多样，据估计用手一秒钟转三下，不重复的情况下也要很长时间才能转出所有变化。复原魔方可以看作是一个程序化的过程，只要有合适的算法，并配上机械装置，瞬间复原就不是什么难题。

来自德国的“Sub1 Reloaded”机器是目前解魔方机器人世界纪录的保持者，它在检测到魔方后就迅速对其进行分析，仅用时0.15毫秒就通过内置的复杂算法制定出了解决方案，然后在0.637秒的时间内通过内置的6根机械臂进行了21个动作，完成了魔方的复原。

3. 魔方机器人的关键技术

(1) 硬件设计

在系统硬件的设计方面，首先要考虑摄像头的使用，需要体积小、工作电压低，能够提供单片VGA摄像头和影像处理器的所有功能的摄像头。本项目计划使用ov2640摄像头，可以保证一定的清晰度和画面质量。

在图像接口方面，STM32F407 片上具有的摄像头接口能够通过 8 位或 14 位并行连接 CMOS 数字摄像头模块接收数据，十分适合本项目。

通过以 STM32 为核心控制器，利用 PWM(脉冲宽度调制)对 6 到 8 路舵机进行控制，使机械臂可以固定魔方并且能对魔方进行转动。魔方还原的速度在很大程度上取决于机械臂旋转的速度和精度。

在魔方还原开始前，摄像头 ov2640 会拍摄几张魔方不同面的照片，并对其进行形态学处理和阈值分割等图像处理，将每一面的九个小块分开，再利用 HSV 颜色模型对每一个小块的颜色进行识别，通过这种方式获得整个魔方的初始状态。STM32 再通过魔方逐层还原算法控制机械臂还原魔方。魔方还原算法的好坏是影响魔方还原速度的第二个重要因素。整个流程中可以通过 TFT 彩屏将一些重要的信息输出在显示屏上。

硬件设计图如图 1 所示：

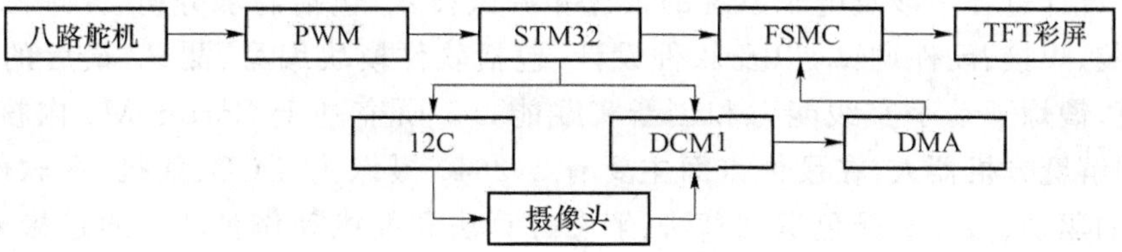

图 1　硬件设计图

(2) 软件设计

在软件方面主要有 ov2640 的驱动、摄像头颜色识别算法、解魔方算法和舵机动作算法。通过摄像头对魔方的数据进行获取和识别，并且将重要的信息显示到显示屏上，然后利用魔方逐层还原算法控制舵机，使机械臂转动魔方，从而完成解魔方的任务。本项目的软件设计流程图如图 2 所示。

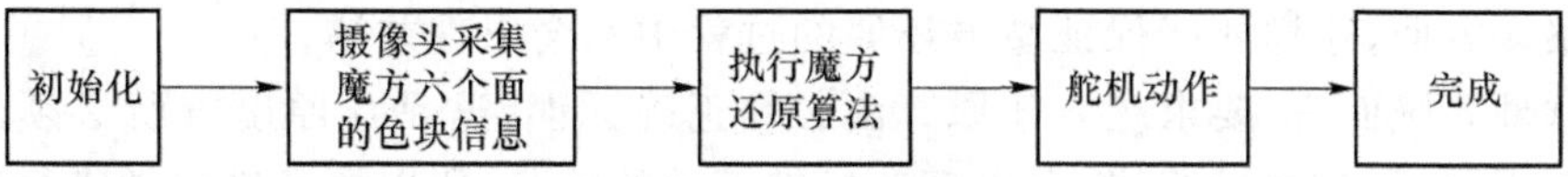

图 2　软件设计流程

(3) 图像识别

图像处理是先通过图像剪切去掉大量无关信息，在通过阈值分割分隔背景和魔方中一个面上的 9 个色块，在对分隔后的图像上寻找 9 个符合大小的联通域，这 9 个联通域正是魔方一个面上的 9 个色块。对每一个连通域上的点统计 HSV 的分布，分析得出 9 个色块的颜色，再利用每个连通域的平均坐标分辨连通域是 9 个色块中的哪一块。

在魔方还原开始前，摄像头 ov2640 会拍摄几张魔方不同面的照片，并对其进行形态学处理和阈值分割等图像处理，将每一面的九个小块分开，再利用 HSV 颜色模型对每一个小块的颜色进行识别，通过这种方式获得整个魔方的初始状态。

(4) 舵机及魔方程序算法

魔方还原算法使用层先法，先拼魔方的底部，之后拼第二层，再复原顶层十字，最后复原顶层边角。在最开始的时候，由于硬件还没有搭建，因此魔方还原算法无法通过硬件去检测。通过在电脑上利用QT和OPENGL画出虚拟的魔方，直接在电脑上检验编写的魔方还原算法的正确性。

对于STM32部分，利用IIC通信使PCA9685驱动舵机转动，利用DCMI接口和SCCB将摄像头照到的信息传输到LCD显示屏中。通过按键可以使显示屏停止显示图片而去显示一些重要的参数信息。等到硬件组装完成之后编写机械爪对魔方转动的函数，实现利用硬件完成魔方还原的过程。

4. 主要研究内容

本项目研究的解魔方机器人，采用STM32作为处理器、ov2640摄像头作为图像采集工具、舵机作为机械手臂，最终完成还原魔方的任务，可以增加解魔方的趣味性。同时，本项目针对魔方的六面特性，对魔方还原算法进行简化。

本项目是基于STM32微控制器的解魔法机器人，需要各种硬件和软件算法协同完成，所以在整个设计过程中涉及电子系统的设计和调试技术，包括需求分析、原理图的绘制、器件采购、安装、焊接、硬件调试，以及软件设计，包括软件模块编写、测试，最后的整体测试。通过本项目，锻炼了动手实践能力和创新实践能力。研究基于Cortex-M4内核的STM32微控制器的解魔方机器人，在硬件方面主要有ov2640摄像头、LCD、舵机，在软件方面主要有ov7670的驱动、摄像头颜色识别算法、解魔方算法和舵机动作算法。通过摄像头对魔方的数据进行获取和识别，并且将重要的信息显示到显示屏上，然后利用魔方逐层还原算法控制舵机，使机械臂转动魔方，从而完成解魔方的任务。

在项目进行的过程中有很多要求。

解魔方机器人要求整个的过程全部都是由最终做出来的机器人来完成，我们需要做的只是在机器人还原魔方之前将魔方打乱。

对于硬件系统而言，要求所制做出的框架必须是比较牢固并且误差尽可能小，框架的各种参数尽可能准确，例如：滑块在导轨上滑动的距离，夹魔方的爪子的规格，爪子与魔方之间的摩擦等很多方面，这样才能保证魔方还原的过程中不会出现差错。

对于软件系统而言，要求魔方还原算法必须正确无误，这是还原魔方所必须的条件；在舵机驱动方面，如果延时过短，将会出现舵机带不动的情况，所以要求准确地把握延时；在图像处理方面，需要将摄像头采集的图像发送到电脑上，所以要求传输速率要大，否则传输图像就要浪费很长的时间。

对于魔方而言，要求魔方在拧动时比较润滑，阻力较小，因此要选择合适的魔方。

二、魔方机器人硬件设计

1. 整体设计与框架

魔方机器人包括1个STM32F103单片机、1个ov2640摄像头、1个8路MG996舵机、4个机械爪、4个滑轨以及4个滑块。整体结构如图3所示。

在转动魔方时，需要8路舵机连续动作，所以保持平台稳定性至关重要，而且精度需要尽量高，因此魔方机器人框架采用平面布局，易于框架与滑轨的稳定与平衡，在魔方转动时不会因为舵机转动而不稳定。在平台的搭建方面，本项目选择使用木料复合板为底板，用来固定滑道和舵机。该木料复合板，表面平整光滑，易于钻眼打孔，这就减小了与其他模块相互连接的难度。

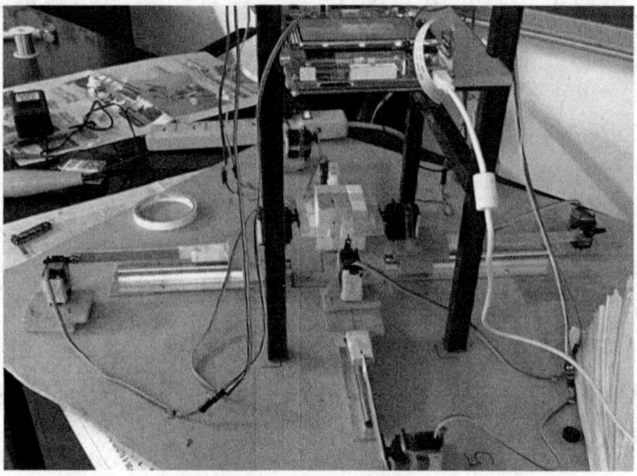

图 3　实物图片

2. STM32

主控芯片是整个系统的核心，需要分析和处理采集到的图像和驱动舵机运动以及计算魔方还原算法，这里采用的是 STM32F103 单片机，STM32 系列基于专为要求高性能、低成本、低功耗的嵌入式应用专门设计的 ARM Cortex-M3 内核，可以满足需求。

STM32F103“增强型”系列时钟频率达到 72 MHz，是同类产品中性能最高的产品，增强型内置 32 K 到 128 K 的闪存。时钟频率 72 MHz 时，从闪存执行代码，STM32 功耗为 36 mA，是 32 位单片机市场上功耗最低的产品，相当于 0.5 mA/MHz。而且 stm32 的运算速度大约是 51 单片机的几十倍，外围接口功能比 51 单片机强大很多。因此采用 STM32。

3. PCA9685 舵机驱动板

PCA9685 是一款 I2C 总线接口的 16 位 LED 控制器，该控制器特别为红/绿/蓝/琥珀(RGBA)色的混合应用进行了优化。每个 LED 输出都有自己 12 位分辨率(4096 级)固定频率的独立 PWM 控制器。该 PWM 控制器运行在 40 Hz 到 1 000 Hz 范围的频率下，占空比在 0%到 100%范围内可调，用于设置 LED 到一个确定的亮度值。所有输出都设置为相同的 PWM 频率。通过编程使舵机驱动板可同时驱动两台舵机，并且可让 8 路舵机依次工作。

表 1　PCA9685 工作参数

工作频率/Hz	时间分辨率/us	通常舵机可将 500～2 500 us 分成份数	通常舵机 500～2 500 us，旋转角 180°的角度分辨率/°
50	4.88	410	0.439
60	4	492	0.366

4. ov2640 摄像头

在考虑摄像头的使用时，需要体积小、工作电压低，能够提供单片 VGA 摄像头和影像处理器的所有功能的摄像头。ov2640 摄像头，可以保证一定的清晰度和画面质量，满足该项目的使用。

ov2640 是 OmniVision 公司生产的一颗 1/4 寸的 CMOS UXGA(1 632×1 232)图像传感器。该传感器体积小、工作电压低，提供单片 UXGA 摄像头和影像处理器的所有功能。通过 SCCB 总线控制，可以输出整帧、子采样、缩放和取窗口等方式的各种分辨率 8/10 位影像数据。采用 1/4 寸的 ov2640 百万高清 CMOS 传感器制作，具有高灵敏度、高灵活性、支持 JPEG 输出等特点，并且可以支持曝光、白平衡、色度、饱和度、对比度等众多参数设置，支持 JPEG/RGB565 格式输出，可以满足不同场合需求。

魔方还原开始前，摄像头 ov2640 会拍摄几张魔方不同面的照片，并对其进行形态学处理和阈值分割等图像处理，将每一面的九个小块分开，再利用 HSV 颜色模型对每一个小块的颜色进行识别，通过这种方式获得整个魔方的初始状态。

5. MG996 舵机模块

舵机的控制信号是 PWM 信号，利用占空比的变化改变舵机的位置。采用 STM32 作为舵机的控制单元，使 PWM 信号的脉冲宽度实现微秒级的变化，从而提高舵机的转角精度。STM32 完成控制算法，再将计算结果转化为 PWM 信号输出到舵机，由于 STM32 是一个数字系统，其控制信号的变化完全依靠硬件计数，所以受外界干扰较小，整个系统工作可靠。STM32 实现对舵机输出转角的控制，必须要完成两个任务：首先是产生基本的 PWM 周期信号，本设计是产生 20 ms 的周期信号；其次是脉宽的调整，即 STM32 模拟 PWM 信号的输出，并且调整占空比。

在该项目中采用了 8 路 MG996 舵机，其中 4 路用来控制 4 个机械爪，其余 4 路连接拉杆，用来推动滑块。8 路舵机，接线多，并且需要较大电压驱动。项目采用了一块舵机驱动版，用 220 V 电压，给 STM32 板独立供电，使得 8 路舵机能够分时正常工作。

6. 机械爪

项目初期，选择从手边现有的材料入手，来制作机械爪。4 个木质的机械爪制作完成后，将其与舵机固定，使用舵机的转动来带动机械爪的转动。但在实际操作过程中，手工打磨的机械爪尺寸不一，木质机械爪安装至平台后，抓合魔方出现偏差，导致无法正常转动魔方，因此，木质机械爪被淘汰。

小组随后选择使用合金材料的机械爪，4 个合金材料的机械爪规格一致，制作精密，抓合魔方产生的误差小，但关键在于，4 个合金材料的机械爪需要 8 路舵机驱动，这样使得机械爪控制模块过于复杂，故合金机械爪也被淘汰。

该项目最终采用亚克力板定制的机械爪，如图 4 所示。这种经过特殊处理的有机玻璃，易于切割，亚克力板厂家根据项目设计的机械爪参数，制作出了该项目需要的机械爪。使用亚克力材料制成的机械爪，质量轻，这便减轻了舵机的负荷，透明光滑，为摄像头识别颜色降低了干扰，爪子张口处有弹性，使得该机械爪十分适合抓合魔方。

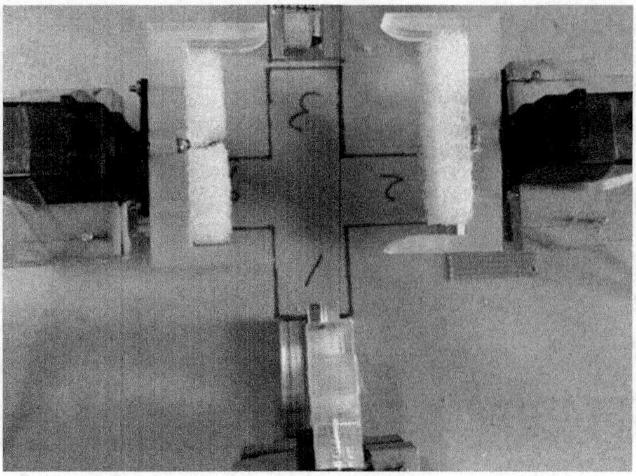

图 4　亚克力机械爪

7. 其他模块

在底座滑道模块的组建中，小组选择使用 20 cm 滑轨及滑块，并采用废弃的电路板作为滑块的拉杆，将拉杆的另一端与舵机相连，从而实现滑块的移动。由于选用材料本身带来的误差，使得在整个平台组装好后，出现了没能抓到魔方最佳位置的问题。

小组分析得出，产生误差的主要原因有：滑块与滑道之间过于松动、拉杆舵机固定不稳、机械爪与拉杆未在同一条直线。首先，在滑块下方，一左一右处钉入钉子，使钉子上表面与滑块下表面刚好接触，这样钉子对滑块既有支撑，又不至于产生过大摩擦力。滑块平稳后，使舵机、拉杆、滑道、机械爪水平位移四者位于同一条直线上。之后，选择用双面胶、透明胶带、钉子来固定拉杆舵机，并最终将其固定在底板上。

三、魔方机器人软件设计与调试

魔方机器人软件的设计是整个系统的关键的一环，要保证魔方被准确识别，并且最后还要控制舵机转动，能正确还原魔方。

魔方还原的第一步就是图像识别魔方颜色，利用 OPENCV 进行图像处理将有用数据提取出来，之后的舵机驱动主要是利用 IIC 通信进行。魔方还原算法则是使用层先法，即从底层到顶层的魔方还原算法。

1. 图像识别算法

图像识别算法的过程分为：图像裁剪，阈值分割，直线检测和线性规划。将魔方的 9 个色块分开后，再利用 HSV 对图像进行分割。

(1) 图像裁剪

顾名思义，图像裁剪就是将摄像头拍摄的图像进行裁剪。由于摄像头相对固定，所以每次魔方所处在图像中的位置都比较固定。因此，将图片进行裁剪可以直接去除大部分无用信息而保留有用信息。裁剪前后的图像由下图 5、6 所示。

图5 原图像

图6 裁剪后图像

(2) 边缘检测

边缘检测是图像处理中常用的方法,由于边缘指的一般是图像灰度发生剧烈变化的区域,因此其原理可以利用图像的梯度来估算边界的方向位置。只有梯度达到规定阈值之后才可以算作边缘。还有很多利用二阶导数来估计边缘的算法。

对于一阶导数,如果 $I(x)$(用mathtype软件编辑公式和字母)表示点 x 的亮度,$I'(x)$ 表示点 x 的一阶导数(亮度梯度),则有以下公式:

$$I'(x)=-1/2\times I(x-1)+0\times I(x)+1/2\times I(x+1)$$

事实上,我们可以利用以下矩阵和图像卷积得到:

−1/2	0	1/2

对于二阶导数,如果 $I(x)$ 表示点 x 的亮度,$I''(x)$ 表示点 x 亮度的二阶导数,则有以下公式:

$$I''(x)=1\times I(x-1)-2\times I(x)+1\times I(x+1)$$

而我们依然可以利用以下矩阵和图像卷积得到:

1	−2	1

因此,对于边缘检测,应该先对图像进行简单的滤波,目的是为了去除干扰信号。接下来利用梯度和阈值检测出有用的边缘。而经典的边缘检测方法,是通过对原始图像中像素的某小邻域构造边缘检测算子来达到检测边缘这一目的。本项目采用canny边缘检测,步骤如下:

1)消除噪声:

一般情况下,使用高斯平滑滤波器卷积降噪。如下显示了一个size=5的高斯内核示例:

$$K=\frac{1}{139}\begin{bmatrix}2&4&5&4&2\\4&9&12&9&4\\5&12&15&12&5\\4&9&12&9&4\\2&4&5&4&2\end{bmatrix}$$

2)再通过 sobel 算子计算梯度的幅值和方向：

$$G_x=\begin{bmatrix}-1 & 0 & +1\\ -2 & 9 & +2\\ -1 & 0 & +1\end{bmatrix}\quad G_y=\begin{bmatrix}-1 & -2 & -1\\ 0 & 0 & 0\\ +1 & +2 & +1\end{bmatrix}$$

最后进行非极大值抑制和阈值迟滞得出结果。将裁剪下来的图像进行 canny 边缘检测后得到的图像如图 7 所示。

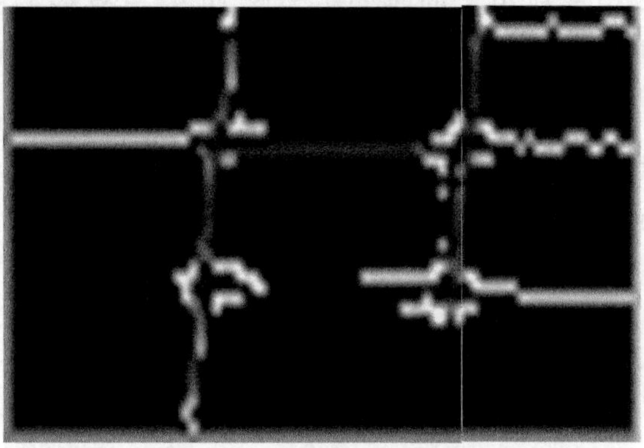

图 7　canny 边缘检测

(3) 直线检测和线性规划

直线检测使用的是霍夫直线检测。霍夫变换可以检测直线，圆等物体。假设一条直线可以在直角坐标系中表示为 $x\times\cos(\text{theta}) + y\times\sin(\text{theta})=r$ 其中角度 theta 指 r 与 x 轴之间的夹角，r 为到直线几何垂直距离。此时，x，y 是变量，theta，r 是常量。但是，在图像中，x，y 是已知的，r，theta 是我们需要寻找的。我们能根据像素点坐标 $P(x,y)$ 值绘制每个 (r,theta) 值，从图像笛卡尔坐标系统转换到极坐标霍夫空间系统这就是霍夫变换的思想。霍夫变换之后，我们可以轻易找到 4 条直线，其中 2 条横线、2 条竖线，这 4 条线利用线性规划可以将图像分割成 9 块。注意的是，线性规划时，必须要判断直线的斜率正负，否则会出现错误的结果。利用直线检测和线性规划分割图像的结果如下图 8 所示。

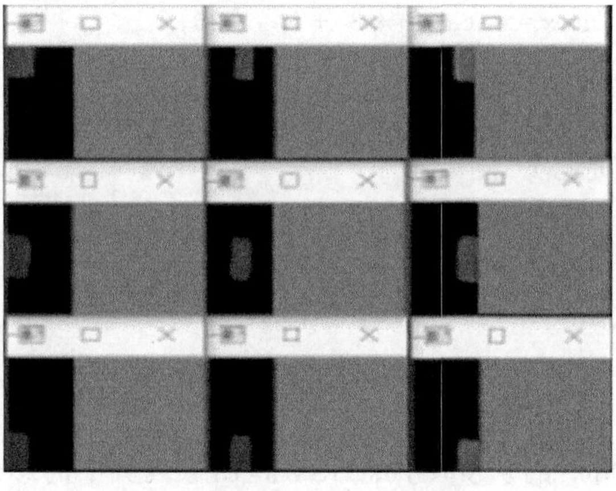

图 8　利用直线分割图像

（4）颜色识别

在颜色色域中我们最为熟知的就是 RGB(Red、Green、Blue)颜色模型了。但是，在颜色识别时，RGB 颜色模型表现得并不是很理想。因此，我们要使用 HSV(hue、saturation、value)颜色模型。HSV 模型是一种更加直观的颜色模型。尤其是 H 和 S 分量代表了色彩信息。但是，对于图 8 的 9 个块，如果直接计算色域的平均值，识别效果并不是很好。因为平均值受整体光和其他干扰的影响很严重。如果在分割图像时，一些残留的边缘地区没有分割干净，这会对色域平均值造成很大的改变。为此，我们选择将 HSV 色域分别分割成 10 块，对其中 9 个色块分别统计 HSV 中哪块区域的值最多。以此判断其颜色。其统计区域的主要代码如下所示：

```
int H[10],S[10],V[10];
    for (int i = 0;i < 10;i ++ )
    {
        H[i] = 0;
        S[i] = 0;
        V[i] = 0;
    }
    for (int i = 0;i < dst.rows;i ++ )          //左上
    {
        uchar * data = dst.ptr<uchar>(i);
        uchar * data3 = dstHSV.ptr<uchar>(i);
        for (int j = 0;j < dst.cols;j ++ )
        {
            if ((j * HENG[0].a + HENG[0].b - i>0) && (j * ZONG[0].a + ZONG
[0].b - i>0))
            {
                data[j] = 255;
                int x = data3[j * 3 + 0] / 25;
                H[x] ++ ;
                int y = data3[j * 3 + 1] / 25;
                S[y] ++ ;
                int z = data3[j * 3 + 2] / 25;
                V[z] ++ ;
            }
        }
    }
```

其中 dst 是图像裁剪后的灰度图，dstHSV 是图像裁剪中的彩色图转为 HSV 后的图像。我们分割 HSV 的间隔大小为 25。HENG[2]和 ZONG[2]分别是两条直线和两条竖线。

2. 舵机动作算法

舵机使用的是 PCA9685 驱动板。PCA9685 是利用 IIC 和 STM32 进行通信的，它有 6 个地址控制脚，通过这些引脚可以控制设备的 i2c 地址，其地址默认为 0x80。因为我们只使用了一块 PCA9685 驱动板，所以我们不需要对其地址进行改动。利用地址选中了驱动板后，接下来就是选中哪路信号了。PCA9685 有 16 路，其地址如表 2 所示。

表 2 PCA9685 地址

0x06 ＋ 4 * X	LEDX_ON_L
0x06 ＋ 4 * X ＋ 1	LEDX_ON_H
0x06 ＋ 4 * X ＋ 2	LEDX_OFF_L
0x06 ＋ 4 * X ＋ 3	LEDX_OFF_H

其中，X 指的就是 X 路信号通道。对通道的驱动程序主要如下：

```
void setPWM(unsigned int num,unsigned int on,unsigned int off)
{
        PCA9685_write(LED0_ON_L + 4 * num,on);
        PCA9685_write(LED0_ON_H + 4 * num,on>>8);
        PCA9685_write(LED0_OFF_L + 4 * num,off);
        PCA9685_write(LED0_OFF_H + 4 * num,off>>8);
}
```

Num 就是所说的 X，on 一般为 0，而 off 则负责驱动舵机转动角度。转动舵机的程序可如下所示：

```
void dianji_real_inite()
{
        setPWM(5,0,SERVO000);
        delay_ms(10);
        setPWM(7,0,SERVO000);
        delay_ms(700);
        setPWM(6,0,SERVO000);
        delay_ms(10);
        setPWM(8,0,SERVO000);
        delay_ms(1500);

        setPWM(1,0,SERVO090);
        delay_ms(10);
        setPWM(2,0,SERVO090);
        delay_ms(700);
        setPWM(3,0,SERVO090SPEICAL);
```

```
        delay_ms(10);
        setPWM(4,0,SERVO090);
        delay_ms(1500);

}
```

这段程序演示的是先将5、7号通道的舵机转动到0度，再将6、8号通道的舵机转动到0度。再将1、2号通道的舵机转动到90度，再将3、4号通道的舵机转动到90度。SERVO090SPEICAL是专门为舵机3准备的，因为舵机3使用SERVO090是转不到真正的90度的。如此，就可以将魔方左转，右转等转动方式写出。

3. 魔方还原算法

魔方还原算法采用层先法，即先从底层开始，最后拼至顶层。最初在硬件搭起来之前使用OPENGL模拟魔方，并在此基础上编写、验证魔方算法，如图9所示。

图9 利用OPENGL模拟魔方

魔方还原步骤具体有：Make Bottom Cross底层十字块，Making Bottom Corners底层三个角块，Solving Edges第二层三个边块，Moving Working Corner将底层没有修复的角块转到前面，Fix Working Corner修复底层最后一个角块，Fix Working Edges修复第二层最后一个边块，Make Top Cross修复顶层十字块，Fix Top Edges修复顶层十字边块，Fix Top Corners修复顶角，Moving Top Face移动顶层到合适位置，Solved魔方完成。主要是利用层先法的公式实现的。对于三阶魔方，每个面的中心颜色决定了魔方该面的颜色。在魔方还原时，魔方该面是不会改变的，这样对于魔方还原会比较方便。

四、总结与展望

1. 总结

本项目研究的解魔方机器人，采用STM32作为处理器、ov2640摄像头作为图像采集工具，舵机作为机械手臂，最终完成还原魔方的任务。该机器人能将任意打乱的魔方以较快的速度还原,可以增加解魔方的趣味性与实践性。项目中,所用材料大多是自己手工打磨,并采用一些废弃的材料制作而成。能够在较短的时间内还原打乱的三阶魔方,但是也存在一定的精度缺陷,需要不断修改和拓展后续功能。

2. 创新点

本系统是基于 STM32 微控制器的解魔方机器人,需要各种硬件和软件算法协同完成,所以在整个设计过程中涉及电子系统的设计和调试技术,包括需求分析、原理图的绘制、制版、器件采购、安装、焊接、硬件调试,以及软件设计,包括软件模块编写、测试,最后的整体测试。通过本项目,锻炼了动手实践能力和创新实践能力。

针对魔方的特性,对图像颜色算法进行简化,具体过程如下:

(1)由于魔方的中心位置相对固定,定义好中间位置后,经过滤波处理,朝着 4 个方向开始寻找黑色边缘。找到边缘后,通过边缘距中间位置,就能够计算出真实的,以及色块的大小。

(2)得到了真实的色块中心坐标后,开始向 4 个方向拓展,发现颜色相近色将颜色值加入总计算值中,最后除以统计采集点数,得到颜色的平均值。

(3)之前得到中间位置坐标,以及色块大小,进而推算出附近其他 8 个色块的中心坐标。分别以 8 个中心为搜索中心执行第二步。最后得到了所有色块的颜色信息。

3. 展望

魔方机器人前景广阔,本课题只是完成了相对简单的人工智能部分。就此对今后的研究工作做几点展望:

(1)提高速度:优化魔方还原算法,修正硬件结构,降低系统延时,换装吸盘式的机械爪,实现还原速度的大幅提高。

(2)提高精度:对各个舵机进行微调,换装更高精度的机械爪和滑块,解决滑块倾斜问题,提高准确度和精确度。

(3)增加相应的拓展模块:包括蓝牙模块,超声波、红外线模块,实现更高等级的智能化。

参考文献

[1] 李德明,韩剑,江国强. 基于 OV7670 的图像采集及显示系统设计[J]. 仪器仪表学报,2010(08):30-33.

[2] 胡睿智. 五自由度机械手臂及控制系统的设计[D]. 沈阳:东北大学,2011:5.

[3] 刘军,张洋,郑琪. 研究和探讨数控直流电源[J]. 硅谷,2008,32(3):65-67.

[4] 郑振杰,江衍煊. 原子教你玩 STM32[M]. 北京:北京航空航天大学出版社,2013.

[5] 赖若麒,刘竹林. 基于步进电机的位置随动系统的设计[J]. 信息技术,2012,34(2):78-80.

[6] 彭刚,秦志强. 基于 ARM Cortex-M3 的 STM32 系列[M]. 北京:电子工业出版社,2011.

[7] 李宁. 基于 MDK 的 STM32 处理器开发应用[M]. 北京:北京航空航天大学出版社,2008.

[8] 郭力峰,揭宗昌,蔡泽辉. 基于 XC886 单片机的魔方机器人设计[J]. 电脑知识与技术,2011,24(8):25-28.

[9] 董海阳,魏巍. 类人四轴解魔方机器人的设计[D]. 北京:北京国家图书馆,2013.

作者简介

[1] 孙统，男，本科生，就读于北京信息科技大学信息与通信工程学院通信 1401 班。

[2] 周华强，男，本科生，就读于北京信息科技大学信息与通信工程学院通信 1401 班。

[3] 马玺，男，本科生，就读于北京信息科技大学信息与通信工程学院通信 1401 班。

[4] 雷镕嘉，男，本科生，就读于北京信息科技大学信息与通信工程学院通信 1405 班。

[5] 魏明烁，男，本科生，就读于北京信息科技大学信息与通信工程学院通信 1405 班。

[6] 杨玮，女，北京信息科技大学讲师，主要从事信息与通信系统领域的教学和科研，研究方向为：高速宽带网络先进技术和片上光互连关键器件的研究。